新编团体操教程

陈西玲 主编

人民体育出版社

图书在版编目（CIP）数据

新编团体操教程 / 陈西玲主编. —
北京：人民体育出版社，2020（2025.7重印）
ISBN 978-7-5009-5735-5

Ⅰ．①新… Ⅱ．①陈… Ⅲ．①团体操－体育院校－教材 Ⅳ．
①G837

中国版本图书馆CIP数据核字（2020）第013529号

新编团体操教程

陈西玲　主编
出版发行：人民体育出版社
印　　装：北京盛通印刷股份有限公司

开　本：787×1092　16开本　　印　张：14.75　　字　数：300千字
版　次：2020年4月第1版　　印　次：2025年7月第6次印刷
书　号：ISBN 978-7-5009-5735-5
定　价：60.00元

版权所有·侵权必究
购买本社图书，如遇有缺损页可与发行与市场营销部联系
联系电话：（010）67151482
社　　址：北京市东城区体育馆路8号（100061）
网　　址：https://books.sports.cn/

编 委 会

主编：陈西玲

编委：时 倩 王 硕 王 蓓 苏珍珍

编写说明

团体操表演一般是在大型的运动场（馆）中进行，为运动会开幕式和各种庆典而举行的表演活动，大多以烘托气氛和提升影响力为主，同时为运动会或庆典活动增添热烈、隆重的气氛。团体操在19世纪诞生时，仅仅是一种集体操练的活动形式。随着时代的变迁和团体操的自身发展，团体操的概念拓宽了，其表演的内容和形式也日益丰富，团体操以体育尤其是体操为主的表演形式，逐步增加了许多艺术表演的内容和形式。在现代大型综合性运动会开幕式上大多都充分运用了灯光、舞美、焰火、LED和高科技的手段，使团体操表演不仅具有鲜明的体育特色，还具有丰富多彩的艺术魅力，形成了一种体育与艺术高度结合的广场艺术表演项目。团体操表演规模宏大，场面壮观，具有丰富多彩的表演内容和强大的艺术魅力，当今世界许多国家的运动会或大型活动往往都以它来渲染气氛，同时借此机会宣传本国、本地区的政治经济、体育艺术、文化历史等，以弘扬民族文化和体育精神。学校团体操表演，不仅可以为运动会增添隆重的气氛，表达对运动会的美好祝愿，而且也是体现学校德、智、体、美综合素质教育的一种良好手段。表演者通过团体操严格训练和成功的演出，从中体会团结协作和爱国荣校的精神内涵，同时也得到一种艺术的熏陶和精神的鼓舞。

本书由西安体育学院陈西玲教授担任主编，具体编写任务如下：第一章，陈西玲、王硕编写；第二、三章，陈西玲编写；第四章，时倩编写；第五章，王硕编写；第六章，苏珍珍编写；第七章，王蓓编写；第八章，一、二、三由陈西玲编写，四由王硕编写，五由王蓓编写，六由时倩编写，七由苏珍珍编写。

本书在编写过程中引用和参考了相关著作、论文、网络图片等内容，书中大量的示例图由徐建成绘制，部分图片由柯为国、杨明提供，在此表示衷心的感谢！由于编者水平和时间有限，书中有不妥之处敬请指正。

编　者

2020年1月

目 录

第一章 团体操概述 ... 001

第一节 团体操的概念、要素与分类 ... 001
一、团体操的概念 ... 001
二、团体操的要素 ... 002
三、团体操的分类 ... 004

第二节 团体操的特点与作用 ... 007
一、团体操的特点 ... 007
二、团体操的作用 ... 010

第三节 团体操的起源、发展与趋势 ... 011
一、现代团体操的起源与发展 ... 011
二、中国团体操的起源与发展 ... 015
三、团体操的发展趋势 ... 023

第二章 团体操的创编 ... 028

第一节 团体操创编的依据与原则 ... 028
一、创编的依据 ... 028
二、创编的原则 ... 029

第二节 团体操创编的艺术构思 ... 030
一、视觉艺术的构思 ... 030
二、听觉艺术的构思 ... 030
三、舞美效果的构思 ... 031

第三节　团体操创编的程序与方法 ………………………………………… 031
　　一、制订表演方案 ………………………………………………………… 031
　　二、音乐创作与选编 ……………………………………………………… 034
　　三、分场设计 ……………………………………………………………… 034
　　四、创编表演动作及编写文字说明 ……………………………………… 042

第三章　团体操的队形 ……………………………………………………… 045

第一节　团体操队形创编的特点 …………………………………………… 045
　　一、主题的鲜明性与队形变化的独特性 ………………………………… 045
　　二、队形布局的对称性与转换的流畅性 ………………………………… 047
　　三、队形设计的透视性与艺术装饰的协调性 …………………………… 047

第二节　团体操队形的分类与形式 ………………………………………… 049
　　一、队形的分类 …………………………………………………………… 049
　　二、队形的形式 …………………………………………………………… 049

第三节　团体操队形的变化方法 …………………………………………… 066
　　一、队形的基本变化方法 ………………………………………………… 066
　　二、队形与图案设计应注意的问题 ……………………………………… 076

第四章　团体操的动作 ……………………………………………………… 078

第一节　团体操动作的分类 ………………………………………………… 078
　　一、根据动作的表现形式分类 …………………………………………… 078
　　二、根据动作的风格特点分类 …………………………………………… 081

第二节　团体操技巧造型动作 ……………………………………………… 083
　　一、技巧造型动作的作用 ………………………………………………… 083
　　二、技巧造型动作的分类 ………………………………………………… 084
　　三、多人罗汉造型动作的组织 …………………………………………… 085
　　四、各种技巧造型（罗汉）动作 ………………………………………… 086

第三节　团体操集体配合动作 ……………………………………………… 106
　　一、一致性动作 …………………………………………………………… 107
　　二、交替性动作 …………………………………………………………… 107

  三、依次性动作 …………………………………………………………… 107

  四、波浪性动作 …………………………………………………………… 114

 第四节 团体操动作创编的要求 ………………………………………………… 123

  一、动作创编要突出表演的主题 …………………………………………… 123

  二、动作创编要与队形设计相结合 ………………………………………… 123

  三、动作创编应处理好动作之间的各种关系 ……………………………… 124

  四、动作创编时应注意的其他问题 ………………………………………… 125

第五章 团体操的艺术装饰 ……………………………………………………… 128

 第一节 团体操表演的音乐 …………………………………………………… 128

  一、常用音乐的编选模式 …………………………………………………… 129

  二、音乐选择应该注意的问题 ……………………………………………… 130

 第二节 团体操表演的服装 …………………………………………………… 130

  一、服装的种类 …………………………………………………………… 131

  二、服装的作用 …………………………………………………………… 132

  三、服装的特性 …………………………………………………………… 132

  四、服装设计应该注意的问题 ……………………………………………… 133

 第三节 团体操表演的道具 …………………………………………………… 134

  一、道具的种类 …………………………………………………………… 134

  二、道具应该注意的问题 …………………………………………………… 135

 第四节 团体操表演的背景 …………………………………………………… 136

  一、背景表演的作用 ……………………………………………………… 136

  二、背景的类型与构成 …………………………………………………… 136

  三、选择背景的途径 ……………………………………………………… 137

 第五节 团体操表演的场景 …………………………………………………… 137

  一、场景使用的原则 ……………………………………………………… 138

  二、场景布置的步骤 ……………………………………………………… 138

 第六节 团体操表演的灯光 …………………………………………………… 139

  一、灯光设计、选择与色彩的关系 ………………………………………… 139

  二、灯光设施使用应该注意的问题 ………………………………………… 140

第六章　团体操的训练 …… 141

第一节　团体操训练的组织工作 …… 141
　　一、确定表演单位 …… 142
　　二、确定表演人员 …… 143
　　三、成立组织领导机构 …… 144

第二节　团体操训练计划的制订 …… 145
　　一、准备阶段 …… 145
　　二、训练阶段 …… 146
　　三、预演和表演阶段 …… 146

第三节　团体操训练的内容与方法 …… 147
　　一、技术训练 …… 147
　　二、骨干与候补队员的训练 …… 152
　　三、不同组织形式的训练 …… 152
　　四、思想作风的培养和训练 …… 154

第七章　团体操的组织 …… 156

第一节　团体操的组织工作程序 …… 156
　　一、成立组织机构 …… 157
　　二、创编 …… 158
　　三、训练 …… 159
　　四、排练预演 …… 160
　　五、正式表演 …… 160

第二节　团体操的组织与指挥系统 …… 160
　　一、组织与指挥系统的建立 …… 161
　　二、组织与指挥系统的实施 …… 162

第三节　团体操场地的分布与利用 …… 165
　　一、对场地基本情况的了解 …… 165
　　二、表演的场地分布 …… 166
　　三、表演场地的布置 …… 167

第八章　团体操成套动作范例 ··· 172
　一、鸽子操"美丽祥和" ·· 172
　二、彩色板"五彩斑斓" ·· 178
　三、花环操"和谐家园" ·· 186
　四、足球操"快乐童年" ·· 193
　五、扇子舞"舞动天地" ·· 198
　六、圈　操"魅力青春" ·· 202
　七、彩旗操"青春 style" ··· 208

参考资料 ··· 220

CHAPTER 01 第一章

团体操概述

【本章摘要】随着现代社会的发展和科技的进步,越来越多的人认识到团体操表演在大型活动开幕式中起着不可替代的作用。本章主要对团体操的概念、要素与分类,团体操的特点与作用,以及团体操的起源、发展与趋势三节进行详细的阐述。

【教学目的】通过本章的学习,使学生初步了解国内外团体操的起源、发展及趋势,熟悉并掌握团体操的概念、要素与分类,以及特点与作用,为团体操课程学习打下良好的基础。

第一节 团体操的概念、要素与分类

现代大型团体操是一种社会体育文化现象,是人类文化艺术的重要组成部分。从它产生到目前为止已有近200年的历史,其概念的内涵和外延、内容和形式,都随着社会的发展而不断地发生着变化。尤其是20世纪90年代以后,不同艺术形式在大型团体操中的运用和发展,使现代大型团体操的概念、要素和分类也随之发生了变化。近些年来,团体操表演在现代大型运动会开(闭)幕式中的作用越来越重要,因此深受承办方的青睐和重视,使得大型团体操成了运动会开(闭)幕式中必不可少的一种文化盛典(大餐)。根据我国团体操的发展,我们将团体操的概念、要素和分类总结如下。

一、团体操的概念

团体操是一项体育与艺术高度结合的综合性集体表演项目。它是由几十、几百乃至成千上万名表演者在运动场(馆)上以体育与文艺等形式的表演为题材,以快速而巧妙的队形变化组成各种绚丽多彩和雄伟壮观的图案造型,形成波澜壮阔和寓意深刻的画面,并配以音乐、道具、服装、背景、灯光、场景等各种艺术装饰和舞美效果所构成的能表达一定主题思想的表演整体。

二、团体操的要素

表演动作、队形图案和艺术装饰是团体操创编设计的三个基本要素。

(一) 表演动作

1. 体育类表演动作

大多是以体操、武术和一些特色体育表演类项目动作为主，包括基本体操、队列操练、艺术体操、技巧运动、健美操、啦啦操、体育舞蹈、武术、跆拳道、球类等的一些具有表演效果的内容。

2. 文艺类表演动作

大多是以不同风格的舞蹈、锣鼓为主，包括民族舞、民间舞、现代舞、芭蕾舞及各种锣鼓等内容。还有杂技、戏曲、声乐等形式。

3. 其他类表演动作

在以往表演中运用到的如模仿类动作、时装表演、民间艺术、军乐队列等形式，还有一些不常见到的但具有表演效果的相关内容都可以作为团体操表演的动作素材。

(二) 队形图案

团体操依靠人的流动，通过千变万化的队形和寓意深刻的图案来表达主题思想和运动会的宗旨，其队形主要包括散点队形、直线队形、带角队形、弧形、圆形队形、综合队形和图案队形。

(三) 艺术装饰

艺术装饰是团体操表演中重要的组成要素之一，也是体现艺术综合效果最显著、最直观的艺术形式，它影响着表演的节奏、色彩的搭配、内容的展现和表演的艺术效果等。

随着社会的发展，人们生活水平和欣赏水平的不断提高，以及体育意识的不断加强，观众对运动会开幕式及庆典活动的内容和表现形式有了更高的期待。作为团体操基本要素之一的艺术装饰，在表演中占据着非常重要的地位。表演中悦耳动听的音乐、美轮美奂的服装展现、出其不意的道具变化，以及烘托主题气氛的背景、灯光、场景、焰火等舞美效果，与灵活多变的队形和丰富多彩的表演动作和内容相结合，提升了团体操表演的艺术效果，起到了烘托主题、渲染气氛的作用。艺术装饰包括音乐、道具、服装、背景、灯光、场景六大部分。

1. 音乐

音乐是艺术装饰的核心，也是团体操表演的灵魂，它对整个表演起着重要的指挥作用。音乐是通过合乎节奏的旋律来表达人们思想感情的一种听觉艺术。在团体操表演中，它不仅为观众观看团体操表演营造良好的视听效果，还能将成千上万的表演者有机地连成一个整体，使之轻松自如、整齐一致地完成表演动作，从而更好地表达主题、传递情感、体现艺术创作水平。

2. 道具

道具是团体操表演中的一种辅助工具，合理地选用、设计和运用好道具，可以更好地表现主题风格，体现人物、场景和地域风貌特征，丰富表演内容，增强表演气氛，收到良好的表演效果。它是团体操表演中创新和出彩的重要因素。

道具分为三类：小型道具、中型道具和大型道具。

小型道具：如花朵、花环、扇子、纱巾、旗子、草帽、火棒、花棍、彩球、腰鼓及各种小实物模型等。

中型道具：如梯子、虎伏、造型架、体操用的双杠、鞍马、大花篮等。

大型道具：如巨幅国旗，倾泻而下的彩绸，形状不一的升降台、道具车等。

3. 服装

服装是艺术装饰中不可缺少的要素之一，也是突出表演主题、渲染表演气氛、增添表演色彩的重要组成部分，能反映表演者的特征，更好地塑造人物形象。在大型运动会开幕式表演中，服装不仅是展示民族风格和艺术水平的一种手段，还可以作为一种出其不意的道具通过巧妙的设计为表演添彩。

4. 背景

背景具有直观性，是观众进入表演会场首先看到的场景再现。背景是随着团体操的发展而诞生的。它大大扩展了团体操表演的范围和效果，起到点明主题、展现场次、场间铺垫、掩护退场、延伸视觉、表演衬景、美化场面、烘托气氛等诸多作用。背景的产生为团体操向立体化表演发展提供了空间和舞台，是促进团体操创新提高的又一项重要的艺术装饰。团体操的背景可分为翻本背景、电子背景和背景架等形式。现代表演更注重场地综合效应的利用，根据表演的需要在场内安装固定的和活动的表演台（景）等，如升降舞台、喷泉、花坛、礁石、山景、大球、可变色的地板，以及空中的"威亚"装置等。

5. 灯光

灯光运用是团体操在夜间表演的发展。团体操诞生之初是在室外场地阳光下进行表演的。室内团体操表演最初也只是利用馆内原有的照明灯进行表演。20世纪70年代初亚非拉乒乓球友好邀请赛开幕式上，第一次设计有暗场火棒操的表演，取得了轰动的效果。随后一些大型的团体操表演也运用了灯光的装饰效果，如第6届全运会和第11届亚运会开幕式都是利用白天和傍晚衔接的时段进行表演的，在表演的尾声进入高潮时，利用体育场照明灯光的效果和焰火表演，从而烘托了气氛，使大型表演更加精彩夺目，绚丽辉煌。从1993年第7届全运会开始，大型运动会开幕式表演大多安排在夜间利用专业的舞美灯光进行表演，灯光的运用突破了原来白天的表演，向着夜间表演的方向发展。

6. 场景

场景是指在团体操表演中场内的总体环境，其中借鉴了影视创作中的场次和空间的造型元素。可以利用LED投影在场地上打出各种画面，也可安装固定的和活动的表演台（景），以及空中的"威亚"装置等。场景是按照表演的主题、构图、风格、造型、节奏等视觉效果进行考虑的，场景的主要特征有时代性、社会环境性、生活环境性等。场景设计也是形成作品独特风格的必备条件。随着现代大型广场艺术的发展，团体操越来越多地运用舞美手段来增加自身的艺术感染力，使团体操表演向着大场景、广视角、立体化的方向发展。

三、团体操的分类

团体操内容丰富、形式多样，其分类的方法也有很多，按性质可分为运动会开幕式表演、庆典活动表演和商业化宣传表演；按规模可分为大型、中型和小型团体操表演；按结构可分为单场次、多场次和行进式团体操表演；按场地可分为室内和室外表演；按时间可分为白天和夜间举行的团体操表演等（表1-1-1）。

表1-1-1 团体操分类情况一览表

按性质划分	按规模划分	按结构划分	按场地划分	按时间划分
运动会开幕式表演	大型团体操	单场次表演	室内表演	白天表演
庆典活动表演	中型团体操	多场次表演	室外表演	夜间表演
商业化宣传表演	小型团体操	行进式表演		

（一）按性质划分

1. 运动会开幕式表演

运动会开幕式表演是指各级各类运动会开幕式上所进行的团体操表演。

2. 庆典活动表演

庆典活动表演是指在各种庆典活动、重大庆典节日或重大博览会上进行的团体操表演。

3. 商业化宣传表演

商业化宣传表演是指为了达到商业化宣传的目的而进行的各种表演。如韩国的三星集团专门为三星手机销售超过千亿而创作的团体操表演，以宣传企业文化。

（二）按规模划分

1. 大型团体操

大型团体操一般是在大型运动会或者重要庆祝活动中进行的表演，有丰富的艺术手段衬托。参加表演的单位和人数都比较多，一般有成千上万的人。大型团体操常常由多场次风格各异的表演形式构成，每个场次在统一主题的统领下，分别从不同角度表达主题思想，表演总时间约为1小时或者更长，表演场次一般不少于5场。

2. 中型团体操

中型团体操一般是在中小型运动会或庆祝活动上进行的表演，参加表演的人数相对较少，一般是几百人至千人以上，艺术装饰比较丰富，表演的总时长一般为30分钟左右，表演场次一般仅有3~4场。

3. 小型团体操

小型团体操一般是学校或单位运动会、庆祝活动而组织的表演，表演人数有几十人至百人以上、千人以下，表演中使用的艺术装饰相对简易，表演总时长约为十几分钟，表演场次一般为单场次。

(三) 按结构划分

1. 单场次表演

单场次团体操是一场完成全部表演内容的团体操,时间较短。

2. 多场次表演

多场次团体操是由多个表演场次组合而成的团体操。它可以是由一个主题贯穿连接多场次的表演整体,也可以是无内在联系的多场次表演的荟萃。

3. 行进式表演

行进式团体操是在行进过程中循环重复某种表演的团体操。可以徒手,也可以持道具或在彩车上进行表演。

(四) 按表演场地划分

1. 室内表演

室内表演是指在体育馆、剧场、大会堂等地的表演台或场下表演区进行的团体操表演。

2. 室外表演

室外表演是指在室外的运动场或广场进行的团体操表演。

3. 冰上表演

冰上表演是指在冰面(天然或人造冰)上进行的表演,如"冰上集体舞"类的表演。

4. 水上表演

水上表演是指在泳池或人工特制的水面表演区内进行的表演,如"水上芭蕾"类的表演;2010年广州亚运会开幕式在水面上搭建的表演区;2016年G20高峰论坛开幕式在西湖水面上的表演等。

5. 空中表演

空中表演是指在空中或特制的空中表演区内表演的团体组合表演,如"空中无人机表演""空中吊带表演"。

(五) 按时间划分

1. 白天表演

白天表演是指白天所进行的各种团体操表演，大多是以不同形式的动作展示、队形变化并配以音乐、服装、道具、背景所完成的表演。

2. 夜间表演

夜间表演是指利用夜间，并借助灯光、焰火、电子背景和各种舞美手段完成的文体表演。

第二节　团体操的特点与作用

现代大型运动会开幕式团体操表演之所以具有强大的生命力，有一个重要的因素就是它融体育与多种艺术于一体，有其自身特有的表演形式和语汇，形成了独特的表演风格。任何一场团体操表演，都是由丰富多彩的表演动作、千变万化的队形图案和各种艺术装饰的衬托，结合现代舞美和高科技的表演手段，根据表演的主题，合理、巧妙地组合变化而成的。这正是团体操区别于其他表演形式的本质特征。目前，无论是大型运动会开幕式，还是庆典活动中表演的团体操，都已成为一门独特的艺术表现形式。这种表现形式越来越向着综合化、艺术化、人文化、民族化、特色化和现代化的方向发展。

一、团体操的特点

团体操在表演内容和表演形式上具有以下几个方面的特点。

(一) 内容的综合性

现代大型团体操表演多以大型文体表演为主，其表演特征主要是综合了各种艺术表演的形式，将体育表演、歌舞表演、语言艺术（解说的诗、白）、造型艺术、舞美场景、戏曲音乐等多种艺术元素熔为一炉，在主题思想的统一贯穿下，以现代艺术表演的手法弘扬奥运精神和体育精神，表达人们对美好幸福生活的向往，展现团结协作的精神风貌，以及传承和演绎不同历史时期经典的文化等。

(二) 主题的鲜明性

团体操通常是为了完成某项庆典和运动会开幕式而组织的一项表演活动。开幕式的表演主题是团体操思想内容的核心，贯穿整个表演的始终。通过各场操不同的内容和形式展示以烘托主题。主题思想通常是根据表演的目的、任务和具体要求来确定，因此具有鲜明的目的性和思想性。大型团体操往往以展现国家的辉煌成就、文化历史、经济发展、地域特征、体育特色、民族精神为主题，而小型团体操则往往以体现美好生活、全民健身和团队协作精神为主题。

(三) 素材的时代性

表演素材的时代性特征就是反映其所处时代的文化视点，反映某一时期国家或地方的经济发展、人文历史及精神风貌等，并给人以思想的启迪和精神的激励。它具体地蕴含于文体表演作品的题材、内容、形式、风格和艺术形象之中。在表演内容上，例如：1959年第1届全运会《全民同庆》中第五场"祖国万岁"的表演，以"工业大增产、农业大丰收"为表演内容来体现"全国人民在党的领导下，发奋工作取得的伟大成就，以此向建国10周年献礼"；1965年第2届全运会则运用"人民公社好""紧握手中枪""红色接班人"等为表演内容，在不同程度上体现了当时我国政治、经济、文化和历史背景等方面的情况；2009年第11届全运会开幕式，第二篇章的扇舞飞扬，展示的是我国处于全民健身热潮的一种景象。由此看来，在不同时代的发展过程中，大型文体表演素材的选取不仅要把握住时代的脉搏，还要力求反映某一时期的文化视点。又如：2012年伦敦奥运会开幕式的表演，以写实的手法真实地反映了英国不同时期的历史发展。三大篇章中田园牧歌、英式木屋、巨大的烟囱、仿佛由炙热的钢水铸造而成的奥运五环、英国乡村音乐等元素，都生动而具体地再现了这一历史，从而展现了英国文化的独有魅力。

(四) 风格的民族性

独特的民族风格特征和地域风貌特征是文体表演明显的特征之一，也是一个民族区别于另一个民族、一个地区区别于另一个地区的重要标志。文体表演具有民族性和地域性的特点，例如：2004年雅典奥运会开幕式爱琴海的出现；2006年多哈亚运会大型文体表演以亚洲的历史文化和民族风情为主要内容；2008年北京奥运会开幕式以一幅画卷为场景拉开了中国五千年的文明史，充分展示了中国悠久的历史文明和灿烂的文化元素。2016年的巴西里约热内卢奥运会，以《上帝之城》为主题，为现场观众奉献了一场用灯光和3D技术介绍巴西的视觉盛宴。从热带雨林中的土著人乐土到大批移民到来后的民族大熔炉，巴西向全世界人民展现了自己的多元文化，而桑巴节奏和摇滚、流行音乐、波萨诺瓦又将巴西人的快乐传递给了看台上及全世界电视机前的每一位观众。

（五）体育的艺术性

团体操在19世纪诞生时，仅仅是一种集体操练的活动形式。随着时代的变迁和团体操自身的发展，其概念拓宽了，表演的内容和形式也日益丰富。团体操由以体育尤其是体操为主的表演形式（如艺术体操、健美操、啦啦操、技巧、街舞、体育舞蹈、花样游泳、花样滑冰、武术及各种民族体育表演等），逐步增加了许多艺术表演的内容和形式（如舞蹈、杂技、戏剧、书法、声乐、器乐、民间锣鼓、花卉、时装表演等）。现代大型综合性运动会开幕式大多充分运用了灯光、舞美、焰火、LED和高科技的手段，使团体操表演不仅具有鲜明的体育特色，还具有丰富多彩的艺术魅力，形成了体育与艺术高度结合的广场艺术表演项目。

（六）广泛的群众性

在大型活动中，一般参与团体操训练与表演的人数较多，所以团体操表演的动作大都简单易学，对表演者的要求不高，表演人员大多来自最普通的学生、工人、农民、军人等非专业人员。虽然团体操表演中也需要一些专业的运动员和演员参与表演，但群众演员仍是团体操表演的主力军。因此，它具有广泛的群众基础。

（七）组织的严谨性

团体操是一项集体进行的阶段性临时表演活动。为了达到预期的目的，它需要多方的密切配合，全体工作人员及表演人员的共同努力和通力协作才能圆满地完成任务。团体操表演从筹备、立意开始，经过创编、训练到正式表演结束，是一个复杂而细致的系统工程。它牵涉参加表演的单位多、人数多，表演所需的用具多，联系的面较为广泛。因此，各机构的工作人员应做到组织严谨、计划周密、分工明确、团结协作，每一个环节尽量做到各尽其责、万无一失，才能确保活动的顺利完成。

（八）场面的宏伟性

团体操表演一般是在大型的运动场（馆）中进行，为各种庆典和运动会开幕式而举行的表演活动，大多以烘托气氛和提升影响力为主，同时为运动会或庆典活动增添热烈、隆重的气氛。因此，在编排时应尽量利用人多势众和艺术装饰的多种功能，体现大场面、大色块、大节奏、大变化的特点；在表演的基础上，充分运用各种舞美手段，将团体操表演与现代科技联姻，创造出场景大空间、背景巨画面、内容广视角、变化大纵深、表演立体化等多种艺术效果，达到舞台表演难以展现出的壮观场面和宏伟气势。

（九）手段的创新性

随着现代科技的快速发展，文体表演的现代化手段已成为大型表演运用高科技的又一特征和出奇制胜的重要因素。1984年洛杉矶奥运会空中飞人的降临初步显示了高科技应用于开幕式表演的轰动效应。20世纪90年代以来，大型体育庆典活动越来越多地采用激光灯、电脑灯等，产生了五光十色、绚丽多彩的表演效果。2000年悉尼奥运会开幕式中的空中激光构图，2006年多哈亚运会开幕式上展示的世界最大的LED液晶显示屏，2008年北京奥运会的碗边背景、投影灯的运用和大型器械的运用等，2009年济南全运会的碗幕背景设计，2010年广州亚运会开幕式上的LED视频画面图案与人体配合的和谐表演，以及2012年伦敦奥运会场景的真实再现，都为开幕式大型文体表演增加了神奇、绚丽和惊人的表演效果。

二、团体操的作用

（一）教育作用

团体操表演能寓宣传、教育于表演之中，积极地宣传党和国家的路线、方针、政策。团体操表演反映一个国家物质文明和精神文明建设所取得的伟大成就，展现全民健身运动和体育水平的蓬勃发展，丰富人民群众的文化生活，使表演者和观众从中得到一种艺术的享受和精神的鼓舞。成功的团体操表演不仅可以起到振奋民族精神的作用，还可以起到增强民族凝聚力和集体荣誉感的作用。

（二）体育作用

团体操表演规模宏大，场面壮观，具有丰富多彩的表演内容和强大的艺术魅力，当今世界许多国家的运动会或庆典活动往往都以它来渲染气氛，借此机会宣传本国、本地区的政治、经济、体育、文化和艺术水平，以弘扬民族文化和体育精神。团体操表演可以为运动会打响第一炮，为开幕式增添热烈隆重的气氛，表达对运动会成功的美好祝愿；而表演者通过严格训练和成功的演出，可以增强体质、塑造身体形态，同时从中得到艺术的熏陶和精神的鼓舞。团体操将人的精神美与运动美完美地结合起来，从而提高人们参与体育锻炼的意识。

（三）德育作用

大型运动会开幕式一般是以团体操表演为平台，通过表演达到震撼人心的效果。特别是奥运会、亚运会和全国运动会开幕式上的团体操表演，更能直观地展现国力，高歌民族精神，让世界充分了解一个国家和一个民族的国力及文化。对于团体操参演者来说，通过团体操的训练和表演，不仅可以激发强烈的民族自豪感和爱国热情，还能树立集体主义和爱国主义思想，增强组织纪律性和集体荣誉感，培养团结协作和吃苦耐劳的作风及主人翁的意识，成为用实际行动践行为祖国争光添彩和贡献自己力量的精神动力。而对于观看表演的观众来说，能激发他们的热情，使他们得到思想的启迪和心灵的震撼，从而转化为勇于进取、奋发向上、同心同德建设祖国美好未来的精神力量。

（四）美育作用

团体操是一项精美的艺术作品，多年来，为人类文明的进步发挥了难以估量的作用。它的特殊价值在于，通过集体表演的形式，展示着民族的文化和精神力量。表演者通过团体操的训练和表演体现其运动美、艺术美和表演形式美，塑造其人体美、健康美，得到精神美的享受。它把人的内在美与外在美通过表演形式和集体协同的配合表现出来，给人们精神上的鼓舞，从而体验到生活美的具体含义，使其对生活充满信心，对未来充满希望。观众也可以在演出中直观地体验到一个国家、一个民族悠久而深远的历史文化，从而获得视听上的享受、心灵上的满足和精神上的陶冶。

第三节 团体操的起源、发展与趋势

团体操在国内外的发展有着悠久的历史。现代团体操的起源可追溯到19世纪初期的欧洲。当时开展团体操活动的目的主要是增强国民体质，抵御外来侵略，促进民族团结。近年来，随着体育文化的日益繁荣，许多国家都注意到开展团体操活动不仅可以丰富人们的文化生活，满足人们的审美需要，而且是增强国民体质和促进社会文化教育的一种良好手段。因此，团体操的活动从19世纪初期一直发展至今，生生不息。

一、现代团体操的起源与发展

（一）现代团体操的起源

现代团体操最早始于德国。19世纪初，德国的体操俱乐部在做体操时，并不是在教师或指导者的口令下集体进行，而是采用课题式的自由练习法。1810—1858年，号称德国"学校体操之父"的阿特尔夫·施皮斯创立了体操学校，并采用特殊方法作为班级体操练习的指导法，即练习时，在教师统一号令下集体进行秩序运动、行进间运动、器械体操、徒手体操、道具体操等，当时称为"合同体操"，被认为是最能发挥指导效果的方法。这种方法后来在军队和学校广为应用。到20世纪，进一步发展成为供

人们观赏的体操，又被称为"表演体操"，这与现代团体操的概念和内容很相似，可称为团体操发展的雏形。

（二）现代团体操的发展

1. 团体操在欧洲的发展

19世纪初，捷克斯洛伐克就有了团体操表演，是世界上组织团体操表演最早的国家之一。当时正值奥匈帝国统治下的捷克民族复兴时期，生活在捷克境内的斯拉夫人为了"强健民族的体魄"，"展现斯拉夫人的团结与强大"，创造了这种强调集体动作整齐划一，以展现青年人力量、勇气和团结的"体育与艺术"相统一的团体操。1862年捷克斯洛伐克就成立了"天鹰"体育协会。1892年，捷克斯洛伐克在庆祝天鹰体育协会成立活动的当天，首次举行了规模盛大的团体操表演。以后，协会规定每六年举行一次。1926年在布拉格郊外还专门为团体操表演建造了可以容纳25万名观众观摩和万人进行团体操表演的场地，同时还配备了较为先进的音响设备，该活动一直持续至第二次世界大战爆发才中断。"二战"后，捷克斯洛伐克政府决定在1955年庆祝解放十周年之际举行第1届全国运动会，运动会除有各项运动项目比赛外，主要是组织规模盛大的团体操竞赛与表演，并决定以后每五年举行一次全国运动会。2006年7月在布拉格市布拉格斯特拉霍夫体育场举行了第14届"天鹰体育协会团体操节"，来自五大洲20个国家的近18000名运动员参加了16个项目、为期2天的大型团体操表演，还有相关的各种文化、体育活动在布拉格市内广泛展开，还包括身着民族服装的大规模游行。参加这次活动的人数超过两万人，与会的上万名表演者中，有许多是经过长期训练、表演经验丰富的体操运动员，他们中年龄最大的92岁，最小的只有1岁。捷克总统克劳斯也前往观摩，如此盛大的民间活动延续至今已有一百多年的历史，捷克民族继承、保持传统的精神实在难能可贵。虽然团体操最早始于德国，可人们更愿意把1862年捷克"天鹰体育协会"的成立看作这项运动开始的标志，创办者为"团结民众和强身健体"找到了最佳契合点。即使在政局多变的20世纪上半叶，肩负锻炼体魄和爱国主义双重使命的"天鹰体育协会"仍顽强地延续下来。说起"天鹰"，在捷克可谓家喻户晓，它的机构遍布于城市和乡村的各个社区，近半数的青少年都是它的成员，它就是以体育馆为基地的全民健身运动组织。因此，捷克的"雄鹰运动"被认为是现代团体操的鼻祖。

早在19世纪后半期，瑞典、挪威、奥地利、德国和瑞士就曾组织过体操大汇演，汇演初期只限于本国人参加，主要是为了增进本国人民的身心健康，促进民族大团结，同时提高练习者自信和乐观的生活情趣。后来，随着国与国之间交往的日益密切，发展到允许外宾参加。1939年，瑞典第一次组织和举办了体操节，有12个国家参加了大众体操的汇演，紧接着又举办了第二次，参加的国家达到14个，共110个团队，大众体操开始在欧洲盛行。苏联及拉丁美洲的墨西哥等国家对开展团体操活动也十分重视。

苏联大型运动会开幕式开始也是以团体操表演形式为主，在世界上享有盛名。1930年起，每逢重大节日和体育运动会，在各加盟共和国的首都，在城市广场、体育场馆，经常组织文体表演。苏联人民能歌善舞，喜爱体育和文艺，文体表演的内容极其丰富，形式多样。既有不同体操动作形式的表演，又有各民间舞蹈动作的表演；既着运动服装，又着各民族服装；既使用体育器材，又有民族传统道具；既有现代音乐，又有民族古典音乐。苏联文体表演充满了浓郁的民族风格特点，深受人民的喜爱，同时也成为宣传本民族文化和弘扬体育精神的有效手段。

1949年，在国际体操联合会的全体代表大会上，荷兰的J. H. F. Sommer提出建议，希望国际体操联合会组织举办国际体操节活动。1950年这一建议被国际体操联合会全体代表大会通过，从此被列入国际体联官方活动的议事日程，取名为团体操，并在欧洲、拉美国家广泛开展，每4~6年都会举行一次团体操节活动。1953年在荷兰的鹿特丹成功举办了第1届世界体操节。1984年大众体操被国际体操联合会认定为正式项目，并成立了国际体操联合会大众体操委员会，负责大众体操的推广，为此开展了一系列活动，其中最重要的内容就是举办世界体操节。体操节的活动形式多以集体表演为主，团体操又属于大众体操的范畴，也是体操节最好的一种表演形式，这对大众体操的普及起到了重要的推动作用。据资料报道，法国在2000年时，大约有2.15万人参与大众体操运动，而美国从1980年的30.275万名增至2001年的75.367万名参与大众体操运动，近几年更是有增无减。从1953年在荷兰鹿特丹举办第1届到2015年第15届体操节，有卡塔尔、瑞典、西班牙、南非这几个国家分别向国际体联递交了承办申请，大众体操在西方国家开展得轰轰烈烈。

2. 团体操在亚洲的发展

发源于东欧社会主义国家的团体操，不仅曾在欧洲的德国、捷克、苏联、罗马尼亚、墨西哥等国家风靡一时，而且也传入和影响着亚洲的日本、朝鲜、中国等一些国家。

日本的体操发展也具有悠久的历史，特别是在大众体操和竞技体操的发展上尤为突出，日本最早的大型表演是以团体操的形式出现的。20世纪中期，日本对国民健康尤为重视，大力发展体育事业和体操运动，以增强国民体质和改善国民身体条件为目的，在日本各级各类学校中将团体操和竞技体操列入体育教学中。重视体操运动的普及与开展，是日本学校体育的特点之一。通过大型团体操的训练和表演，培养学生的组织纪律性，通过高难度的体操、技巧、叠罗汉等动作的技术训练，培养学生健美的体态和吃苦耐劳、团结协作的拼搏精神。在团体操运动的影响下，日本的文体表演也得到了广泛的普及。近半个世纪，虽然日本大型团体操不见形迹，但学校团体操的持续开展和一些小型团体操的表演仍然很有特色。

"冷战"结束后，一些国家的团体操活动或淡出人们的视野，或日渐隐退在幕后被其他形式的表演所遮盖，唯有朝鲜还在延续着这种体现群体协作的集体运动。当下，朝鲜开展团体操活动的势头正猛，无论在平壤还是地方，在主要的纪念日都会进行团体操的表演，还专门成立了由政府主导的团体操创作团，从而也造就了团体操成为朝鲜体育活动中的绝对主角。那么，是怎样的一种动因促使朝鲜大力开展这项运动的呢？

19世纪，帝国主义列强的侵略使朝鲜国民意识到体力的重要性，为了提供维护国家主权的基本力量，开化运动家以积极的态度面对近代体育的传入，在关乎民族生死存亡的紧迫形势下，富国强兵的思想开始高扬。"为了培养武力的基本力量，当从每一个国民的体力而来，而这体力的养成，具有效率的机关正是学校，而能担当此科目的正是体操。"因期望体操科目在学校教育中发挥军事预备的作用，朝鲜1895年的教育立国诏书和同年7月公布的学制，正式将体操纳入学校教科书中。具有军事特色的兵式体操进入学校体育之中，与普通体操并行成为学校体育的主体。兵式体操和普通体操的盛行客观上促进了徒手操和队列队形的结合，从而形成了集体操练的形式，这种既能强健国民体质，又能培养顽强意志力、增强民族凝聚力，并具有一定观赏价值的集体操练形式顺应了朝鲜时代的需求，借助于兴起的运动会而得以不断发展。客观来讲，团体操的集体演练所呈现出来的视觉体验应是其健身主旨的衍生，却也因其具有这种美感特质得以在运动会上比赛和展演。朝鲜团体操正是在这样的时代背景下得以形成其最初的形式。1910年8月，朝鲜被日本吞并，朝鲜团体操的开展进入曲折阶段。日本在朝鲜推出愚民政策和皇民化教育，强制进行教育制度改革，借口兵式体操是一项缺少变化及科学依据的运动，以瑞典体操和欧美新的游戏取而代之。朝鲜团体操的开展在日本统治时期皇民化教育的体制性中遭遇遏制，在日本统治长达几十年的时间里，朝鲜团体操缓慢前行。脱胎于兵操和普通体操的朝鲜团体操，因其健身价值、团队协作精神等功能被寄予培养有健壮身体、顽强意志的现代国民和增强民族凝聚力以抵御外侮的厚望，朝鲜团体操在这一历史时期肩负着强国强种的历史使命。

抗战胜利以后，朝鲜团体操走上了发展的快车道。20世纪50年代，朝鲜非常重视团体操活动的普及。为了开展团体操活动，专门成立了团体操组织领导机构，从事团体操表演的组织、创编、训练、表演等多项工作。国家从人力、物力和财力等方面都给予了保障，并且将大型团体操表演作为国民教育和宣传朝鲜劳动党在政治、文化、教育、文体，以及人民生活和经济发展等诸多方面取得伟大成就的一种重要方式。在各级运动会、重大节日、庆典活动上，经常举行不同规模的团体操表演。还将团体操列入学校体育教学和课外体育活动中，每天规定一个小时，开展不同形式的团体操活动，以利于对青少年进行爱国主义教育，培养组织纪律性、集体主义观念和吃苦耐劳的精神等，同时也作为增强学生体质的重要手段。由于国家十分重视，大型表演的组织领导机构创作人员还经常带着文体表演方案，深入学校进行排练和指导团体操工作，不断提高了团体操的表演水平。对在团体操训练和表演过程中表现优秀的个人或集体给予精神和物质上的奖励，促使各单位和个人积极参与到团体操活动中，真正实现了团体操活动的大众化。为了更直观形象地表达主题思想，朝鲜首创了背景台这一团体操新的组成部分，背景台从最初简单的硬纸板拼出图案到背景画册，再到采用激光灯背景，朝着大型化、活动化、立体化和科技化的方向发展。背景台的采用是朝鲜团体操发展史上的一座里程碑，开启了朝鲜式团体操创编的新篇章。2002年朝鲜推出巨型团体操《阿里郎》，是朝鲜举全国之力打造的国家文化品牌。整个表演的设计，始终以民族文化为中心，运用歌舞、曲艺、杂技、体操等艺术和体育手段表现出来，巧妙地融为一体，充分展现了朝鲜民族文化的精髓。朝鲜团体操运用灯光、舞美、空中威亚等科技手段所带来的表演效果，通过动与静相结合所呈现出来的画面，在与文化交融、与艺术相伴中塑造了朝鲜民族文化形象，从最初以健身为主的集体操练形式，演变为一种以表演为核心功能、以审美为核心价值的表演形式。《阿里郎》不仅给朝鲜带来了经济效益和形象效益的双丰收，而且"阿里郎热风"在世界上引起了极大的轰动，使朝鲜的大型团体操闻名世界。

3. 团体操在非洲的发展

非洲国家大多是以受援国的形式开展团体操的。我国的援外教练从20世纪70年代开始相继为非洲20多个国家的国庆、青年节和运动会开幕式等庆典活动组织、创编大型团体操，另外还专门为受援国培养团体操专业人才。受援助的非洲国家有多哥、苏丹、尼日尔、马达加斯加、索马里、塞内加尔、吉布提、厄立特里亚、贝宁、乍得、坦桑尼亚、布隆迪等。我国团体操援外教练除援助非洲外，还遍布亚洲、拉丁美洲、欧洲等国家和地区，一些国家与我国还建立了长期的援助关系，极大地促进了这些国家团体操和文体活动水平的提高，同时也促进了我国与其他国家国际间的友好交往。

二、中国团体操的起源与发展

据史料记载，我国历朝历代都存在着如同现代团体操的表演活动，其名称、内容和形式不一。随着古代体育运动的不断发展与完善，团体操从以歌舞表演为主演变成以徒手、器械和体操为主的表演形式。我国现代团体操是在19世纪中叶随着现代体操传入我国而不断发展的。

（一）中国团体操的起源

中国古代团体操的起源可追溯到3000多年前。20世纪60年代，在我国云南阿佤同沧源县境内的高山崖壁上，发现了一份3000多年前古人刻的崖画，在其色彩斑斓的构图和古朴的画面中，有双人操舞数组：一组两人左臂斜举，右臂斜垂；一组两人双臂微屈上举，手掌高扬；一组五人组成一朵梅花形状，十条腿构成一个五角星，与现代团体操中的造型十分相似；有一组，五人组成环形，一人居中，构成整齐的图案，六人手脚姿态各异。这些栩栩如生的姿态和组图为我们提供了古代团体操宝贵的资料。据史料记载："葛天氏之乐，三人操牛尾，投足以歌八阕。"（《吕氏春秋·古乐》）《尚书·益稷》记载有模仿百兽的群体舞。马家窑出土的彩陶图案记录的分组群体舞蹈，伴有一定的韵律节奏和队形变化。华夏民族初始，有武舞和文舞（武舞：有一定的队形，有舞蹈的节奏，结合实战的持兵器的武艺操练；文舞：乐舞、声舞等纯粹的文艺表演）。唐高宗时代，《旧唐书·音乐志》记载：武则天创制了《圣寿舞》，表演人数有140人，表演者头戴金色铜冠，身着五彩画衣。这种舞衣在跳舞时可以迅速变换颜色，而且队形每变一次，即排成一个字。唐代著名诗人王建所写古诗"罗衫叶叶绣重重，金凤送鹅各一丛。每遍舞时分两向，太平万岁字当中"，就是对这种"字舞"盛况的描述。据宋人周密所著《齐东野语》记载，当时州郡遇到盛大节日，也往往要进行"字舞"表演，可见，"字舞"到宋代已发展成为民间庆祝节日的一种形式了。清代的队舞和字舞表演在继承唐代队舞、字舞表演的基础上又有了新的发展。晚间持灯操练，并口唱太平歌，以手中灯火排列成"天下太平"四字，这种形式使其表演更美观，但难度也更大。可见中国古代乐舞从最初以健身娱乐为目的，发展演变为大型团体操舞蹈表演，可算是我国团体操的雏形。

（二）中国团体操的发展

1. 新中国成立前团体操的发展

19世纪中叶，德国、瑞典的体操传入中国。1890年，上海成立了第一所中国体操学校，其教学内容中的徒手体操、兵士体操、武术、舞蹈及音乐等内容的设立，逐步影响着大、中、小学的体育教学。体操活动开始由平时集体操练发展到在一些运动会上进行集体表演，由此，我国团体操表演逐渐以一种宏大而独特的运动形式面向世人。最早的一次规模较大的团体操表演是1907年在南京宁垣学界第一次联合运动会上进行的。当时有80多个学校分别进行了队列行进、兵士体操、徒手体操、轻器械体操、舞蹈等表演，从规模和内容上奠定了我国团体操的基础。

新中国成立前，曾举行过7届全国运动会。第1、2、3届全运会（1910年、1914年、1924年）开幕式没有任何表演。第4届全运会（1930年）在杭州举行，才有了一些简单的表演，开幕式上有近5000名小学生进行了各种内容的表演。第5届全运会（1933年）在南京的中央体育场举行，有41所小学的2300余人身着统一色彩的服装，站成散点队形，在统一口令指挥下，表演了"太极拳"，这是旧中国首次在全运会开幕式上表演的具有一定规模并带有浓郁民族色彩的团体操。第6届全运会（1935年）在上海江湾体育场举行，开幕式上有36所学校的3000多名小学生表演了"太极拳"、童子军检阅、工人团体表演、武术表演和器械操表演等。第7届全运会（1948年）在上海江湾体育场举行，开幕式上有6000名小学生参加了大会操的表演，有轻器械体操、叠罗汉、组字图案和队形变化等，并以儿童乐队和钢琴伴奏形式指挥着团体操的表演，使团体操表演开始与艺术结合（表1-3-1）。总的来说，表演还是比较简单，可视为中国团体操发展的萌芽。

表1-3-1　新中国成立前历届全运会开幕式表演情况一览表

时间	届数	表演人数	内容
1910年	第1届		无表演
1914年	第2届		无表演
1924年	第3届		无表演
1930年	第4届	近5000名	简单的徒手操表演
1933年	第5届	2300余名	太极拳，首次表演规模较大、民族色彩较浓的团体操
1935年	第6届	3000多名	太极拳、童子军检阅、工人团体操、武术比赛和器械操表演
1948年	第7届	6000名	柔软体操、轻器械体操及技巧罗汉造型等

2. 新中国成立后团体操的发展

新中国成立后，党和政府非常重视体育工作，团体操也和其他运动项目一样得到了迅速的发展。其发展过程可归纳为六个重要阶段。

（1）第一阶段（20世纪50年代）：系统化的形成阶段

1959年9月，在北京工人体育场举行了第1届全运会。开幕式上有7823人参加了大型团体操"全民同庆"为主题的演出，这是新中国成立后首次在统一主题下将多场次的表演有机地组成一个完整的作品，在音乐的指挥下完成全场表演。《全民同庆》的成功演出标志着中国团体操由过去的单场表演或数场操的汇演发展到统一主题下多场次表演的阶段。它开创了我国大型团体操集体创作、系统构思、组织训练相统一的新局面，从而建立了团体操的理论体系，使我国团体操朝系统化的方向发展。

（2）第二阶段（20世纪60年代）：突破性的飞跃阶段

1965年9月，在北京工人体育场举行了第2届全运会。开幕式上一个由16360人表演的大型团体操《革命赞歌》与观众见面。它以鲜明的主题、严谨的结构、雄伟壮观的场面、气势磅礴的音乐、新颖独特的团体操动作语汇和整齐划一的表演引起了国内外的强烈反响。尤其是第一次出现8000多人的大型背景表演，大大地增强了团体操的表演气势和艺术效果，使我国团体操表演迈向了平面与立体相结合的新阶段，也是我国团体操整体艺术水平的一次突破性的飞跃。

(3) 第三阶段（20 世纪 70 年代）：多方面的发展阶段

20 世纪 70 年代是我国团体操在已形成统一主题下多场次表演的结构模式基础上进一步完善和成熟的时期。

1972 年 9 月，在北京首都体育馆举行的第 1 届亚洲乒乓球锦标赛开幕式上，表演了以《小松树快长大》为主题的团体操。

1973 年 8 月，在北京首都体育馆举行的第 1 届亚非拉乒乓球友好邀请赛开幕式上，充分利用馆内灯光效果，成功地组织了室内团体操《银球传友谊、乒坛花盛开》的精彩表演。

1975 年 9 月，在北京工人体育场举行的第 3 届全运会开幕式上，有 2.2 万余人参加了大型团体操《红旗颂》的表演。该场表演主题鲜明，场面壮观，气势磅礴。表演中的集体配合动作在创编方面有了进一步的发展和完善，其中波浪动作发展到了 9 种类型；背景也由原来露头发展为不露头的背景，使画面更加清晰完整；活动画面的变化手法也丰富了许多。这场团体操表演也被视为这一时期的代表作品。

1979 年 9 月，在北京工人体育场举行的第 4 届全运会开幕式上，又一次成功地组织了近 1.6 万人参加的大型团体操《新的长征》的表演。这次创编构思突出了体育表演的特点，服装以运动服为主，并运用了健美、体操、技巧、舞蹈和高空滑降动作来表现主题。

(4) 第四阶段（20 世纪 80 年代）：新天地的开辟阶段

20 世纪 80 年代，全国性的大型运动会达 9 次之多，这些运动会开幕式上的表演使我国团体操迈向了与艺术高度结合的新里程。

1982 年 9 月，在内蒙古呼和浩特市举行的第 2 届全国少数民族传统体育运动会开幕式上，进行了团体操《民族盛会》的表演。

1983 年 9 月，在上海江湾体育场举行的第 5 届全运会开幕式上，进行了大型团体操《百花迎春》的表演，共六个场次。这次表演以体育和文艺相结合的形式进行，无大型背景表演，但首次尝试了由 1000 人组成的合唱队在背景台上为团体操表演伴唱，使全运会开幕式走出统一主题下分场表演的结构模式，为开幕式表演向多元形式发展做了一次有益的尝试。

1985 年 9 月，在北京举行的第 2 届全国工人运动会开幕式上，组织了有 3000 余人参加的文体表演。

1985 年 10 月，在河南郑州举行的第 1 届全国青少年运动会开幕式上，组织了有 1.2 万人参加的大型团体操《奋飞》的表演。

1986 年 8 月，在大连市举行的第 2 届全国大学生运动会开幕式上，有 3000 人参加了团体操《奋进》的表演。

1986 年 8 月，在新疆乌鲁木齐举行的第 3 届少数民族传统体育运动会开幕式上，几千名表演者参加了大型团体操《天山盛会》的表演。

1986年8月，在鞍山举行的第3届全国中学生运动会开幕式上，有4300余名中、小学生参加了大型团体操《攀登》的表演。

1987年11月，在广州天河体育场举行的第6届全运会开幕式上，有14514名表演者参加了大型团体操《凌云志》的表演。表演共分五个场次："迎宾""自豪""希望""拼搏""腾飞"。表演使用大小道具10余种，背景画面32幅，表演服装18种，既突出了浓厚的地方特色和民族风格特点，又突出了时代发展的气息。表演时间由历届的白天改为傍晚开始逐步过渡到夜间的表演。首次使用灯光设施配合场上表演，并且巧妙地运用了大器械的组合，以展示高难度的竞技体操动作，给人以耳目一新的视觉冲击感，极大地丰富了团体操表演的内容，突破了团体操表演的形式，增加了团体操表演的难度和艺术效果，使其观赏性与艺术性达到了一个新的高度。这是我国第一个夜间利用灯光创编的大型团体操。8000多人的大型背景和灯光配合表演，在国际上也属罕见，与场下火龙、火棒灯表演相结合，产生了白天团体操难以达到的视觉效果，拓展和丰富了团体操表演的形式。从此，我国团体操迈向了与艺术高度结合的新里程。

1988年10月，在济南举行的第1届全国城市运动会开幕式上也出现了大型团体操的表演。此后每一届全国综合性运动会的开幕式上均有大型团体操或大型文体表演。除此以外，各省、市、自治区、直辖市如浙江、山西、湖北黄石市、江西南昌市等的运动会也组织了规模较大的团体操表演。由此可见，团体操的普及与提高较之前年代有了新的发展。

（5）第五阶段（20世纪90年代）：综合化的发展阶段

20世纪90年代，团体操的表演如花似锦，将广场文体表演与艺术和科技联姻，有效地将声、光、电、色、影融为一体，创造了场景大空间、巨画面、广视角、大纵深、立体化等具有科技魅力的效果。无论是表演水平还是普及的广度与深度都较以前有很大提高。

1990—1999年，我国举行的全国性和国际区域性运动会及庆典活动达20次之多。其中运动会有15次，分别是：1990年9月在北京举行的第11届亚运会；1992年3月在广州举行的第3届全国残疾人运动会；1994年在北京举行的第6届远南残疾人运动会；1992年9月在武汉举行的第4届全国大学生运动会；1996年8月在西安举行的第5届全国大学生运动会；还有第2、第3届全国农民运动会；第2、第3、第4届全国城市运动会；第4、第5届全国少数民族传统体育运动会；1993年5月在上海举行的第11届东亚运动会；1993年9月在北京举行的第7届全运会和1997年11月在上海举行的第8届全运会。

1990年第11届亚运会开幕式大型团体操《相聚在北京》的表演，可谓是这一时期的代表作。表演共分为六个场次：第一场，鼓乐齐鸣；第二场，碧水风荷；第三场，中华武术；第四场，童星闪烁；第五场，体坛英姿；第六场，亚运之光。作品以磅礴的气势、壮观的场面，向现场 7 万多名观众和全世界 20 亿电视观众展示了中华民族灿烂的文化和崭新的精神风采，体现了亚运会"团结、友谊、进步"的宗旨，也体现了"四海会宾客，五洲交朋友"的亚运精神。其表演内容、表现形式和手段以浓郁的民族风格、体育特点将历史与现实、传统文化与时代精神很好地结合起来，既体现了传统的民族文化，又突出了强烈的时代气息。开幕式的成功演出，不但提升了中国在国际上的威望，也为以后大型表演和繁荣我国体育文化市场开了一个好头，推动了历届运动会文体表演的发展。

1993 年 9 月，在北京举行的第 7 届全运会开幕式以《爱我中华》为主题，全场分为上下两个篇章，七个场次。上篇为"魂"，即遥远的火光、黄土神韵、丝路欢歌；下篇为"潮"，即浪潮、青春的节奏、憧憬、五星邀五环。从此在创作上多以文艺表演和文体表演的形式出现。这次开幕式完全采用了夜间表演的形式，将广场表演与灯光舞美相结合，背景用大型的立交桥建筑替代，形成了立体舞台与广场表演相结合的表演形式，大大地增强了广场表演的艺术效果。

1997 年 10 月，在上海举行的第 8 届全运会开幕式上有 18000 余人参加了以《祖国万岁》为主题的大型文体表演。全场共分三个篇章，分别为：伟大的民族、奋进的时代、腾飞的巨龙。全场表演以赞扬中华民族的灿烂文化和精神魂魄为主题，展现了勇往直前的时代精神和中华民族的时代风貌，展示了中华民族的崛起和改革开放以来中国的巨大变化，歌颂了香港回归和各民族同胞团结奋进奔向 21 世纪的精神风采。这次表演还首次将点火仪式融入表演之中，使表演新颖独特、寓意深远、美不胜收。

自北京亚运会后，我国还举行了许多庆典活动，如 1995 年北京第 4 届世界妇女代表大会，1997 年香港回归，1999 年澳门回归，1999 年昆明世界园艺博览会，以及 1999 年国庆 50 周年的庆典活动等，这些庆典活动开幕式上均有大型表演活动。表演活动更多地采纳了文艺表演的形式，其中舞美、灯光方面的发展尤为显著。除此之外，各省、市、自治区、直辖市各级各类学校的文体表演活动也十分活跃，呈现出体育与文艺相伴、表演与科技结合的综合化发展趋势。

(6) 第六阶段 (21 世纪)：高科技创新阶段

随着科学技术的迅猛发展，团体操表演越来越多地运用了高科技手段。

2001 年 11 月，在广州举行的第 9 届全运会。开幕式上有 16000 多人参加了以《盛世中华》为主题的大型文体表演。全场分为三个篇章：新世纪之光、金色的豪情、五彩的奔腾。全场表演以一种写意的笔法展示了中华龙的腾飞，同时也展示了东道主广东作为龙腾盛世前沿阵地的崭新风貌，突出了广场文体表演的特点，全方位地、更具现代特色地将艺术思维和表演的综合手段结合起来，立足于今天的盛世，歌颂新时代人民的激情。这次表演，首次将音乐喷泉运用到大型表演现场，以一座长 80 多米的喷泉水幕为背景，配合瀑布、烟火与高空礼花将表演推向高潮。

2005年10月，在南京举行的第10届全国运动会开幕式以《时代交响》为主题。首次采用了超大型的中心舞台，舞台设计功能齐全，有可升降系统、水雾系统、水调节系统，以及大型道具的变化等。在表演设计的理念上与国际接轨，更加注重电视直播效果。随着科学技术的迅猛发展，文体表演越来越多地运用了高科技的手段，使得表演更具观赏价值。

2008年8月，北京奥运会开幕式以《美丽的奥林匹克》为主题，共分为两个篇章：上篇"灿烂文明"包括画卷、文字、戏曲、丝路、礼乐；下篇"辉煌时代"包括星光、自然、梦想。参加演出人员大约1.5万人。开幕式的表演重点是展示中华民族悠久的历史、灿烂的文化，以及中国改革开放以来的建设成就和中国人民的精神风貌。在艺术风格的表现手法上，坚持用世界语言讲述中国故事，充分体现民族特色和时代特征，以中国特有的"绘画长卷"为线索，以中国美学的写意精神展现东方文明的底蕴，用绚烂的色彩展示当代中国的勃勃生机，用富有创造性的当代艺术表现形式赋予开幕式以现代性和国际性的风貌。这种大场面的表演，把我国的历史、文化、体育、艺术与高科技巧妙地融为一体，不仅对我国起到了很好的宣传作用，而且大大提升了我国的国际影响力。开幕式的成功演出，再次证明了中国的综合实力，同时也将我国大型文体表演推向了世界顶级的发展阶段。

2009年10月，在山东举办的第11届全国运动会，是继北京奥运会后我国举办的规模最大的综合性运动会。开幕式以《和谐盛世齐鲁情》为主题，采用了文体表演的形式，其表演内容包括：序·"紫气东来"；第一篇章"齐鲁魂"；第二篇章"和谐风"；第三篇章"祖国颂"。第11届全运会开幕式的整个设计既传承了中华传统文化元素，又突出了济南作为山东省省会和第11届全运会主会场的城市元素；一方面寓意着对祖国美好未来的吉祥祝福，另一方面表达着对运动会成功举办和体育健儿争金夺银的美好祝愿，恰到好处地体现出了浓浓的民族气息和深厚的地域之情。整场表演的规格以世界顶级水平打造而成，将高科技与地域文化元素完美地融入表演之中，首次将背景作了突破性的改变，制作了一个巨大的碗幕背景，达到360°观众观看视频效果的目的，成为开幕式上最大的亮点。

2013年8月，在辽宁沈阳举行的第12届全运会，国家提出了"节俭办全运"的口号。组委会明确了力求节俭、回归体育、全面参与的思想定位，对开幕式表演内容和经费进行了大幅压缩，开幕式不请明星，不燃放焰火，取消文艺演出，坚持还体育本色、还群众主角的方针。因此，组委会修改和取消了该届全运会开幕式晚上进行的大型文艺演出，将表演改在了白天进行，采用了以群众体育为主的大型团体操表演，所有参演人员全部为群众体育爱好者。近5000名大学生和群众体育爱好者经过刻苦训练，献上了一场富有辽宁特色的体育表演。

2017年8月27日在天津举行的第13届全运会开幕式文体展演以《逐梦远航》为

主题，表演包括序·"潮起千帆"；第一篇章"百年呼唤"；第二篇章"健康中国"；第三篇章"领航未来"。

中华人民共和国全国运动会开幕式大型团体操表演情况见表1-3-2。

表1-3-2 中华人民共和国全国运动会开幕式大型团体操表演情况一览表

届数	日期	主题	地点	时长	演出总人数	内容
1	1959.9.1	《全民同庆》	北京工人体育场	56分	7823人	幸福的儿童、青春的花朵、群英比武、健美的青春、祖国万岁
2	1965.9.11	《革命赞歌》	北京工人体育场	67分52秒	16360人（演7762背8568）	序幕、高举革命火炬、自力更生、奋发图强、人民公社好、紧握手中枪、红色接班人、将革命进行到底
3	1975.9.12	《红旗颂》	北京工人体育场	75分	22008人（演12381背9627）	火红的战旗、大庆精神放光芒、大寨红花遍地开、提高警惕保卫祖国、文艺新花春满目、一代新人在成长、为革命锻炼身体、团结战斗胜利前进
4	1979.9.15	《新的长征》	北京工人体育场	58分30秒	17000人（演7283背9717）	欢庆胜利、继往开来、茁壮成长、勇攀高峰、锦绣前程
5	1983.9.18	《百花迎春》	上海江湾体育场	87分39秒	8000人（背1000演7000）	蓝天彩虹、群龙腾飞、蓓蕾初放、健美青春、巧织锦绣、百花迎春
6	1987.11.20	《凌云志》	广州天河体育中心体育场	61分47秒	14514人（演6486背8028）	迎宾、自豪、希望、拼搏、腾飞
7	1993.9.4	《爱我中华》	北京工人体育场	44分	11000人	上篇《魂》：遥远的火光、黄土神韵、丝路欢歌 下篇《潮》：浪潮、青春的节奏、憧憬、五星邀五环
8	1997.10.12	《祖国万岁》	上海体育场	45分	18000人	第一篇章：伟大的民族 第二篇章：奋进的时代 第三篇章：腾飞的巨龙
9	2001.11.11	《盛世中华》	广州奥体中心体育场	60分	16000人	第一章：新世纪之光 第二章：金色的豪情 第三章：五彩的奔腾
10	2005.10.12	《时代交响》	南京奥体中心	50分	15000人	上篇：铸造辉煌 中篇：锦绣江苏 下篇：神州力量

续表

届数	日期	主题	地点	时长	演出总人数	内容
11	2009.10.16	《和谐盛世齐鲁情》	济南奥体中心体育场	90分	约9800多人	序：紫气东来 第一篇章：齐鲁魂 第二篇章：和谐风 第三篇章：祖国颂
12	2013.8.31	《全民健身共享全运》	沈阳奥体中心体育场	24分	近5000多人	全民健身展示 分为四个篇章：队列操、太极武术、第九套广播体操和健身操
13	2017.8.27	《逐梦远航》	天津奥体中心体育场"水滴"体育场	54分	约6000人	序：潮起千帆 第一篇章：百年呼唤 第二篇章：健康中国 第三篇章：领航未来

三、团体操的发展趋势

（一）近九届夏季奥运会开幕式简况

近九届夏季奥运会开幕式上的表演均呈现出丰富多彩的表现风格，有古典式、史诗式、抒情式、歌颂式及写实的手法等，使得表演典型地反映了主办国的文化风俗特征和民族审美情趣，每一届开幕式都有自己独特的民族风格和艺术魅力，设计者们也总是不遗余力将自己独特的作品展示给世界（表1-3-3）。

表1-3-3 近九届夏季奥运会开幕式表演情况一览表

届数	开幕日期	地点	表演时间	演出总人数	表演内容
23	1984.7.28	洛杉矶纪念体育场	约1个多小时	2000余人	以民族歌舞为主
24	1988.9.17	汉城蚕室奥林匹克体育场	共72分钟	2000多人	以《美好的日子》开头，有特技跳伞表演、朝鲜传统舞蹈"降福舞""花舞"等
25	1992.7.25	巴塞罗那蒙锥克体育场	约40分钟	约7000多人	开幕式以音乐和歌舞表演为主； 第一部分：热情的大地； 第二部分：地中海奥林匹克之海； 第三部分：艺术体操表演后引入入场仪式

续表

届数	开幕日期	地点	表演时间	演出总人数	表演内容
26	1996.7.19	亚特兰大奥林匹克体育场	约1小时45分钟	约8000人	以《世纪召唤》为主题,共七个场次,展示佐治亚州和美国南部的文化风情、底蕴及奥运会传统等主题。开幕式表演将现代声光效应与传统表现手法相结合,最后一场为"各国共行"
27	2000.9.15	悉尼奥林匹克体育场	3小时	几千人	以《自然》为主题,20个国家的2000名音乐家演奏歌曲并进行了民族舞蹈表演
28	2004.8.13	雅典奥林匹克主体育场	60分钟	近1万人	以《希腊海洋》为主题: 第一幕:"欢迎奥运"; 第二幕:"升希腊国旗"; 第三幕:"寓言"; 第四幕:"历史年轮"
29	2008.8.8	北京国家体育场	1小时20分钟	15000人左右	以《美丽的奥林匹克》为主题: 上篇:灿烂文明(画卷、文字、戏曲、丝路、礼乐); 下篇:辉煌时代(星光、自然、蓝色星球、梦想(主题曲)
30	2012.7.27	伦敦斯特拉特福德奥林匹克体育场	约80分钟	1万人左右	以《奇妙岛屿》为主题,分为: "绿色和愉悦"; "黑暗魔鬼的磨坊"; "迈向未来"
31	2016.8.5	里约热内卢马拉卡纳体育场	约50分钟	6000多人	以《上帝之城》为主题,从生命的起源、绿色的丛林、大都会几个章节展现巴西民族文化的融合,倡导环保、绿色、和平的理念

  1984年洛杉矶奥运会开幕式充分利用不同时期、不同风格的美国流行音乐,在体育场的草坪上演绎了一幕幕富有民族特色的歌舞剧,史诗般地展现了美国历史文化的演变,引人入胜,使开幕式成了一次激荡人心的艺术盛会。

  1988年汉城奥运会开幕式团体操突出地展现了东方的民俗文化,采用了假面舞、跆拳道及表现农家丰收欢乐与和睦相处的草圈舞,奥运五环和该届会徽图案的出现,使奥运精神又一次在开幕式上得以充分体现。

  1992年巴塞罗那奥运会开幕式被视为最成功的开幕式之一。组织者向全世界推出了一台融西班牙民俗、历史和欧洲文化于一炉的精彩表演。开幕式开始阶段，360名鼓手敲起西班牙人庆贺丰收的阿拉贡鼓，穿透力极强的鼓声在体育场内回荡，节奏分明，激荡人心。著名女舞蹈家在场中央的平台上表演最具西班牙特色的弗拉门戈舞。世界十大男高音歌唱家之一的多明戈引吭为之伴唱。他们酣畅淋漓的表演，让人们感受到了西班牙人民火一般的激情。文艺表演的最后一部分，是西班牙著名的叠罗汉。2174名身着红、绿色上衣和白色长裤的表演者，在场内跑道上搭起了12座6层"人塔"，象征着欧洲共同体12个国家。还特制一面巨幅的奥林匹克五环旗象征奥林匹克大家庭的团结、和谐与完美。

1996年亚特兰大奥运会是现代奥运会的百年华诞，该届盛会的主题歌为《世纪召唤》。开幕式文艺表演一开始，在主题歌昂扬的旋律中，五个奥运五环色彩的高大"精灵"腾空而起，500名身着各国服装的男女青年在场地中央组成了五环图案，400名儿童则在五环下方组成了"100"的字样。《世纪召唤》的主题得到了体现和升华。通过灯光投影的人体造型展现了与古奥运会一脉相承的现代奥运会100周年庆典的主题。

21世纪以来，综合性运动会开幕式的发展越来越向着多元文化的方向发展。如2000年的第27届悉尼奥运会开幕前的圣火传递活动十分有新意，组织者充分利用了水、陆、空各种运输方式，圣火甚至由潜水运动员带到了水下。开幕式以"自然"为主题，向全世界展示了世界上最古老的民族之一——澳大利亚土著人的风采，澳洲这个古老的民族具有旺盛的生命力，以其独特的文化和传统吸引着全世界的目光。开幕式上点燃圣火的弗里曼就是土著运动员，身穿银色连体防水服的她，在瀑布背景下点燃冉冉升起的火炬，上演了一幕"水中燃火"的精彩大戏。选中弗里曼点燃火炬，象征着澳大利亚多民族日益融合的现实。

2004年雅典奥运会，2008年北京奥运会大型开闭幕式的文体表演，2012年伦敦奥运会开幕式和2016年里约奥运会开幕式与以往的开幕式文体表演相比，从题材上更为丰富，形式上更为多样，手段上更为先进。从不同的角度将民族文化、历史特征、地域风俗、科技手段和国家实力等方面都展现得淋漓尽致，形成了大型开幕式表演向着大场景、巨画面、高科技、广视角等综合性艺术表演和多元文化的方向发展。

（二）现代运动会开幕式发展趋势

1. 向着艺术化和科技化的方向发展

近年来，大型运动会开幕式表演大多是以文体表演的形式进行的，在创作中充分体现了艺术化的效果和科技化的成分。艺术化和科技化是指在大型开幕式表演创作方案的设计和艺术效果的构思上，通过集体表演、舞美设计和科技手段的合理运用将综合艺术展现给观众，给人以共鸣。文体表演中艺术化的呈现可以直接触动人们的心弦，而文体表演中科技化的呈现则可以通过服装、道具、背景及场景的奇特变换和合理运用，展示其科技魅力，给人以意想不到的效果，使创编作品产生更大的冲击力，给人以震撼。

历届奥运会开闭幕式上的大型文体表演均呈现出丰富多彩的艺术风格，有古典式、史诗式、抒情式、歌颂式、情景式和写实式的手法，使得表演典型地反映了主办国民俗文化和民族的审美情趣，每一届都有自己独特的艺术吸引力。在科技手段的运用上，主办国也是不遗余力想尽办法使得表演更具有自己独特的科技魅力，如2004年雅典奥运会开幕式上，水的运用美轮美奂，东道主将巨型水池引入体育场，并借助水池和激光投影进行了所有精彩的表演，产生了意想不到的效果，使得表演独具匠心。2008年北京奥运会开幕式上，一幅画卷贯穿全场，演绎着中国文化与奥运精神，表演中充分运用激光投影和活动场地的奇特变化使得全场表演如画如诗、灿烂辉煌。2012年伦敦奥运会开幕式的主题《奇妙岛屿》，在奥林匹克体育场"伦敦碗"的场地内，英国乡村的田园风光、工业革命和"二战"过后的英国依次呈现在观众眼前，沉浸感极强的舞台灯光、亦真亦幻的数字影像，以及演员的形象表演，充分展现出恢弘而真实的英伦风貌。

2. 向着普及化和专业化的方向发展

团体操表演的发展还体现在，展现社会团体、学校文化，追求个人在集体活动中的身心愉悦，培养对自己、对团队和对社会的责任感。如：2012年伦敦奥运会开幕式的表演人员大多都是志愿者；朝鲜大型团体操《阿里郎》十万人的表演可谓是全民皆兵，充分体现了大型表演活动中参与表演的人数多，普及程度高。还有一些表演为了在大型活动表演中达到最佳的效果，体现高水准的表演，往往还运用一些专业的演员、运动员和专业化的舞美手段，以提高表演的规格档次，使得表演更具吸引力、更加精彩纷呈，以凸显大型文体表演的独特魅力，形成气势恢弘、波澜壮阔的场面。

3. 向着民族化和地域性的方向发展

民族性是一个民族精神和灵魂的所在。常言道，只有民族的才是世界的，虽然时代在不断变化，但民族本身的东西是永恒的，它的艺术风格是其他民族不能替代的。在体育文化全球化的今天，现代大型运动会开幕式中如何更好地发扬民族文化、突出民族特色、凸显地域特征和弘扬民族精神，也是承办方在现代大型开幕式创作中考虑的主要元素。如1990年第11届亚运会开幕式"欢庆锣鼓"中的威风锣鼓、安塞腰鼓和太平鼓打出了民族的威风，"中华武术"体现了民族的气势，彰显了民族的魂魄。又如2008年北京奥运会以中国特有的画卷表现了中国五千年历史文化的起源和发展。从"太古遗音""四大发明""汉字戏曲"到"礼乐"等，中国灿烂的文化得以神奇地展示。在悠扬的乐曲中，长卷上浮现出2000多年前丝绸之路的商队和地图，上千名水手手持黄色巨桨，组成巨大船队，再现郑和下西洋的盛况，呈现了中西方经济文化的交流。这些都充分体现了民族性和地域性的特征。

4. 向着多元文化和时代化的方向发展

历届运动会开幕式上一贯倡导的是奥林匹克精神，而奥林匹克运动也是在恢复古代奥运会最美好的文化精神和文化活动所赋予时代感的基础上创立的，这种思想使奥林匹克运动担负着崇高的历史使命，赋予了它极强的文化价值，使奥林匹克运动从一开始就有别于一般的体育运动，而成为具有审美精神价值的文化庆典。团体操的发展也是将这种文化精神、时代特点与文体表演紧密结合起来，为开幕式表演增添浓墨重彩的一笔。在团体操的发展中，表演的内容和形式越来越向着多元文化和最具时代感的方向发展。现代大型文体表演的创作理念就是运用了文化的多种元素与现代舞美设计的多种效果，融合了不同艺术形式和不同体育项目的表演，将时代的发展与高科技手段密切结合，通过创编人员的精心设计和表演者精彩的表演呈现给观众的一顿文化大餐，达到烘托表演气氛，传承"和平、友谊、团结、进步"的奥林匹克精神的目的。

【作业与思考题】

1. 团体操的概念是什么？
2. 团体操的分类有哪些？请举例说明。
3. 简述团体操的特点及作用。
4. 团体操的基本要素有哪些？
5. 新中国成立后我国团体操的发展分为几个阶段？

CHAPTER 02 第二章

团体操的创编

【本章摘要】 团体操创编是大型活动工作中的一个关键环节,创编工作的好坏直接关系到团体操表演的效果。本章主要从团体操创编原理出发,详细阐述团体操创编的依据、原则、艺术构思和创编的程序与方法。

【教学目的】 团体操的创编方法是掌握团体操创编与设计的基础。通过本章的学习,使学生了解团体操创编的依据、原则、艺术构思,系统掌握团体操创编的程序及方法与步骤,为承接团体操活动和创编设计打下坚实的理论基础。

第一节 团体操创编的依据与原则

团体操的创编是随着时代的发展而不断变化的。它一方面反映着大型活动的宗旨、民族风格特点、地域风貌特征和集体体育表演的特点;另一方面还反映着某一时期的文化视点,为活动增添热烈、隆重的气氛,同时又是一种人与人之间相互沟通的桥梁和友谊和平的象征。团体操创编工作的好坏直接关系到团体操表演的效果。因此,它需要全体创作人员予以高度重视,深入领会活动的目的意义和性质要求。认真学习,深入实际,调查研究,分析探讨团体操所要表达的主题思想和形式内容,选择最具有代表性、最具有时代感、最具有教育意义题材的内容加以概括提炼,大胆创新,认真细致地做好创编工作。

一、创编的依据

①接受创编团体操任务后,首先应了解承办单位组织活动的性质和大会所提出的宗旨及具体要求,明确活动的目的任务,作为创编的指导思想。如第 11 届亚运会的宗旨是"团结、友谊、进步",要求开幕式"出新、出情",达到"热烈、隆重、精彩、圆满"的目的。

②依据大会为团体操表演提供的经费条件、表演的时间、表演场地的设施情况来确定表演规模的大小及层次的高低。

③依据可参加表演的单位与人数、表演对象的具体情况（性别、年龄、身高、技术水平等）、可供训练的时间、训练场地的分布情况及教练员的业务水平等，安排表演的场次、形式和动作、表现手段的难易程度。

④随后应做一些必要的调查研究，分析、了解可能参加表演的人数，进行一些必要的学习、参观、访问，掌握国内外团体操活动开展的情况，了解当地的风俗习惯、民族特色、国内外的政治形势等。

二、创编的原则

团体操创编原则是指创编过程中要遵循的一些准则，这些准则是根据我国的国情在创编实践中提炼出来的一些规律性的经验。团体操表演必须有鲜明的思想性，要突出主题，依据地域文化特点、民族风格特点、民族精神以及国内外形势等，将历史与现实、传统文化与时代精神密切地结合起来，推陈出新，创编出既有浓郁民族气息，又具有强烈时代感的精品。在创编中应遵循以下几个方面的原则。

（一）思想性与艺术性相结合

思想性是指在团体操表演中所体现的思想意义。一部成功的团体操首先要有鲜明的思想性，要突出主题。在主题思想的统领下，通过不同动作的表演、千变万化的队形变化和寓意深刻的图案展现，并与各种艺术装饰的完美结合，使其更好地反映主题，表达主题思想，达到最佳的艺术水准。这就需要创编人员用艺术手法去组合这些因素，用具体的手段表演出抽象的主题，使团体操的表演内容和表现手法更富有吸引力，更令人赏心悦目，产生最佳的视觉效果和心理满足，给观众留下深刻的印象。

（二）民族特色与时代精神相结合

在选择和设计团体操表现内容与思想内涵的安排上，要把民族特色和时代精神完美地结合起来，既要反映民族风格特点，弘扬民族传统文化，又要突出时代特征，弘扬时代精神。时代精神反映了社会进步的发展方向，引领着时代进步潮流，为社会普遍认同和接受的思想观念、价值取向、道德规范，是一个民族精神文明和优良品质的体现，是激励人民勇于进取、奋发图强、振兴祖国的强大精神动力。在创编中，只有把团体操表现内容、思想内涵、民族特色与时代精神完美地结合起来，才能使团体操表演更富有感染力，给观众带来精神的鼓舞，更好地弘扬民族文化。

（三）继承与现代创新手法相结合

团体操创编中的继承是指将团体操传统的表现手法合理的部分保留并加以选择和运用，而创新是指传统的表现手法向新的表现手法的转变与结合，即将传统的表现手法与现代高科技等舞美技术联姻，将适合于团体操表演的多种艺术手段融汇于团体操表演之中，创作出最适合时代发展、最具有观赏价值的作品。

（四）体育表演与文艺表演相结合

团体操是一项以群众为主的体育表演项目，属于体育的范畴，经过发展形成了在运动会开幕式上进行的独特表演，随着时代的发展、社会的进步、观念的解放和观赏价值的提高，一些丰富多彩的文艺表演形式融入运动会开幕式的表演中，更加丰富了运动会开幕式的表演内容。在创编中，如何将体育表演和文艺表演结合好，使其更好地反映运动会的宗旨，也是创作中考虑的主要问题。

第二节　团体操创编的艺术构思

在大型开幕式中为了使团体操表演具有更高的艺术效果和观赏价值，这就需要创编人员进行认真的考虑，无论是在队形的设计、动作的创编，还是在服装、道具、背景、音乐、灯光、场景的设计方面都要达到令人满意的效果，使表演尽量符合人们的审美情趣和审美需要，让外在化和形式化的东西更吸引人、感动人、教育人。

团体操创编时的艺术构思包括以下几个方面。

一、视觉艺术的构思

视觉艺术是用一定的物质材料，塑造可为人观看的直观艺术形象的造型艺术，包括影视、绘画、雕塑、建筑艺术、实用装饰艺术和工艺品等。造型手法多种多样；所表现出来的艺术形象既包括三维的平面绘画作品和三维的雕塑等艺术形式，也包括动态的影视视觉艺术等形式。团体操创编中视觉艺术的构思，主要是指队形与图案的美术感，动作形态的感人程度，服装及色彩的对比性，道具巧变的独特性，背景设计的多样性，灯光变化的神秘性，场地布置的效果以及舞美设计的烘托等方面，给观众带来耳目一新的感觉和极大的吸引力。

二、听觉艺术的构思

听觉艺术即为音乐艺术，是一种用声音物质材料构成的感性形式，它是通过声音来表达人类情感的听觉艺术。团体操创编中听觉艺术的构思,主要是指音乐旋律、节奏、情绪的感染力和表演现场音响效果对观众所起到的"激情"与"振奋"之感染作用。因此,在团体操的音乐创作和选择中,主要根据表演题材、表演的内容、表演的风格和表演对象的不同去创作和选择音乐。同时,在创编时充分运用多样统一的法则,遵循"大场面""大变化""大色块""大节奏"的特点,将文体表演有效地融为一体。

三、舞美效果的构思

舞美一般指舞台美术,它是戏剧和其他舞台演出的一个重要组成部分,包括布景、灯光、化妆、服装、效果、道具等。它们的综合设计称为舞台设计。其任务是根据剧本的内容和演出要求,在统一的艺术构思中运用多种造型艺术手段,创造出剧中环境和角色的外部形象,渲染舞台气氛。随着表演艺术的形式增多,随着电视文化以及大众审美的偏爱性,舞美设计逐渐由剧院更多地进入演播厅、广场、体育馆等空间。这些大型文艺晚会的舞台设计也称为综艺舞台美术设计,其实也是经济发展和表演艺术不断创新发展的产物。"恢宏的场面,豪华的装置,闪动耀眼的灯光,奇异的服装"等,使舞美设计者逐渐认识到"艺术包装"的重要性。同时随着科技的发展,LED显示屏幕,视频技术以及灯具和控制技术的提高,还有冷烟火、水造型的运用等,使重要的舞台语汇不再像戏剧那样仅仅是演员和布景本身,新技术和材料的运用大大丰富了舞台美术的表现力。

团体操创编中舞美效果的构思,是指在大型团体操表演的基础上,充分运用多种舞美手段,在表演风格、意境设计、情境安排、色彩处理、表现手法、场景布置等多方面突出艺术的特点,将团体操表演与艺术和科技联姻,有效地将声、光、电、色、影融为一体,借助电脑合成等多种技术手段,充分发挥平面思维与立体思维的艺术构思,创造出场景大空间、背景巨画面、内容广视角、变化大纵深、表演立体化的科技魔力,使视听艺术在团体操表演中起到相互映照、同时生辉的效应和特点,使人能够更加直观、整体地感受音乐、音效赋予画面流畅真挚的意识形态和感染力,给观众以强烈的视听冲击力,达到表演的最佳艺术效果。

第三节　团体操创编的程序与方法

团体操创编的程序与方法是团体操创作的基础,只有掌握了创编的程序与方法,才能有目的、有针对性地去进行创作。

一、制订表演方案

表演方案是指创编人员对表演的主题思想、表演内容、表演形式、表演结构所做的设想与安排。表演场次的安排，应注意各场之间的排列顺序与总体构思的纵向关系，同时还要考虑各场操的风格特点、情绪色彩、节奏强度等的横向关系，尽可能使观众始终带着浓郁的兴趣和饱满的精神看完表演。因此，在制订方案时，应采取个人构思与集体讨论相结合的方法，充分发挥创编人员的聪明才智，做好表演方案。

（一）确定表演的主题及主题思想

表演的主题及主题思想是团体操思想内容的核心，是整场操的总纲领，它统帅着全场，并贯穿着全操。团体操的表演必须有鲜明的思想性，要突出主题。因此，命题并确定好主题思想是团体操创编的关键。主题思想是根据表演的目的、任务及具体要求确定的。常用的主题思想内容有歌颂类的，如歌颂伟大成就、建设成就、体育成就、美好生活及幸福未来等；也有欢庆类的，如欢庆某一活动的举行、某一庆典节日或欢庆胜利，以表达人们喜悦的心情等。

（二）选择表演的题材内容

团体操表演题材内容的选择是团体操创作的基础元素，目的是把零散的素材进行筛选，命题并确定主题思想，经过合理的布局组成一个有机的整体，使表演的题材内容有层次、有重点、有高潮地表达主题。所选用的题材内容要有典型性、代表性，要符合团体操的特点，便于用团体操的形式来表达主题。

（三）确定表演的整体结构

团体操表演的整体结构是指构成团体操各个组成部分的搭配和排列，是就一部大型团体操作品或是一场操内容的顺序而言，并合理安排表演的场次结构、表演的内容及表演形式等。团体操的表演方案分为总体方案和分场方案。

（四）总体方案

总体方案是指总场表演方案的设计与构思，包括：
①主题；
②主题思想；
③表演总时间；
④表演总人数；
⑤表演场次（各场表演的形式与风格特点）；
⑥是否有背景，以及背景的构思。
方案中的表演总人数是在确定了每一场操的表演人数之后计算出来的（若有背景配合表演，再将背景所需的表演人数加进去），每一场操的表演人数都是根据表演内容

的需要以及场地面积的大小来确定的。

方案中的总时间是根据每一场操表演的内容、音乐长度计算出来的，各场操的时间相加即为总场表演的总时间。

全场表演的时间不宜太长，一般约1小时，而每场操以10~15分钟为宜，可安排几场或几个篇章。

总体方案示例1

第11届亚运会大型团体操的总体结构如下：

①主题："相聚在北京"。

②主题思想：展示中华民族灿烂文化和崭新的精神风貌，体现亚运会"团结、友谊、进步"的宗旨，以弘扬体育精神和展现亚细亚人民友谊、和平为指导思想，为亚运会增添热烈、隆重的气氛。

③表演总时间：约60分钟。

④表演总人数：约2万人（场内表演约1万人，背景表演约1万人）。

⑤表演场次（各场表演的形式与风格特点）：

第一场"欢庆锣鼓"；

第二场"碧水风荷"；

第三场"中华武术"；

第四场"童星闪烁"；

第五场"体坛英姿"；

第六场"亚运之光"。

⑥背景及背景的构思。

背景是团体操表演的另一个组成部分，它的作用主要是密切配合场内操的表演，更清晰地点明主题，扩大表演的范围，使背景与场内表演连成一体，起到扩大场面、美化场景和烘托气氛的作用。因此，在构思和选择背景画面时，一定要符合每场表演的主题。依据运动会的宗旨、历史背景、民族文化、地域特征等因素进行构思。如：第11届亚运会大型团体操第一场"欢庆锣鼓"的主题思想，主要以展示华夏文化风采为主，在背景画面的选择和设计上采用了"天安门""长城""古战旗""书法""宫灯""凤凰"等图案的画面；又如：第六场"亚运之光"的主题思想主要表现亚洲儿女团结友爱、携手奔向光辉的未来，在背景画面的选择和设计上采用了"牡丹花、菊花""和平鸽""橄榄枝"和"手拉手"等背景画面。

总体方案示例2

第11届全运会大型文体表演的总体结构如下：

①主题："和谐盛世齐鲁情"。

②主题思想：从山东民俗、齐鲁经典、济南特色入手，着重笔墨呈现"黄河从这里入海，泰山在这里崛起，孔子在这里诞生"的地域特性，展现了齐鲁深厚的文化底

蕴,"一山一水一圣人"是最大的特色创意。全场以"时代特征""山东特色""体育特点"这"三特"作为指导思想。

③表演的总时间:约60分钟。

④表演的总人数:约9000人。

⑤表演场次及内容:

序:"紫气东来",有《时空叠影》《全运同辉》;

第一篇章:"齐鲁魂",包括《雄峙天地》《圣贤之光》《长河入海》《拥抱蔚蓝》《荷红柳翠》《漱玉古韵》等节目;

第二篇章:"和谐风",包括《扇舞气畅》《青春炫舞》《鸢飞凤鸣》;

第三篇章:"祖国颂",包括《歌唱祖国》《相亲相爱》。

二、音乐创作与选编

音乐是团体操表演的灵魂,也是团体操表演的指挥。团体操音乐的创作和选择是根据每一场操的主题、主题思想、表演内容、表演风格和表演对象的具体情况进行创作和设计的。团体操表演一般是在运动会开幕式或庆典活动中展示,所以参与表演的人数多、场面大,以表达歌颂类和精神类的元素较多。因此,音乐的创作和选编需设计和选择一些具有震撼效果的音乐或歌曲,以烘托气氛。

(一) 音乐创作

音乐创作是指专门为大型综合性运动会开幕式和重大庆典活动表演作词作曲。如:国际、国内综合性运动会和重大活动(奥运会、亚运会、青奥会、博览会、G20分会;国内历届全运会)开幕式等,都是根据活动的主题和每一场表演内容进行专门作曲。

(二) 音乐选编

音乐选编是指选择原有的音乐曲目,根据每一场表演的主题、表演的内容、表演的风格、表演的对象、表演的时间,以及表演场地的实际情况,借助计算机音频制作软件对所选的音乐进行编辑制作。

三、分场设计

分场设计是在总体方案的基础上,根据每一场操的主题思想与风格特点,按照音乐的结构,具体地设计出每一场操的表演内容。即:将每场操的入场队形、动作及其拍节、场内表演的队形及各种队形上的动作及其拍节、退场的队形、动作及其拍节等一一设计出来;同时还要考虑服装、道具和背景画面的设计等。

（一）分场方案

分场方案是指一场操的内容和形式的设计与构思，包括：
①主题；
②主题思想；
③表演人数；
④表演时间；
⑤表演服装；
⑥表演道具；
⑦表演内容；
⑧风格特点。

分场方案示例

第一场：
①主题：××××
②主题思想：××××××
③表演人数：××人（其中男××人，女××人，均为中（小）学×年级学生）。
④表演时间：××分钟
⑤表演服装：男： 女：
⑥表演道具：a.××（名称，数量）
　　　　　　b.××（名称，数量）
⑦表演内容：
⑧表演风格：
第1段：背景"××××"（画）；"×××××××！"（标语）
第2段：背景"××××"（画）；"××××××！"（标语）
第3段：背景"××××"（画）；"××××××！"（标语）

（二）绘制场地坐标图

绘制场地坐标图指在团体操创编过程中，把已经确定的表演方案，按照场次对入场队形、场内表演队形及退场队形的变化过程进行详细的绘制，便于创编人员了解各队形的布局和人员的分配是否合理，确定和计算队形变化的路线及所需的节拍，以作为团体操训练的依据。

主要内容包括：
①表演场地布局示意图（图2-3-1）。
②表演场地坐标图（图2-3-2）。

③表演场地集结示意图（图2-3-3）。

④队形及图案的坐标图（图2-3-4~图2-3-11）。每场操包括入场队形、场内表演队形、退场队形及队形变化过程标示图和效果图。

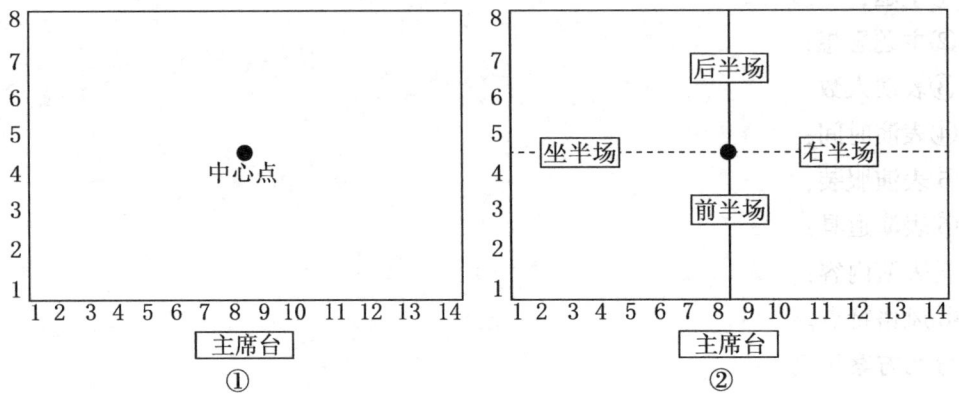

图 2-3-1　表演场地布局示意图

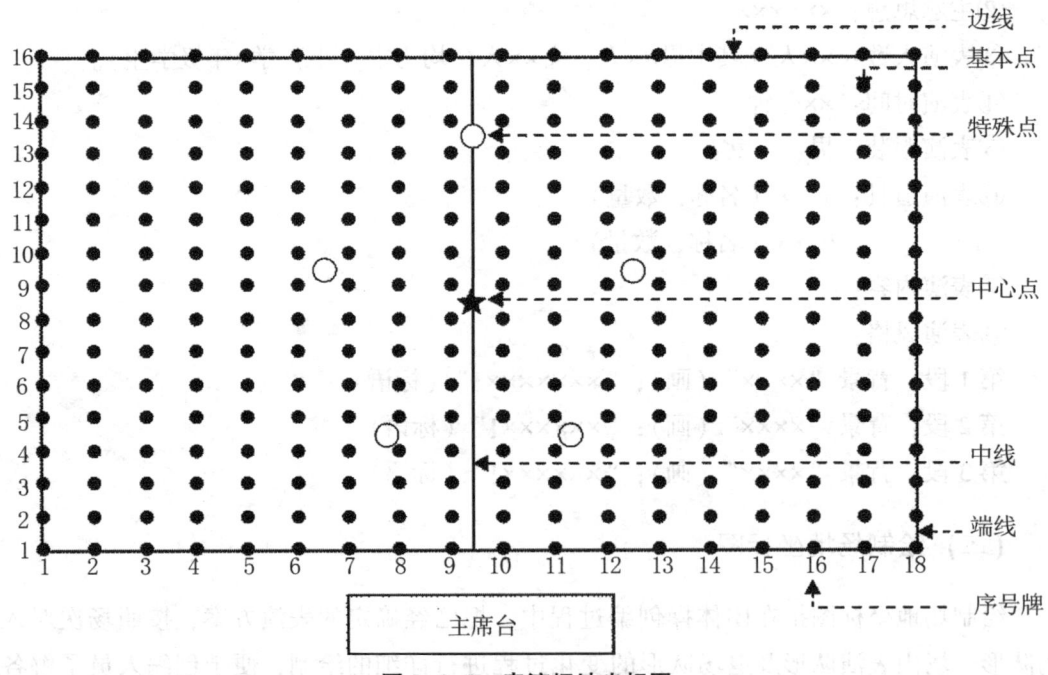

图 2-3-2　表演场地坐标图

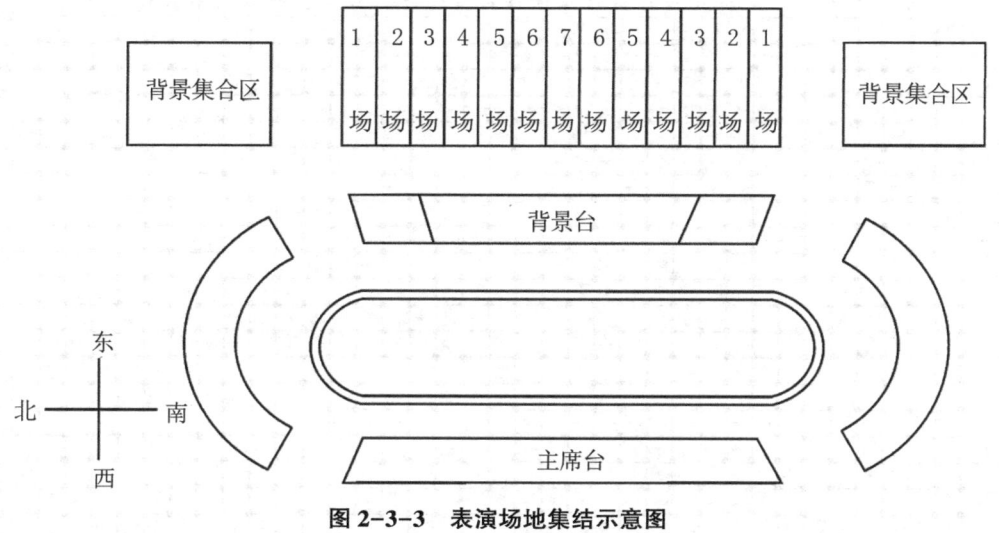

图 2-3-3 表演场地集结示意图

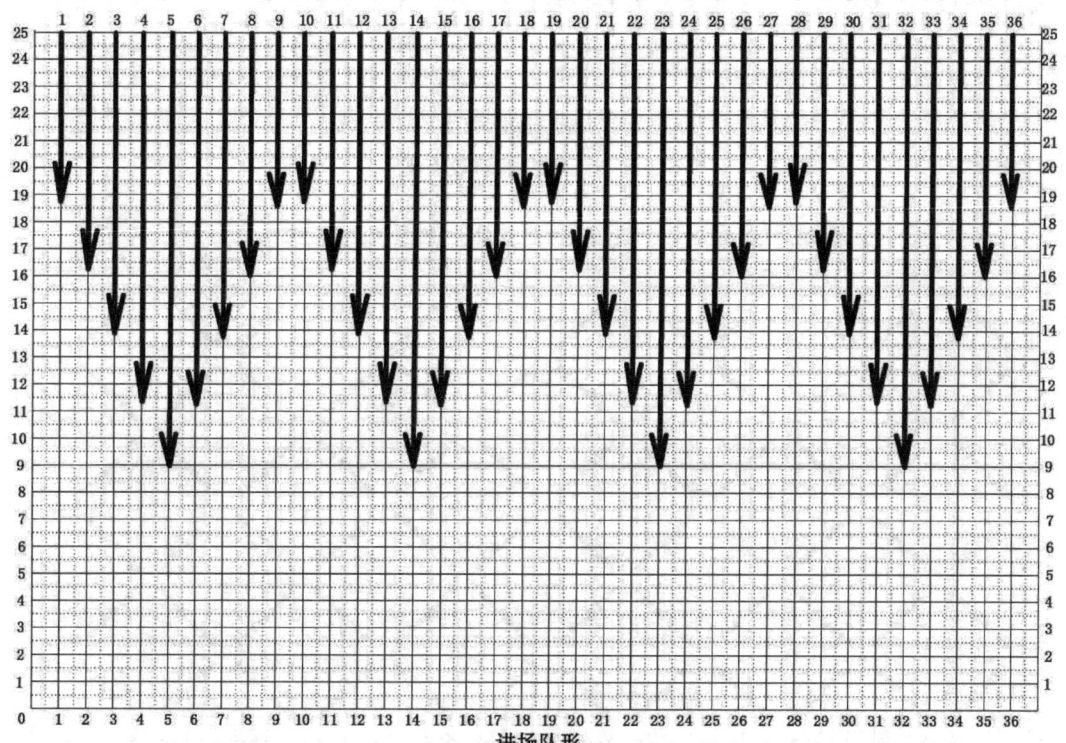

图 2-3-4 入场队形图

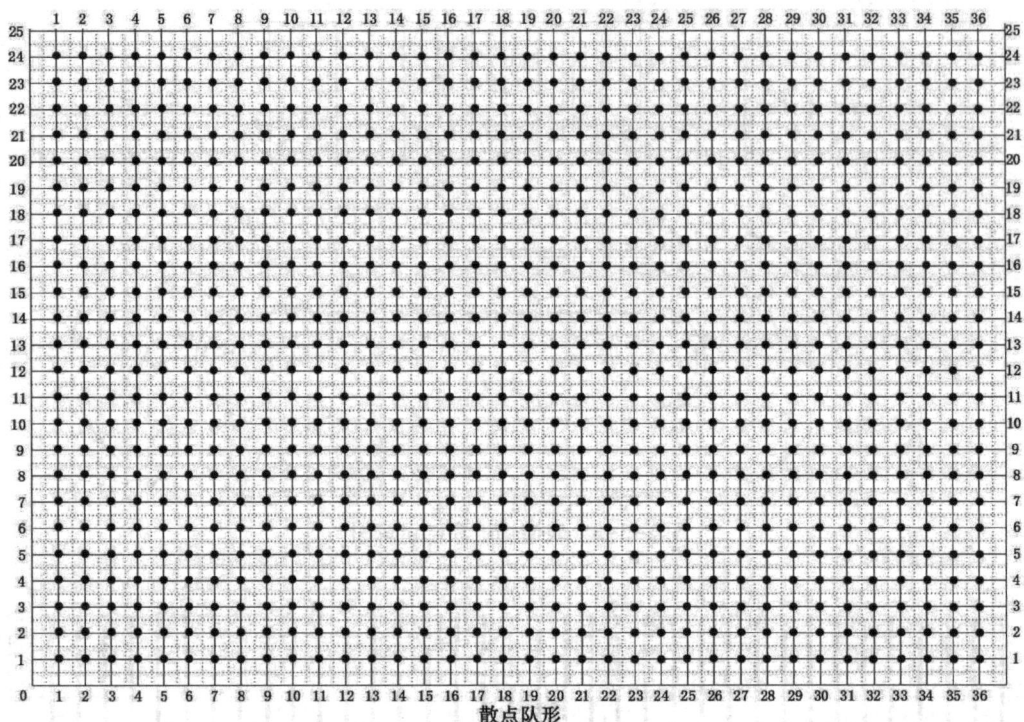

图 2-3-5　场内表演散点图

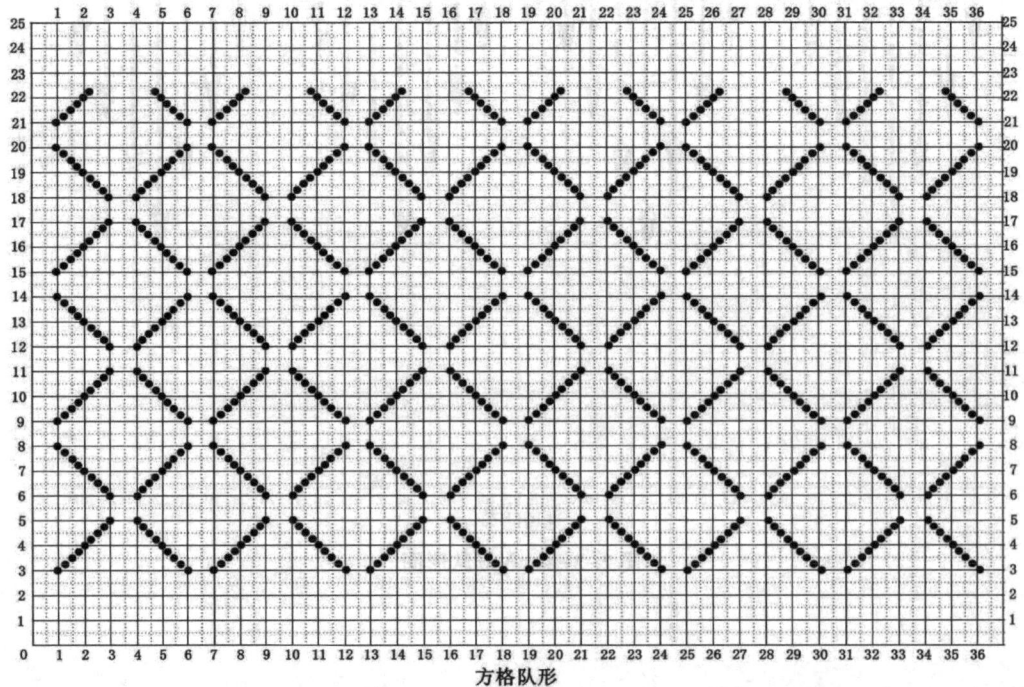

图 2-3-6　场内表演菱形图

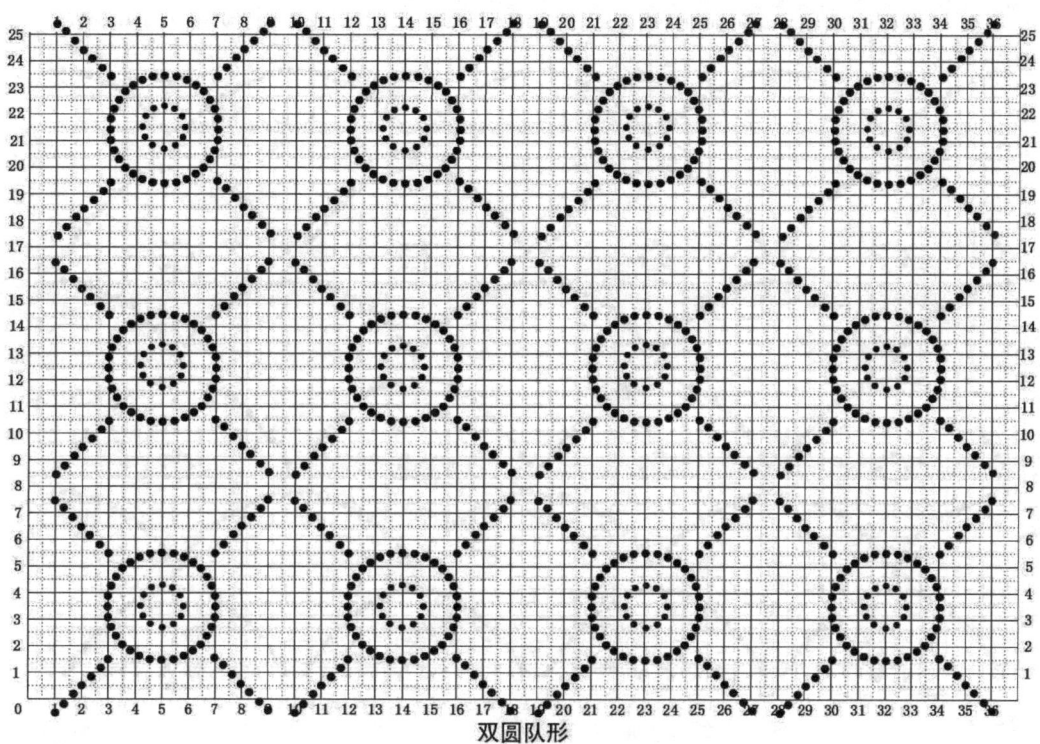

图 2-3-7 场内表演菱形与双圆图

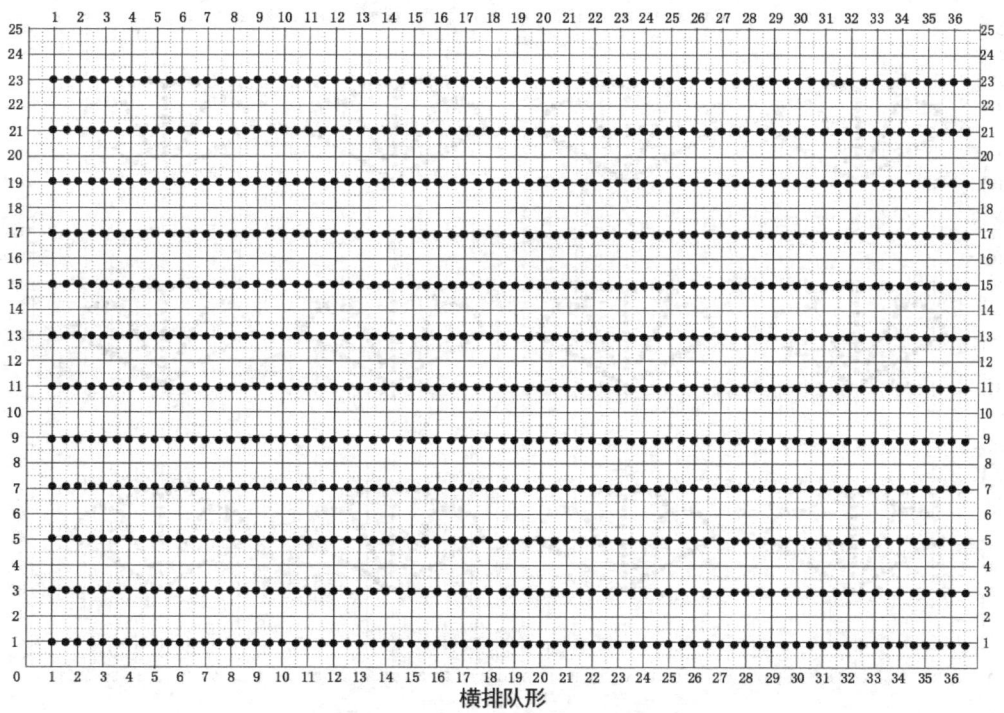

图 2-3-8 场内表演横排队形图

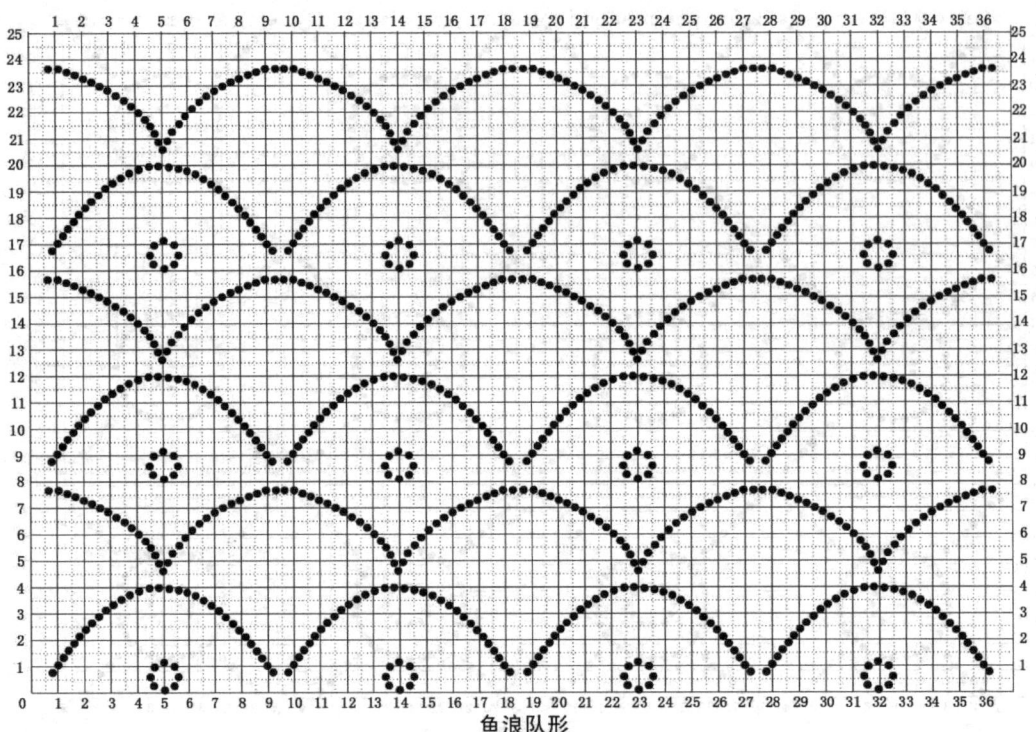

图 2-3-9　场内表演鱼浪图

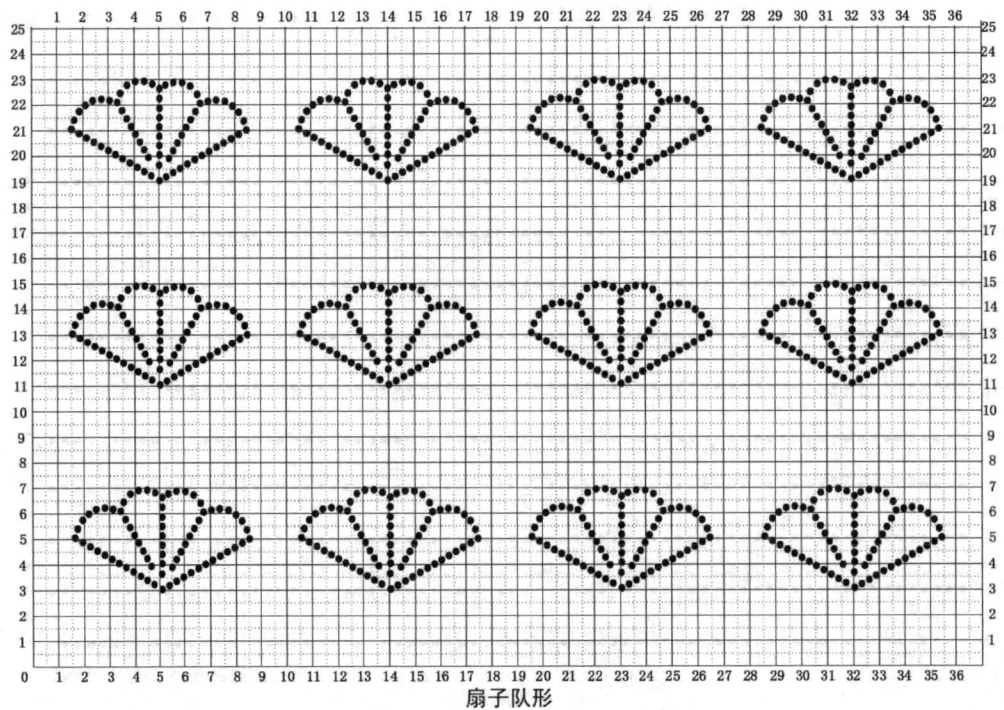

图 2-3-10　场内表演扇形图

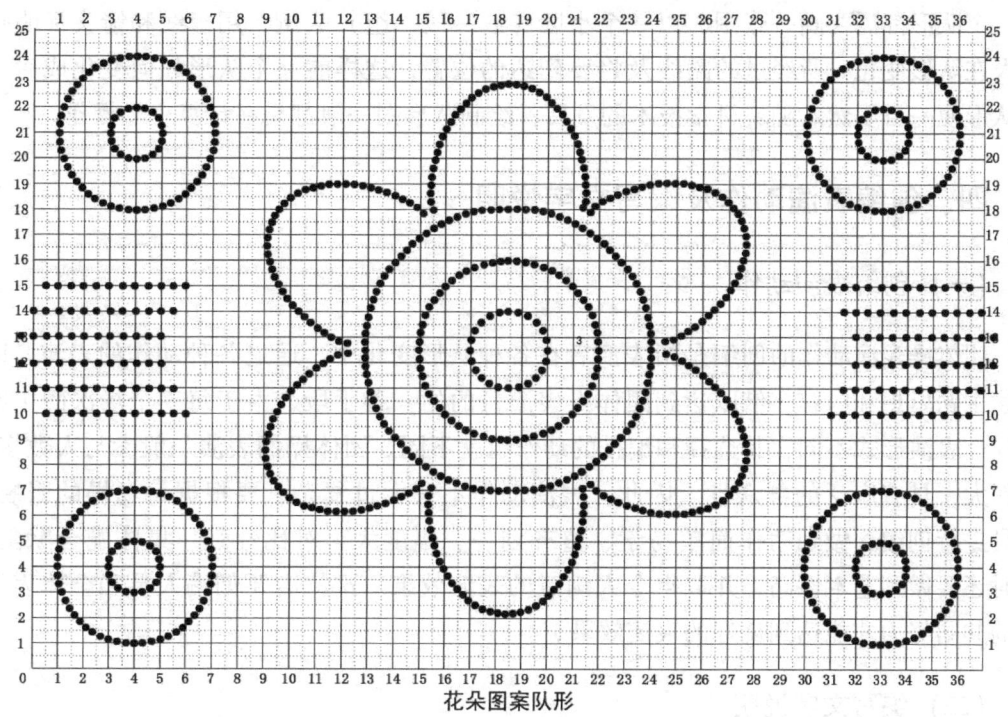

花朵图案队形

图 2-3-11 场内表演尾声图

绘制队形图之前应明确绘制所示的方向与位置,通常以主席台这个方向的观众为主要目标绘制队形图,作正面平面图比较恰当,标明表演场地的面积及场上标志点的间隔、距离及其序号,并将表演场地划分为若干部分,明确其方位,以利于统一要求,便于工作。

队形图是把所确定的队形与图案,按照表演场地的面积与各种标志点所规定的间隔、距离按比例画在坐标图上。

(三)绘制队形图的目的

①便于落实表演人数与各单位的表演位置。
②显示表演队形、图案与表演场地的比例关系。
③确定队形、图案的变化过程及方向、路线、距离和位置。
④根据队形变化的路线、距离,计算队形、图案变化时所需的节拍和时间。
⑤便于发现队形、图案变化中的问题,以利于修正。
⑥可作为实施训练的依据并留作资料便于保存。

(四)绘制队形图的方法

在统一规格的坐标纸的小方格上标出坐标点,一个点即代表每个人所处的位置,每一个队形都需要画一张图，以一个小区（或一段一组）为例，用虚线和箭头标明每个人在队形变化时所经过的路线及将要到达的位置，这样前一个队形如何变化成后一个队形便一目了然。随着科学技术的发展，绘制队形图一般都是在计算机上操作。

四、创编表演动作及编写文字说明

（一）创编表演动作

团体操表演动作的创编是指表演者在各种队形变化中，通过各种动作的表演，以表达主题思想和内容，借以达到团体操表演目的的一种手段。由于每一个场次的主题不同、表演形式不同，其选择和编排的动作也就不同。团体操的表演一般参与人数多、场面大，具有广泛的群众性。因此，表演动作不宜太过复杂，要根据每场操的服装、道具进行创编；做到动作简单易学、整齐划一、幅度大、对比性强、集体配合默契；同时还要做到艺术性高，并取得令人满意的表演效果。这就需要创编人员和全体表演者的共同努力才能达到良好的表演效果。

（二）编写文字说明

编写文字说明是每一场操创作中必备的一项工作。首先将每场操的简要方案，即每一场操的题目、主题思想、表演人数、表演时间、表演服装、使用道具、风格特点和各段内容以书面的形式写在前面，然后将一场操的音乐结构和节拍，表演队形（包括入场队形、场内表演的每一个队形及退场队形）上的每一个动作的做法及要求等，按照表演顺序以文字与图示相配合的方法一一书写出来。在编写文字说明之前，应先将动作所在队形的示意图附在上面或画在文字说明的简图里。

书写格式如下：

第一场：①题目：××××××
　　　　②主题思想：××××××××××××
　　　　③表演人数：××××
　　　　④表演时间：××
　　　　⑤表演服装：男：××××；女：××××
　　　　⑥使用道具：男：××××；女：××××
　　　　⑦风格特点：××××
　　表演内容：第一段：××××
　　　　　　　第二段：××××
　　　　　　　第三段：××××
　　　　　　　第四段：××××

记写范例如下：

拍节	动作说明	图示
前奏 2×8 入场 2×8	（一）持花站在后场成密集纵队准备入场。 （二）两手持花于肩侧。 （一）1-4 中间一路左脚开始向前走动四步，同时两手持花肩侧抖动（图一）。 5-6 右脚蹬地，左腿屈膝跳，同时两手持花向左侧摆动。 7-8 同 5-6，动作相同，方向相反。 （二）中间相临的左右两路进入，动作同（一）。 （三）至（五）同（二）。 （六）至（十五）成箭头形依次进入，动作同（一）。 （十六）1-8 进入散点队形原地踏步，调整队形（图二）。 （十七）1-8 两手持花于肩侧，慢慢下蹲。 （十八）1-8 两手持花于肩侧，慢慢站立。 （十九）1-8 两手持花于肩侧，慢慢下蹲。 （二十）1-8 两手持花于肩侧，慢慢站立。 （二十一）1-8 两手持花于肩侧左右摆动。 （二十二）1-8 同（二十一）。	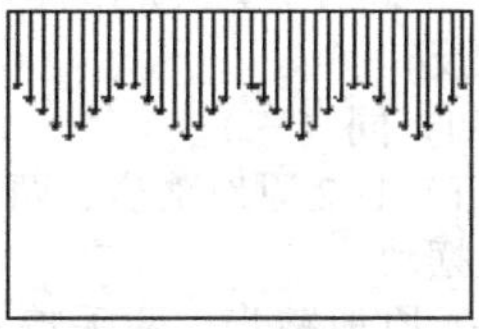 图一 入场队形 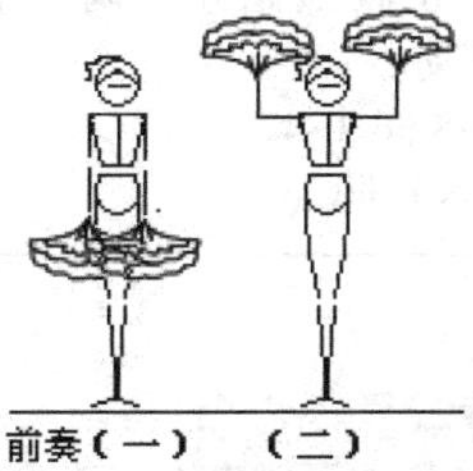 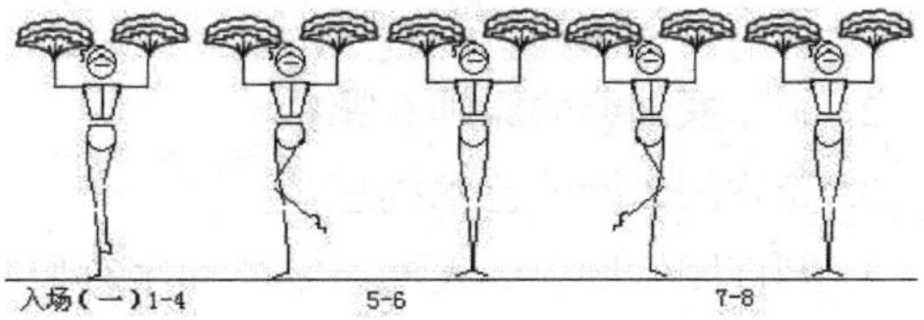 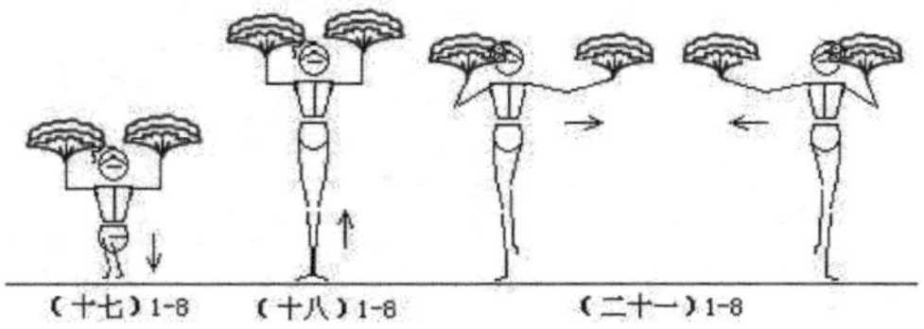
散点 动作 16×8	（一）1-2 原地踏步，两手持花前举抖动。 3-4 原地踏步，两手持花上举抖动。 5-6 原地踏步，两手持花前举抖动。 7-8 原地踏步，两手持花前举抖动。 （二）同（一）。 （三）1-左脚向左迈步，同时两手持花向左侧摆动。 2-右脚并左脚，同时两手持花向右侧摆动。	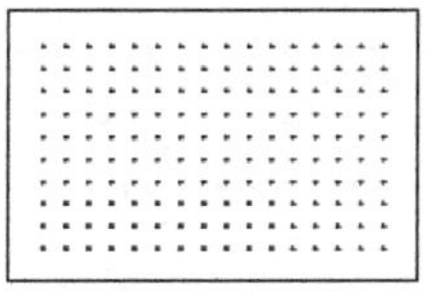 图二 散点队形 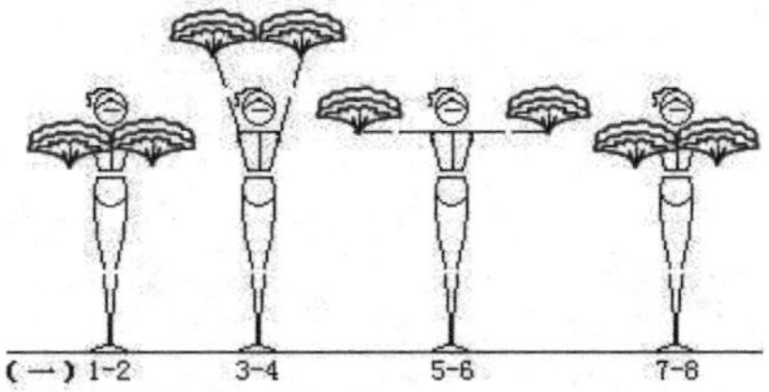

续表

拍节	动作说明	图示
散点 动作 16×8	3-同1-。 4-同2-，但两手持花收于胸前。 5-8同1-4，动作相同，方向相反。 （四）同（三）。 （五）1-2原地踏步，两手持花侧上摆动。 3-4原地踏步，两手持花屈臂收于胸前。 5-6原地踏步，两手持花侧下摆动。 7-8同3-4。 （六）同（五）。	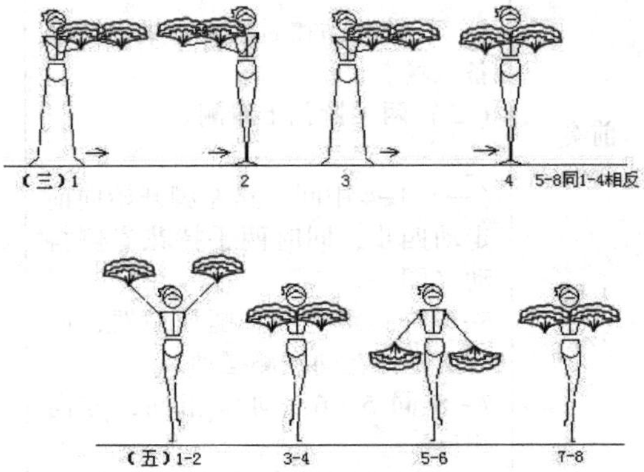

【作业与思考题】

1. 团体操创编的依据有哪些？
2. 团体操创编的原则有哪些？
3. 简述团体操的艺术构思。
4. 制订团体操总体表演方案的程序有哪些？
5. 团体操的分场设计包括哪些方面？

CHAPTER 03
第三章
团体操的队形

【本章摘要】 本章主要介绍团体操表演队形的特点、分类，队形变化的基本方法，根据队形创编设计中的一些要求，了解团体操创编中队形与图案的关系，明确队形设计的方法和目的。

【教学目的】 团体操队形的创编，是团体操设计中的一个关键环节，也是掌握团体操创编与设计的基础。通过本章的学习，使学生了解团体操队形创编的特点、分类、方法及要求，以便在团体操队形的创编和设计中更好地加以运用。

第一节　团体操队形创编的特点

在团体操创编中，队形与图案的设计是团体操创编工作中的关键一环，其设计的水平，直接关系到表演的效果和主题的渲染。团体操表演队形的设计及其变化（含图案与组字等）是根据各场操的主题思想、风格特点、情境变化有目的进行设计的，它贯穿于团体操表演的始终。因此，每场操的队形设计都是由入场队形、场内表演队形和退场队形三部分组成；每个队形都是通过科学巧妙而有规律的队形变化，按照一定的顺序组成各种序列图形及图案。团体操队形设计的特点是个人移位小而全场动势大，从而形成一幅幅瑰丽多彩、寓意深远的壮丽图案。

一、主题的鲜明性与队形变化的独特性

主题思想是团体操的灵魂，也是总体方案构思中所要思考的首要环节。一部大型团体操最主要的是要有鲜明的主题和思想性。在创编中无论是动作创编、队形图案的设计，还是艺术装饰的构思，都必须清晰地表达主题思想。表演队形是根据团体操主题思想的需要，通过巧妙而有规律的变化，把表演者合理地安排在表演场上，结合各种表演动作和艺术装饰使表演形成不同的风格特点，表达不同的主题思想。团体操表

演的主题思想大致可分为欢庆、天真、活泼、优美、团结、友谊、希望、坚毅、拼搏、民间技艺、民族精神、传统文化、繁荣昌盛、祖国腾飞等，针对不同的主题思想，需要不同的队形和图案进行表达。例如：通常用"五角星"队形或"红旗"图案来歌颂党的领导（图3-1-1、图3-1-2）；用圆形、花朵形来表现幸福美好的生活和对庆典活动的祝贺（图3-1-3、图3-1-4）；用"五环"或"和平鸽"图案象征和平永恒的奥运精神（图3-1-5、图3-1-6）；用"会徽""会旗"和"组字"来反映活动的宗旨，表达对运动健儿的欢迎以及表明庆典活动的时间节点等，以更好地烘托主题（图3-1-7~图3-1-10）。因此，了解团体操队形创编的特点、队形的种类及队形的基本变化规律，就显得尤为重要。

图3-1-1　第2届全运会开幕式团体操表演场景

图3-1-2　第2届全运会开幕式团体操表演场景

图3-1-3　第11届亚运会开幕式团体操表演场景

图3-1-4　第6届全运会开幕式团体操表演场景

图3-1-5　第11届全运会开幕式表演场景

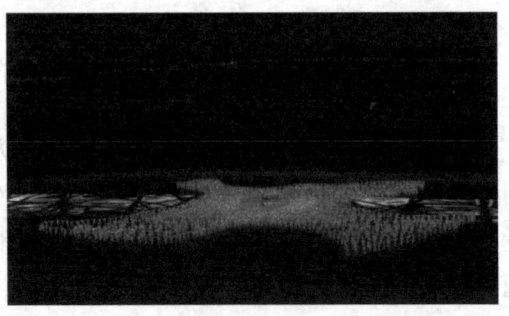

图3-1-6　第29届北京奥运会开幕式表演场景

图 3-1-7　第 9 届全运会开幕式表演场景

图 3-1-8　第 11 届亚运会开幕式团体操表演场景

图 3-1-9　第 11 届全运会开幕式表演场景

图 3-1-10　第 12 届全运会开幕式表演场景

二、队形布局的对称性与转换的流畅性

在讨论队形图案设计变化规律时，团体操前辈徐培文就总结出"左右对称，前后照应；大小相辅，上下相成；长短互补，曲直相连；动静互见，主次分明"32 字方针。有学者还强调平衡与对称的协调，分散与集中相结合，简繁有序、布局得当，采用多种对比的艺术手法，使队形变化迅速、自然、有规律，尽量保持原来人数的组合形式，以"小动大变化"的效果最为理想，达到出奇、出新，必要时也可进行全场的大移动。对于一般队形的变化可采用团体操队形变化的基本方法：合并法、分段法、分区分和分散法，对于较为复杂的综合队形的变化，则可采用直接变化或逐步过渡的方法来完成。但是，从队形的变化速度与隐蔽性的角度来看，又可将队形的变化分为渐变、速变和隐蔽变化三种形式。总之，在队形设计中要考虑队形在场上的合理布局和美观性，同时还要考虑队形变化的有序性和流畅性，使其达到人体编织图案及队形流动所形成艺术美的效果。

三、队形设计的透视性与艺术装饰的协调性

团体操的队形及其变化是表现主题的主要手段之一，队形变化编排得是否巧妙合理

对团体操表演效果有极其重要的影响。不同的可视角度和间隔距离对队形的透视效果产生重要的影响，对团体操队形及其变化的最基本要求就是要使观众能够看到清晰的队形和有序变化。在坐标纸上设计团体操的队形、图案，俯视效果看起来可能非常清楚，但往往在实际表演现场，队形却不够清楚或图形根本看不出来，导致表演效果不佳。以往的编排中大部分团体操的编导都是凭借过去的经验进行编排的，由于不同的队形图案、不同的演员高度、不同的表演动作、不同的服装和不同的道具，特别是不同的看台高度，都直接产生或大或小的影响。为此，按照有效的方法来计算、预测设计在坐标纸上的队形、图案是否能清晰地展现在表演场地里，使团体操队形、图案的编排更加科学化是非常重要的。从创编实践中我们发现，俯视角度越大，可视间距越大，间距离观测点越近，可看到的间距越小。在相同的俯视角度，演员的高度也直接影响可视间距，从而影响图案的清晰程度。例如，图3-1-11至图3-1-14是分别在-30°、-45°、-20°俯视角时直立与蹲撑的效果对比，我们可以看出，演员采用低姿势可以增加可视间距，提高图案的清晰程度。因此，队形的间距和姿势高低的运用对图案的透视效果有着直接的关系。总之，设计队形时不仅要与主题、音乐情绪、风格特点、动作编排协调一致，相得益彰，同时还要注意服装、道具的色彩，以及道具的大小、表演者之间的间隔距离要适宜。场上色彩应明快、协调，使之起到相互衬托的作用，切忌画面色彩杂乱或因间距、距离不当出现图形不清晰或相互碰撞的现象。

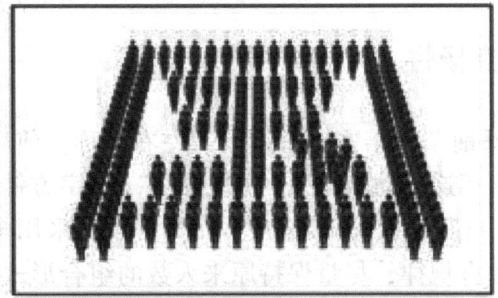

图 3-1-11　俯视角-30°直立效果图

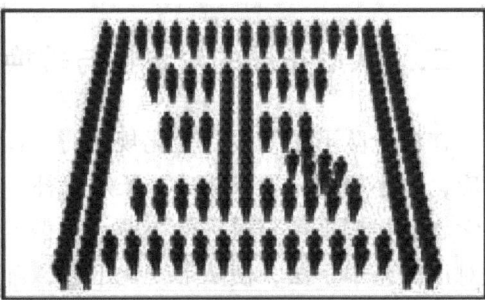

图 3-1-12　俯视角-45°直立效果图

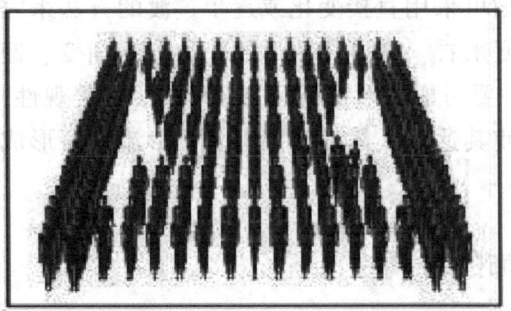

图 3-1-13　俯视角-20°直立效果图

图 3-1-14　俯视角-20°蹲立效果图

第二节　团体操队形的分类与形式

团体操的队形是根据表演的需要，将表演者巧妙而有规律地安排在表演场地上，按照一定顺序组成各种队形、图形及图案，以表达特定的主题内容。任何一场团体操表演的队形一般都包括入场队形、场内表演队形和退场队形三个部分，各部分的队形都有很多不同的变化形式以表达其含义。

一、队形的分类

团队操队形分为入场队形、场内表演队形和退场队形（图3-2-1）。

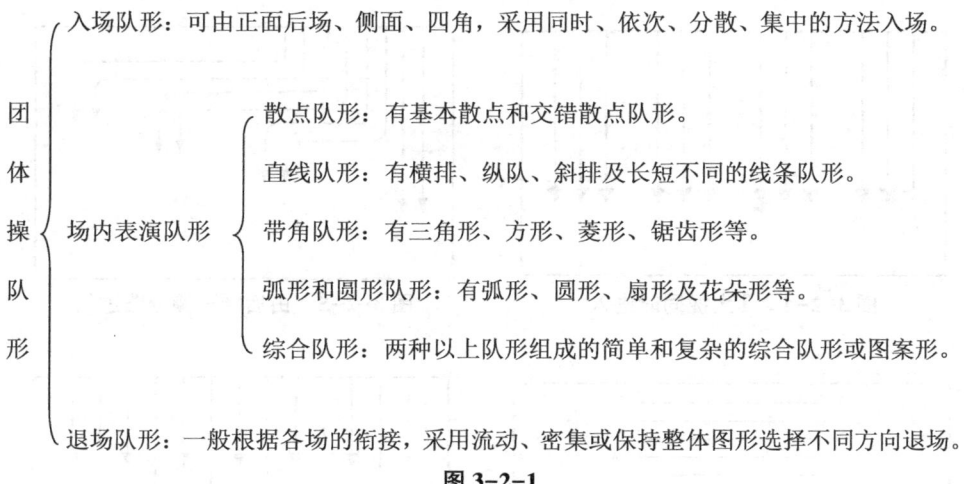

图3-2-1

二、队形的形式

（一）入场队形

新颖而独特的入场队形及表演动作，既能反映本场操的主题思想，又能体现不同的风格特点，还能扣人心弦地把人们带入团体操表演的意境中去。入场队伍可面向主席台方向从表演场地的后面进入场地，也可以从场地的一侧或两侧入场，还可以从场地的四角进入场内，有时为了拉近表演者与观众的距离，表演者可以从观众看台上走下来进入场内表演，或在观众席上安排一部分表演，也可采用观众参与表演等形式。表演队伍可以同时入场，也可以交替或依次入场。入场的队形、方向、路线及其方法要根据表演内容的需要以及表演场地的具体条件（场地出入口的位置、数量及其大小等）予以安排。如果有几场操需要先后表演，还应考虑每场操的集散位置以及相互衔接的方式，以防雷同或相互冲撞。

1. 由后场进入

由正面后场进入场地（图 3-2-2~图 3-2-11）。

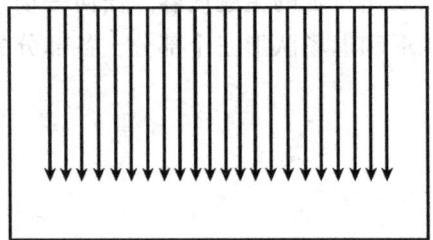
图 3-2-2　后场向前场同时进入

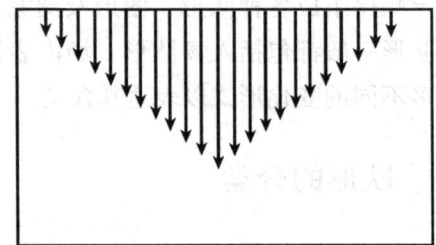
图 3-2-3　尖角形依次进入

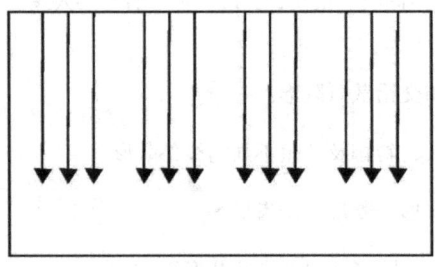
图 3-2-4　几大拢同时进入

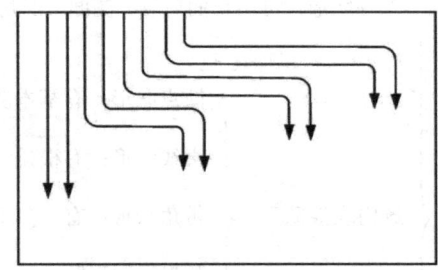
图 3-2-5　由后场一侧分路进入

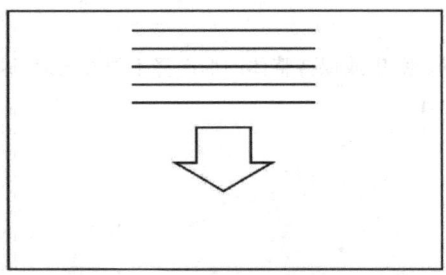
图 3-2-6　密集队形进入

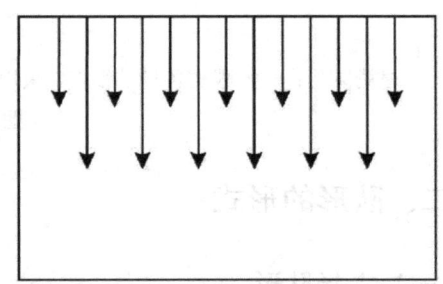
图 3-2-7　依次交替进入

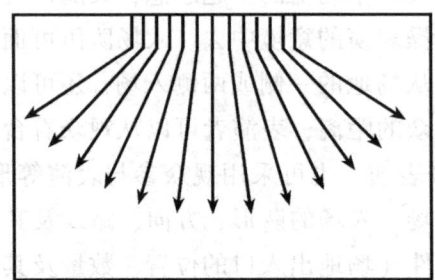
图 3-2-8　由密集到放射进入

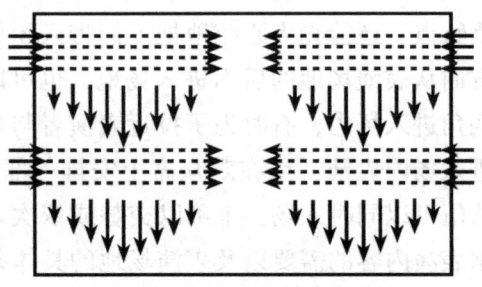
图 3-2-9　由后场分裂式队形进入

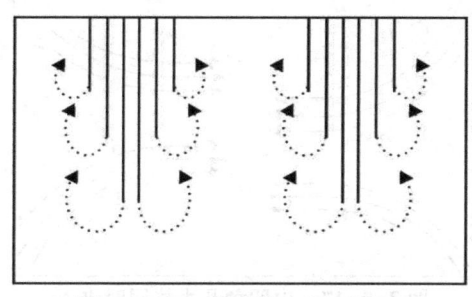
图 3-2-10　依次进入同时成形

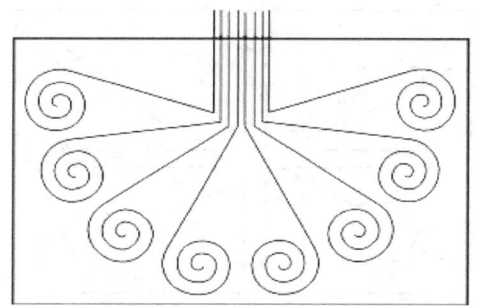
图 3-2-11　同时进入同时成形

2. 由侧面进入

由一侧或两侧进入（图 3-2-12~图 3-3-15）。

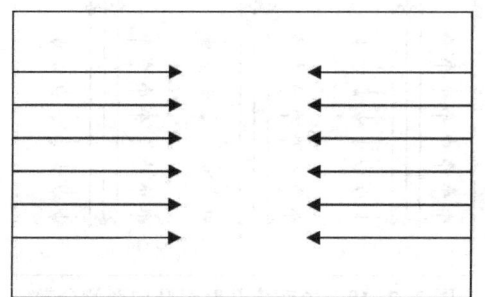
图 3-2-12　由场地两侧同时进入

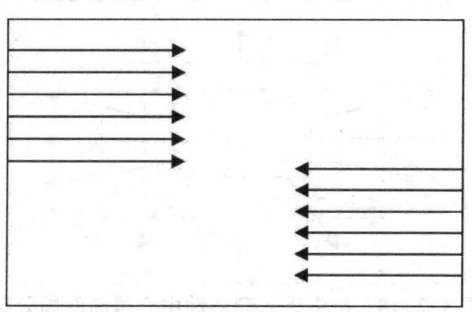
图 3-2-13　由场地两侧集中几路进入

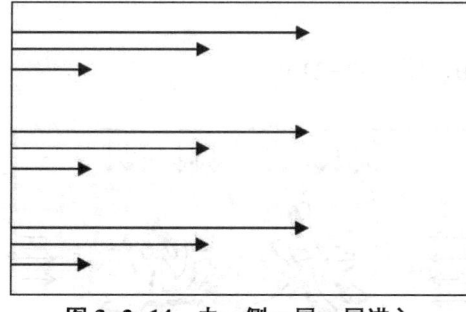
图 3-2-14　由一侧一层一层进入

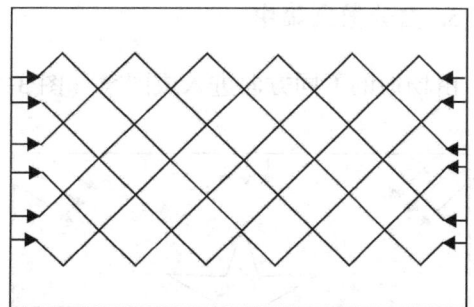
图 3-2-15　由两侧进入直接成菱形

3. 由四角进入

可由前面或后面的一个角、两个角或四个角进入（图 3-2-16、图 3-2-17）。

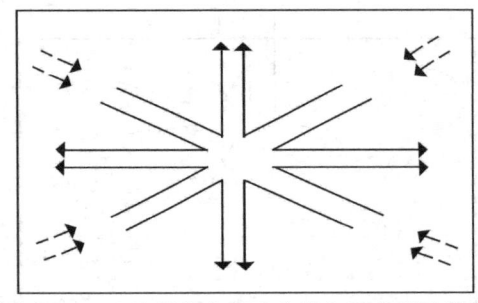 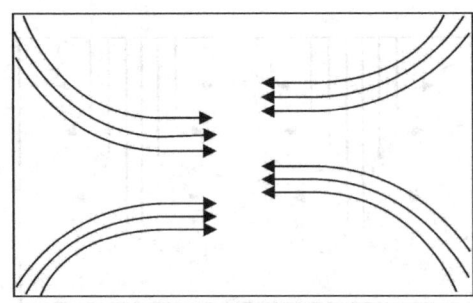

图 3-2-16　由四角向场中心进入再向四边流动　　图 3-2-17　由四角几大拢同时进入

4. 由集中到分散

由场地不同的方向集中进入场地再分开成散点队形（图 3-2-18、图 3-2-19）。

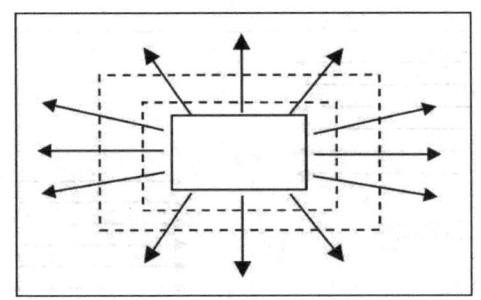 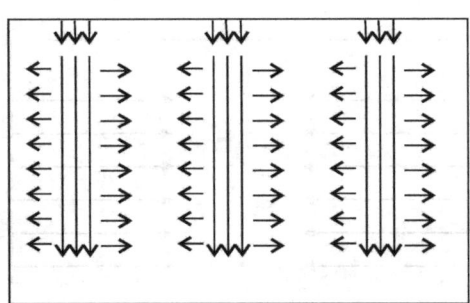

图 3-2-18　集中进入到场地中心再向四周分散　　图 3-2-19　由密集几路纵队向两侧分散

5. 由分散到集中

由场地的不同方向进入成图案（图 3-2-20、图 3-2-21）。

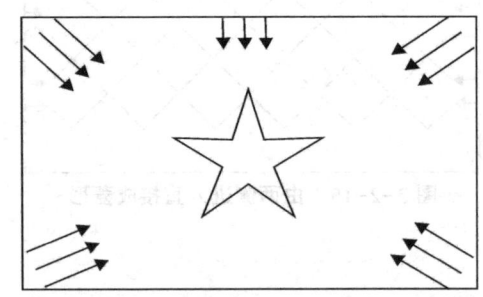 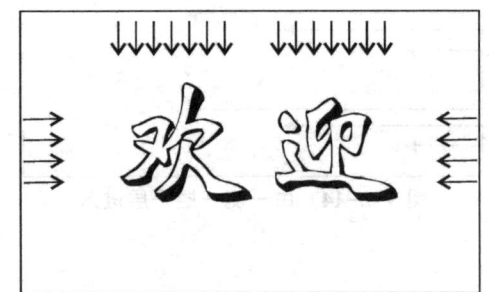

图 3-2-20　由不同方向进入形成象征性图案　　图 3-2-21　由不同方向进入形成寓意鲜明的图案

6. 综合队形入场

由不同的方向进入成方阵或画面（图 3-2-22、图 3-2-23）。

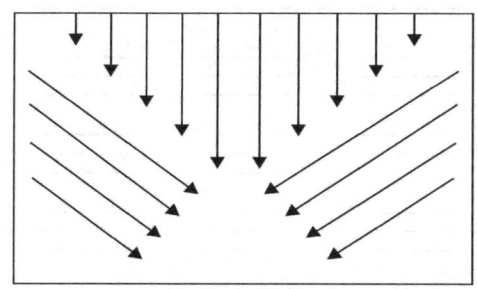
图 3-2-22 由不同方向进入成方阵队形

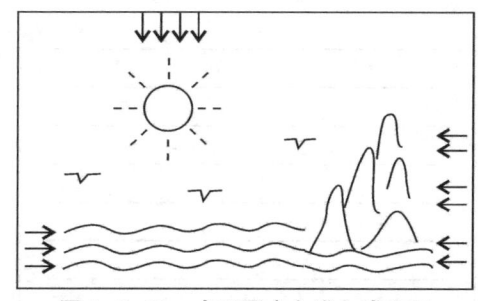
图 3-2-23 由不同方向进入成画面

(二) 场内表演队形

场内表演需将一场操的内容分成不同的段落，并调动多种表现形式，有层次、有重点、有高潮地去表现主题，它是一场操的核心部分。因此，紧紧围绕主题思想及风格特点去设计表演所需要的队形、图案及变化的方向、路线与方法。场内表演中常见的有散点队形、直线队形、带角队形、弧形圆形及花朵形、综合队形与图案形。

1. 散点队形

散点队列是表演者在表演场地上站成间隔距离相等的队形。它是团体操表演中最基本、最常用的队形形式，也是表演中进行各种队形变化的基础（图 3-2-24、图 3-2-25）。

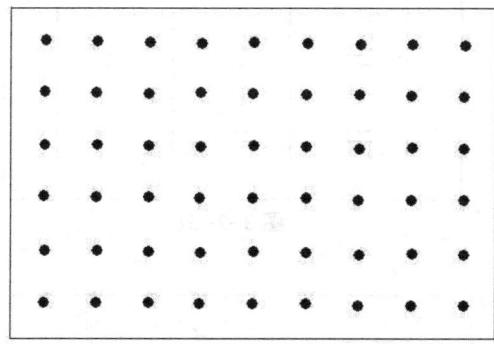
图 3-2-24 基本散点

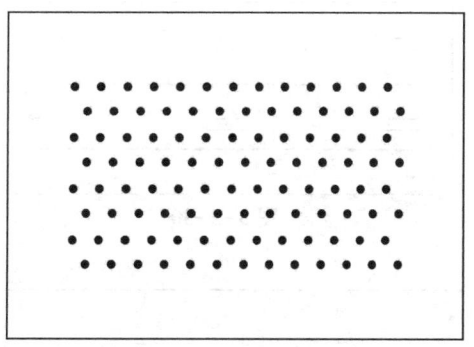
图 3-2-25 交错散点

2. 直线队形

直线队形包括横排、纵队、斜排等。可以是单线条、双线条或多线条；也可以是长线条或短线条的搭配，线条的长短应根据表演的需要具体安排（图 3-2-26~图 3-2-35）。

图 3-2-26

图 3-2-27

图 3-2-28

图 3-2-29

图 3-2-30

图 3-2-31

图 3-2-32

图 3-2-33

第三章 团体操的队形

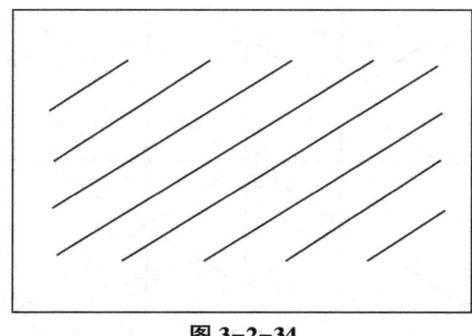

图 3-2-34

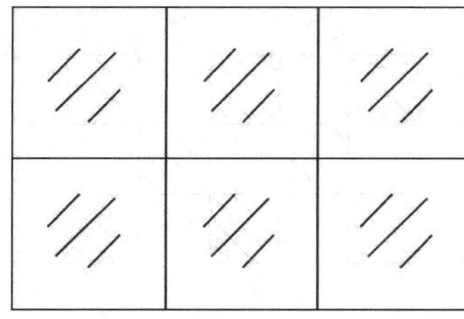

图 3-2-35

3. 带角队形

带角队形有方形、菱形、锯齿形、三角形、星星形等。这类队形可以是单线条、双线条或多线条；也可以是空心或实心（图 3-2-36～图 3-2-51）。

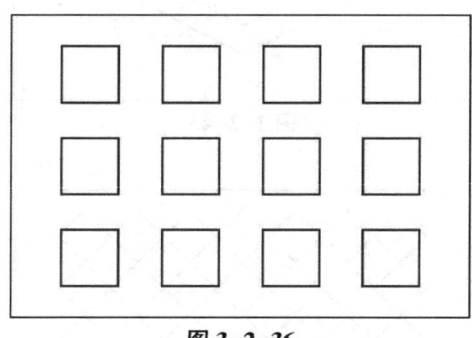

图 3-2-36

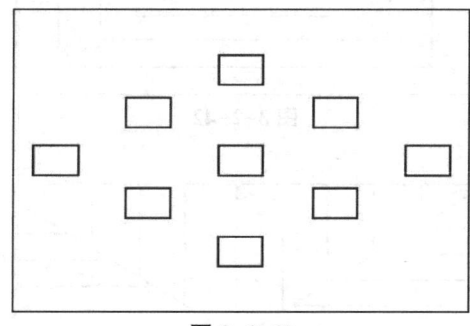

图 3-2-37

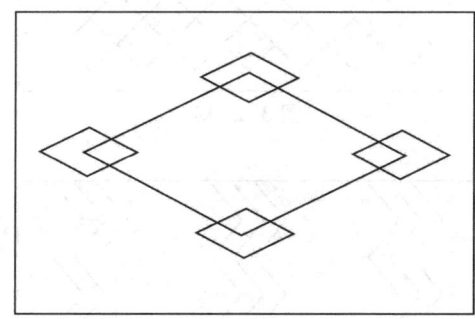

图 3-2-38

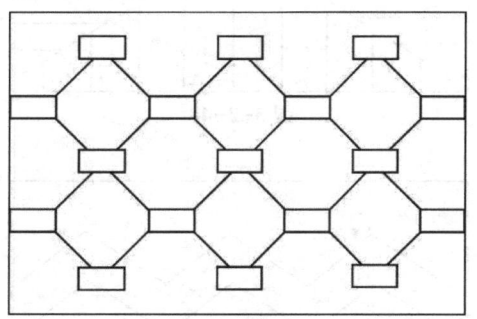

图 3-2-39

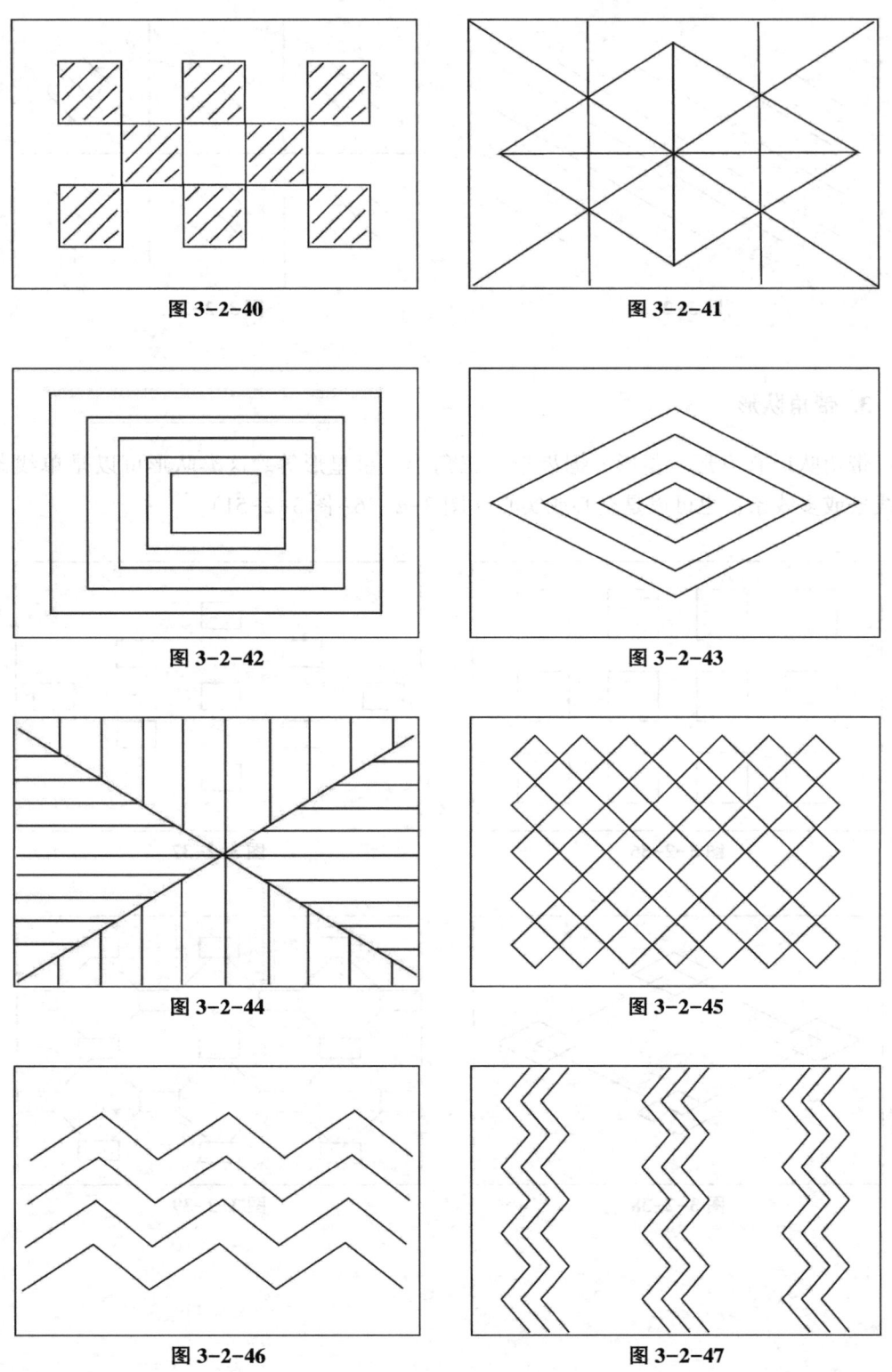

图 3-2-40　　　　　　　　　　　　图 3-2-41

图 3-2-42　　　　　　　　　　　　图 3-2-43

图 3-2-44　　　　　　　　　　　　图 3-2-45

图 3-2-46　　　　　　　　　　　　图 3-2-47

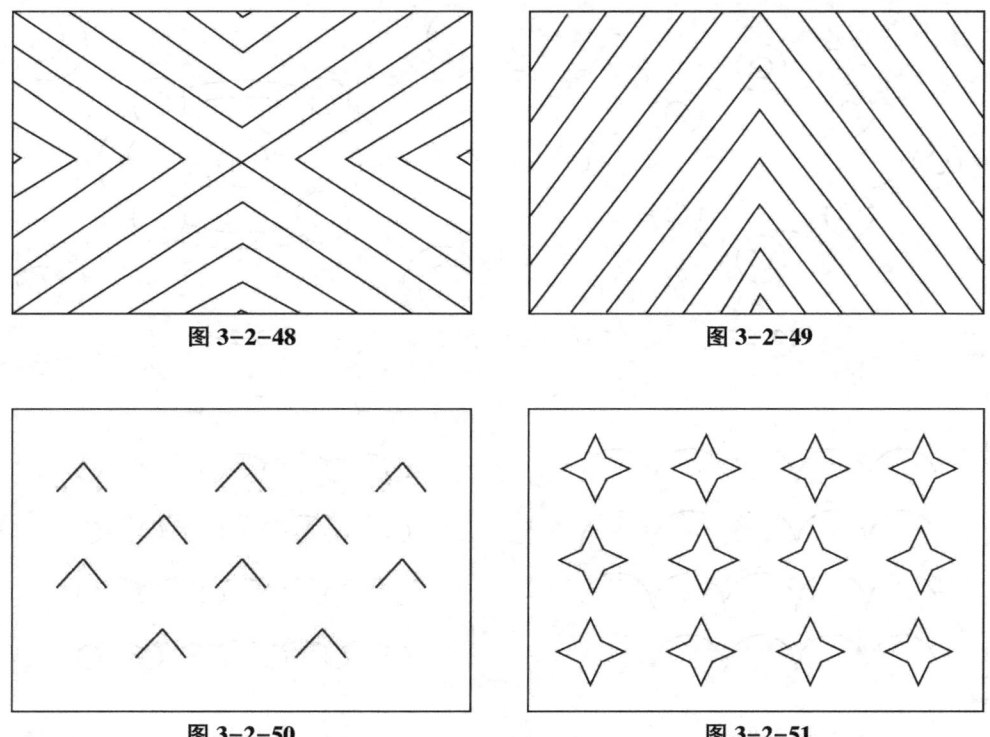

图 3-2-48　　　　　　　　　　　　图 3-2-49

图 3-2-50　　　　　　　　　　　　图 3-2-51

4. 弧形圆形及花朵形

这类队形包括弧形、圆形、扇形及花朵形等。这类图形可以是单线条或多线条；也可以是层次不同的大小圆形，甚至还可以是美丽的图案形等（图 3-2-52~图 3-2-59）。

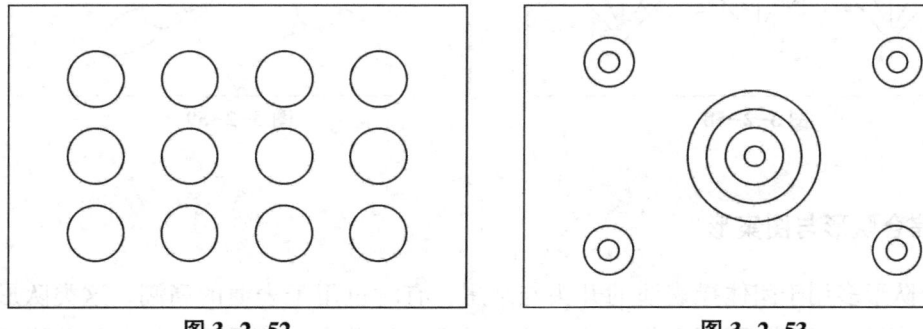

图 3-2-52　　　　　　　　　　　　图 3-2-53

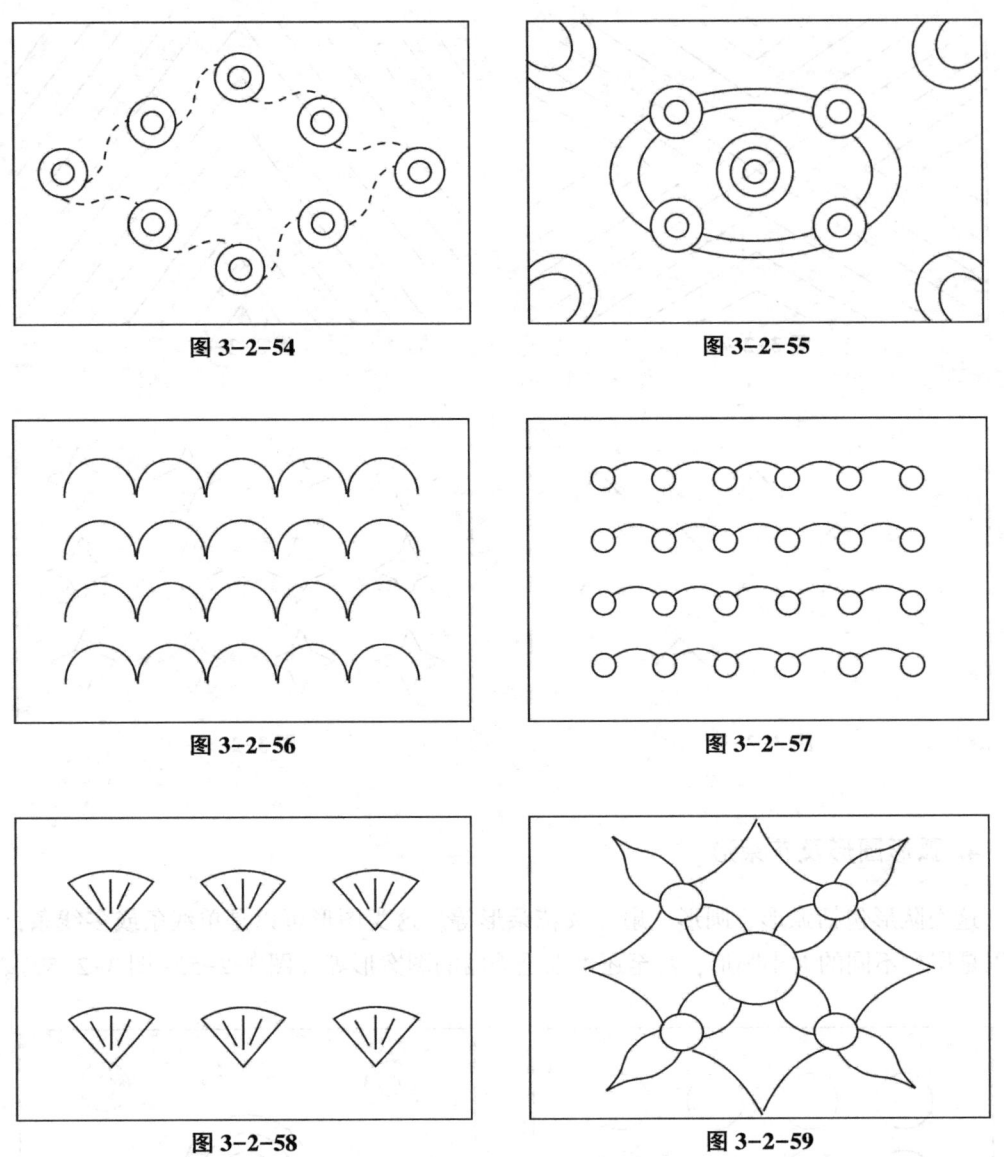

图 3-2-54　　　　　　　　图 3-2-55

图 3-2-56　　　　　　　　图 3-2-57

图 3-2-58　　　　　　　　图 3-2-59

5. 综合队形与图案形

综合队形多用于团体操表演的开头与结尾，有时也用于表演的高潮。这类队形是在散点、直线、弧形、圆形和带角队形的基础上，根据表演的需要，将各种队形巧妙地结合起来，重新组成各种较为复杂而又新颖、独特并能表达特定含义和主题的队形或图案（图 3-2-60~图 3-2-69）。

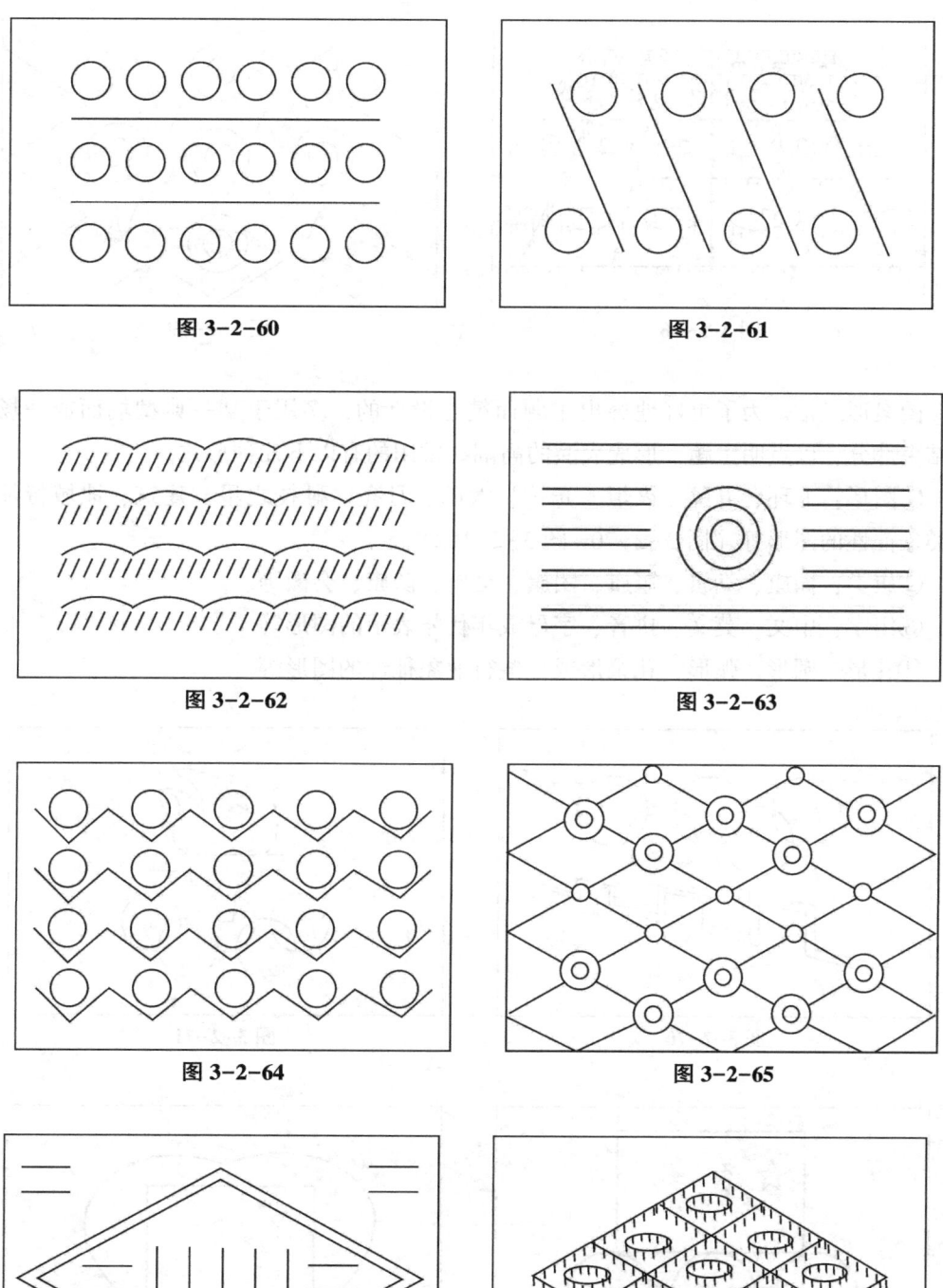

图 3-2-60

图 3-2-61

图 3-2-62

图 3-2-63

图 3-2-64

图 3-2-65

图 3-2-66

图 3-2-67

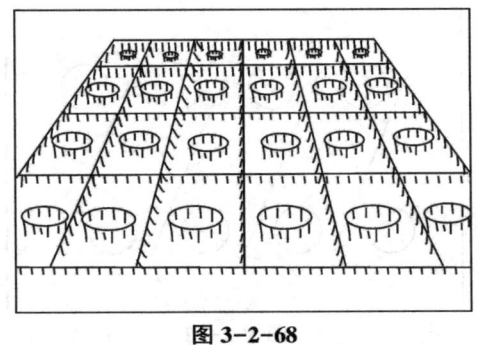
图 3-2-68

图 3-2-69

图案形经常是为了更好地突出主题而精心设计的，多用于某一典型场面或一场操的结束部分，以点明主题，形成表演的高潮。常用的有以下几种形式。

①图形：五环、五星、火炬、光芒、太阳、月亮、科技之星、建筑、地域特征及各类象征性的图形等（图 3-2-70~图 3-2-102）。

②旗类：国旗、党旗、军旗、团旗、会旗、队旗、会徽等。

③组字：中文、英文、拼音、字母或年代号表示的图形等。

④花形：圆形、弧形、花朵形或一些行业象征性的图形等。

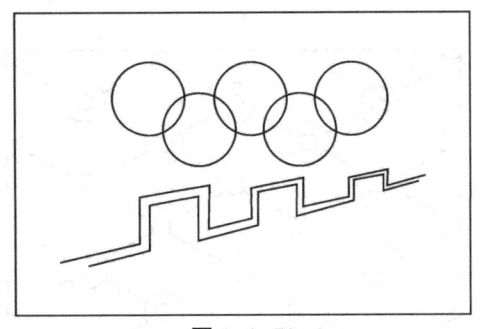
图 3-2-70

图 3-2-71

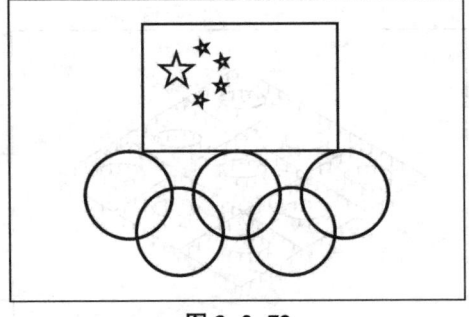
图 3-2-72

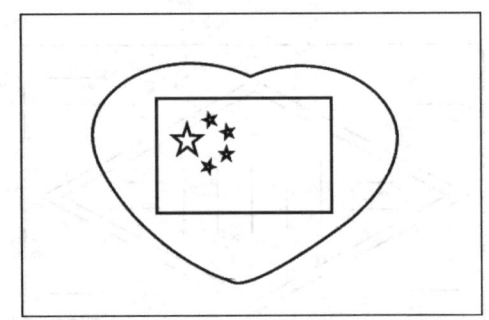
图 3-2-73

第三章　团体操的队形

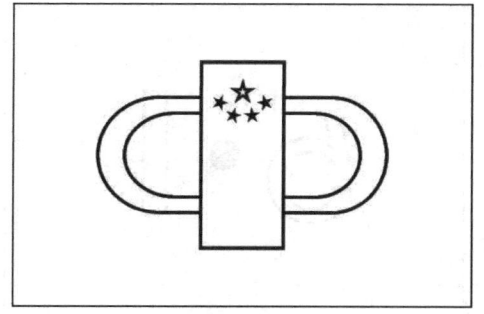

图 3-2-74

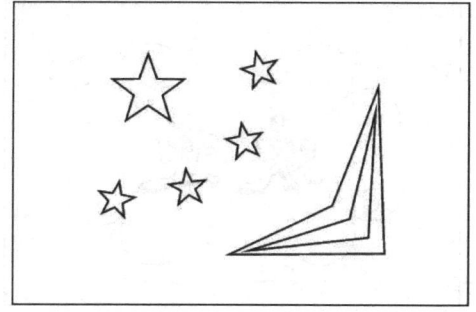

图 3-2-75

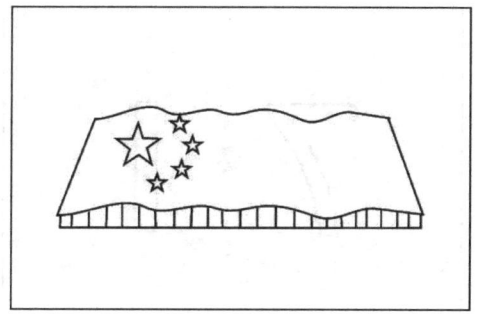

图 3-2-76

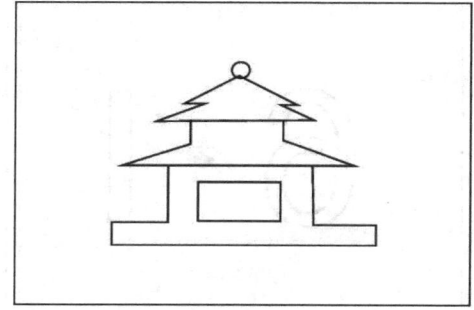

图 3-2-77

图 3-2-78

图 3-2-79

图 3-2-80

图 3-2-81

· 061 ·

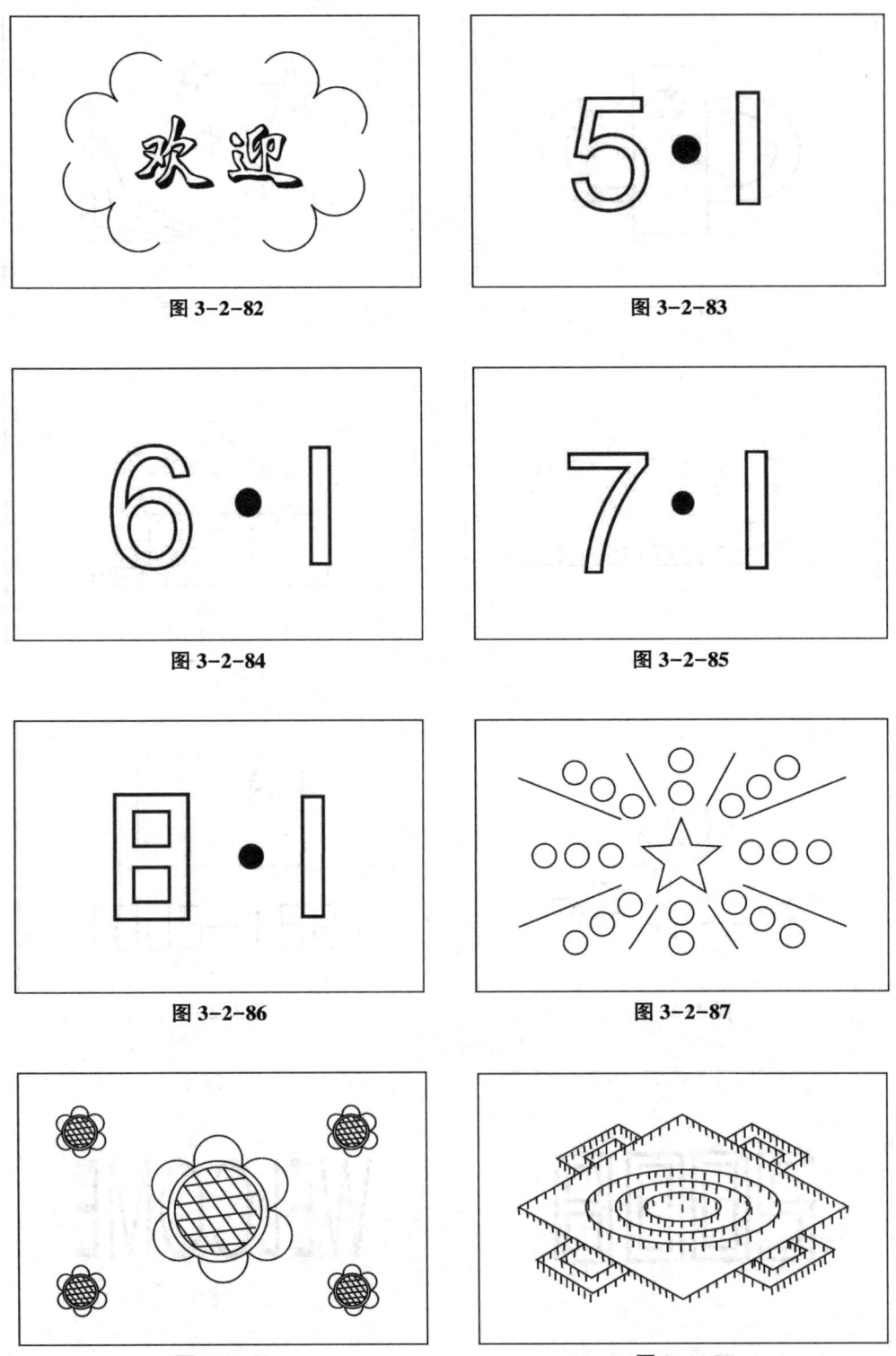

图 3-2-82　　　　　　　　　图 3-2-83

图 3-2-84　　　　　　　　　图 3-2-85

图 3-2-86　　　　　　　　　图 3-2-87

图 3-2-88　　　　　　　　　图 3-2-89

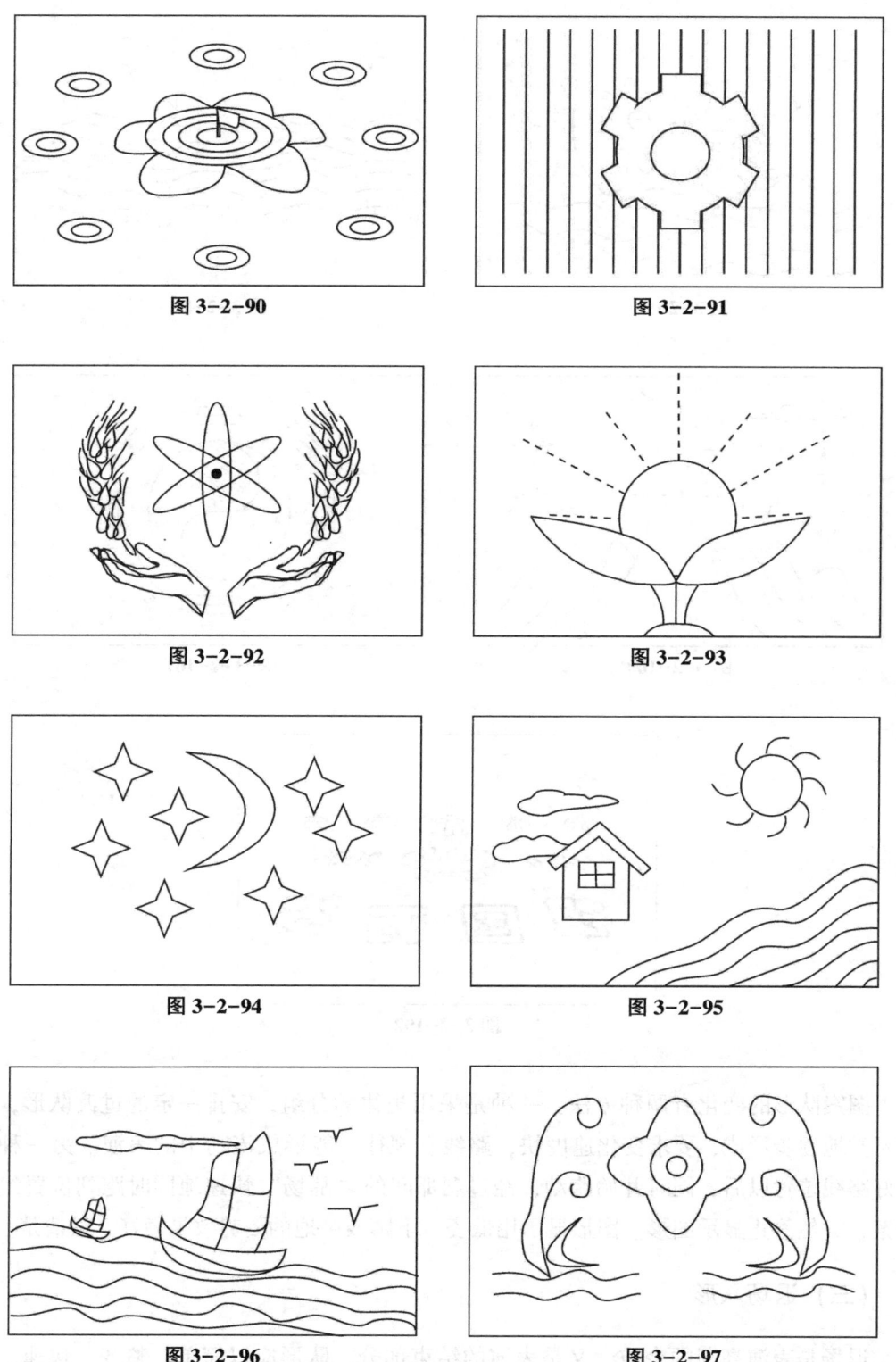

图 3-2-90

图 3-2-91

图 3-2-92

图 3-2-93

图 3-2-94

图 3-2-95

图 3-2-96

图 3-2-97

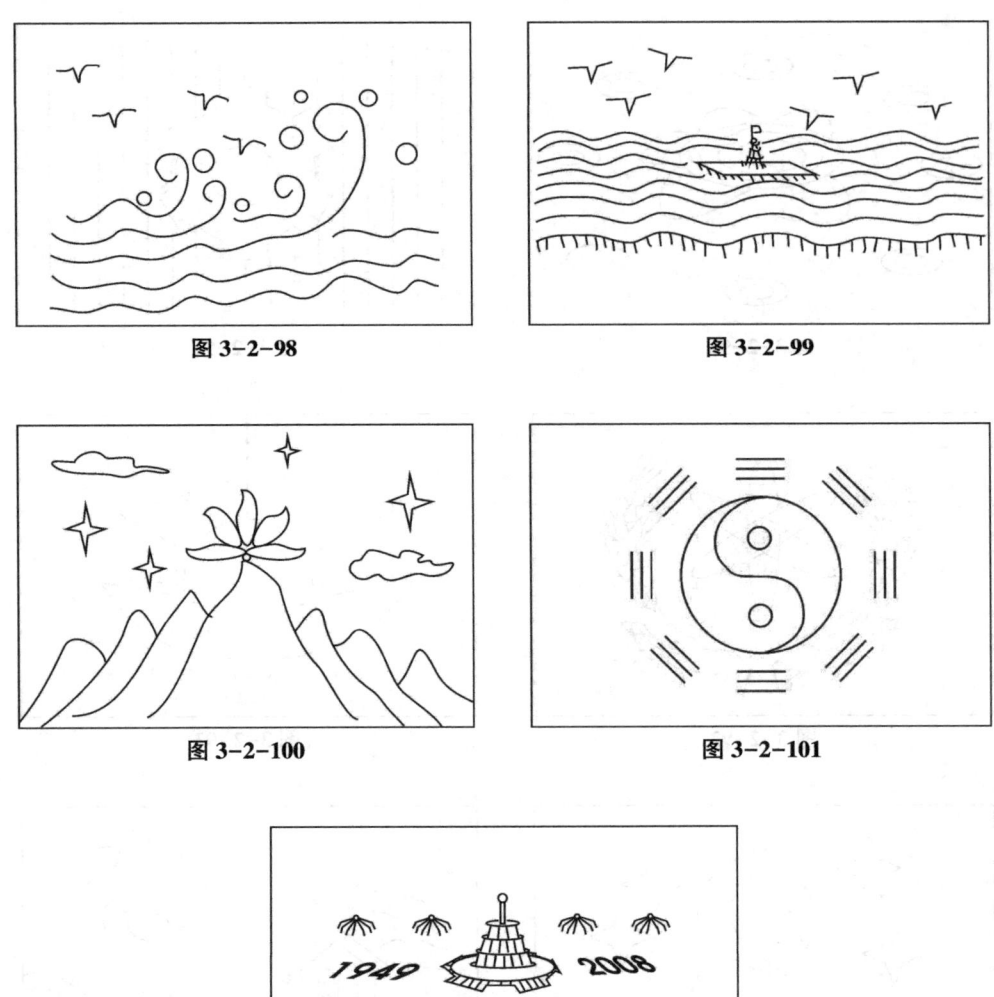

图 3-2-98 图 3-2-99

图 3-2-100 图 3-2-101

图 3-2-102

图案队形的变化有两种方法：一种是采用规律的分组，安排一定的过渡队形，不知不觉地逐步形成，要求变化速度快，路线有规律，能形成流动中的表演。另一种是分好路线位置以后，同时开始跑动，经过刹那间的"乱场"快速地同时跑到位置组成图案，突然静止显示图形。图形显示用低姿、下蹲或卧地的姿势效果最好、最清楚。

(三) 退场队形

退场是表演高潮的余波，又是表演的结束部分，队形应以简单、整齐、快速、有序地退出表演场地为宜，给观众留下最后一个印象，同时还应为下一场操的入场创造条件，起到承上启下的作用。

退出时根据场内表演的最后一个队形及表演场地所提供的具体条件退场，退出队伍可向场地的前方、后方、两侧、斜角或不同方向就近退出，可采用同时、依次、分裂或整体等形式退场（图3-2-103～图3-2-110）。

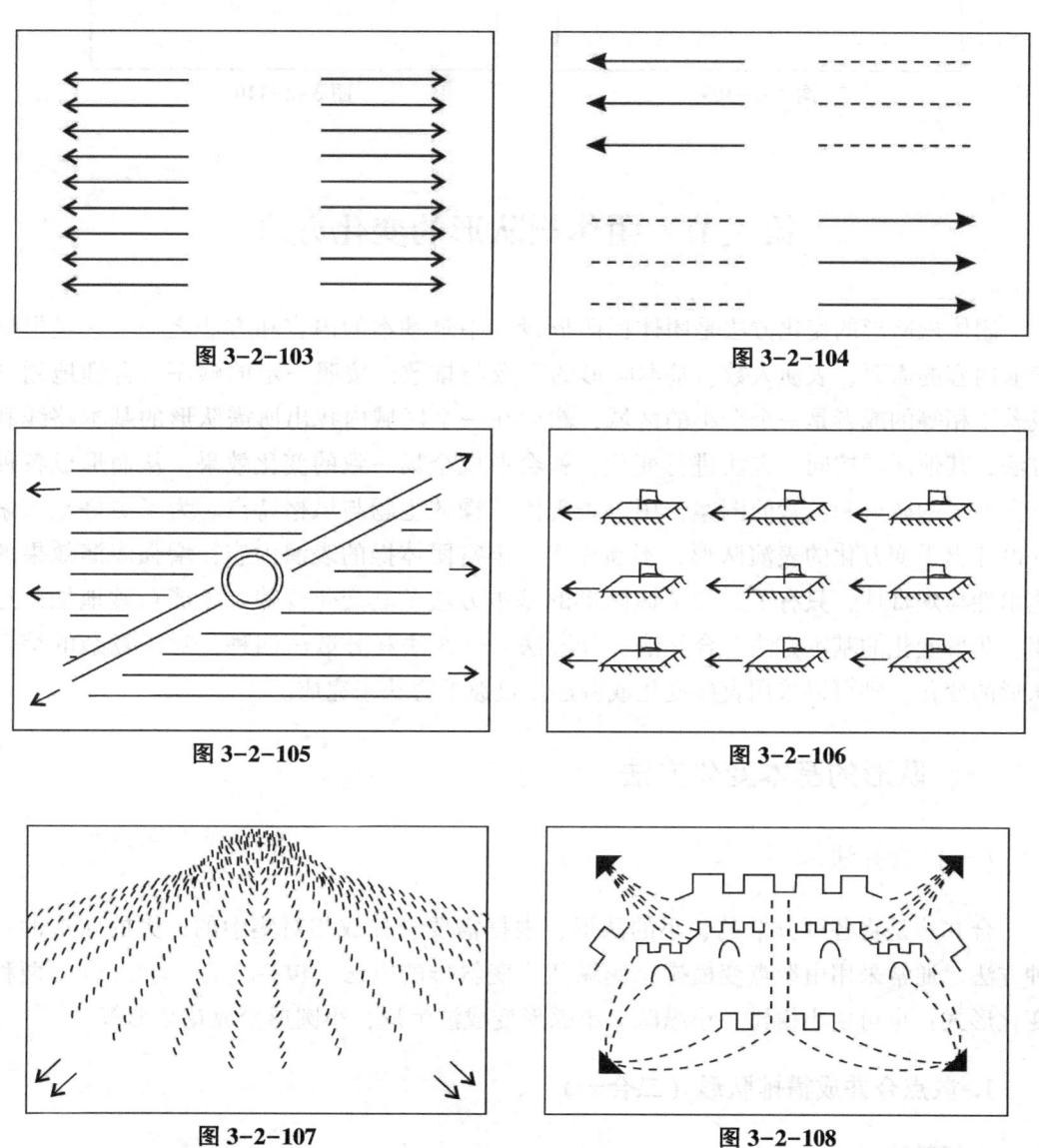

图 3-2-103　　　　　　　　　　　图 3-2-104

图 3-2-105　　　　　　　　　　　图 3-2-106

图 3-2-107　　　　　　　　　　　图 3-2-108

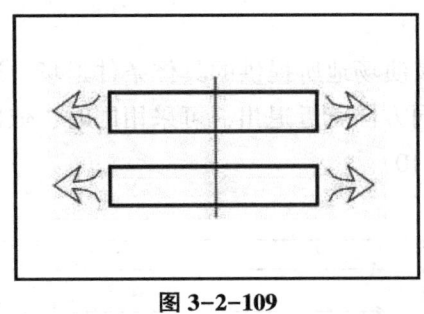
图 3-2-109

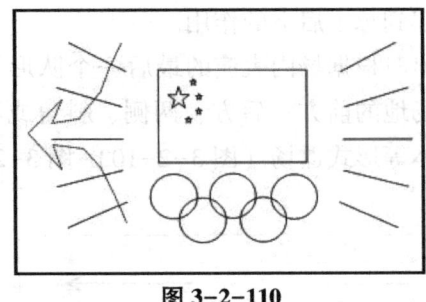
图 3-2-110

第三节　团体操队形的变化方法

团体操队形的变化方法是团体操队形设计中最基本的内容和方法之一。它是根据表演内容的需要、表演人数、基本队形的行数与排数，按照一定的顺序，合理地划分成若干相等的或者是一个个小的区域，然后在一个区域内找出所需队形的基本路线和方法，其他区域按同一方法进行变化，就会形成全场一致的变化效果，从而形成各种丰富多彩的队形和美妙的图案，用以表现团体操的主题与风格特点。为了更好地探索并设计出千变万化的表演队形，不断充实、丰富团体操的表演内容，增强表演效果的艺术性与观赏性，只有了解和掌握队形的基本方法及其变化规律，才能巧妙地加以运用。队形变化的基本方法有合并法、分段法、分区法和分散法四种，对于复杂的综合队形的变化，则可以采用直接变化或者逐步过渡的方法来完成。

一、队形的基本变化方法

（一）合并法

合并法是将各种分散的、小的队形，根据需要合并成相对集中的、大的队形的一种方法。通常采用由散点变横排，变纵队，变斜排的方法。包括二合一和三合一两种变化形式；也可由小横排、小纵队、小弧形变成波浪形，小圆形变成花朵形等。

1. 散点合并成横排队形（二合一）

组织教法：
在散点队形的基础上，每行由前向后 1-2 报数。
变队时报 2 数的为基准排不动，报 1 数的向后插到 2 数的左侧（或右侧），左右看齐，此方法也可按相反的方法变化（图 3-3-1）。

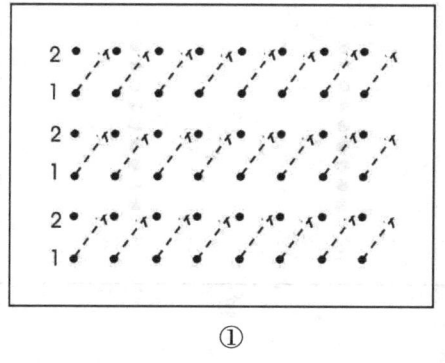 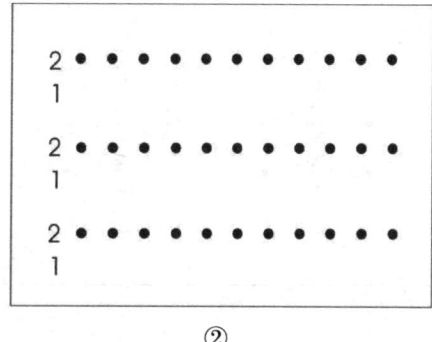

图 3-3-1

2. 散点合并成密集横排队形（三合一）

组织教法：

在散点队形的基础上，每行由前向后 1-3 报数。

变队时报 2 数的为基准排不动，报 1 数的向后插到 2 数的右侧，报 3 数的向前插到 2 数的左侧，成密集的一列横排（图 3-3-2）。

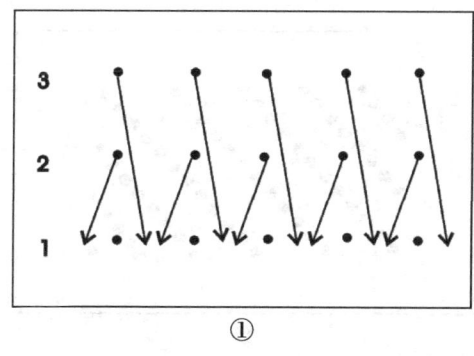 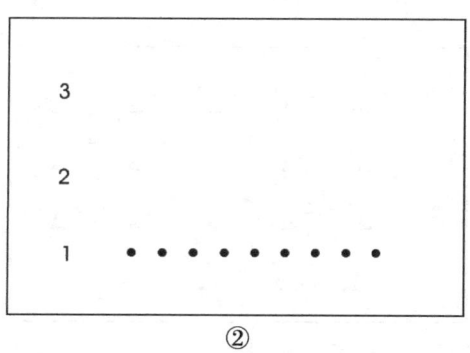

图 3-3-2

3. 散点合并成密集纵队（三合一）

组织教法：

在散点队形的基础上，每横排由右向左 1-3 报数。

变队时报 2 数的为基准路不动，报 1 数的向左前插到 2 数的前面，报 3 数的向右后插到 2 数的后面，成密集的一路纵队（图 3-3-3）。

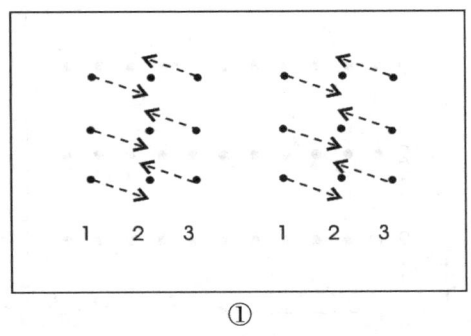 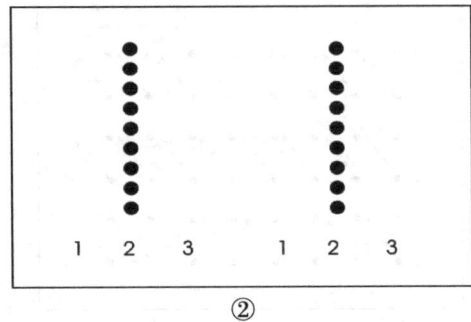

图 3-3-3

4. 散点合并成斜排（二合一）

组织教法：

在散点队形的基础上，每横排从右向左 1-2 报数，明确单数行和双数行。

每个单数行由前向后 1-2 报数，每个双数行由前向后 2-1 倒着报数。

每个纵队上的 1 数为基准人不动，所有报 2 数的向左前方移动至两个斜向的 1 数中间成斜排队形看齐（图 3-3-4）。

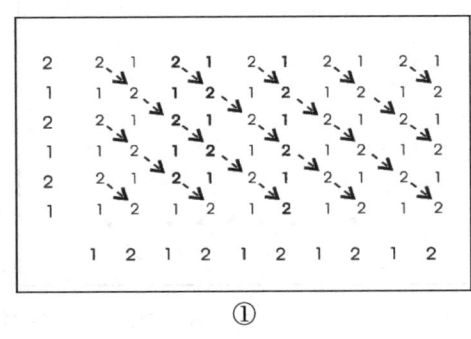 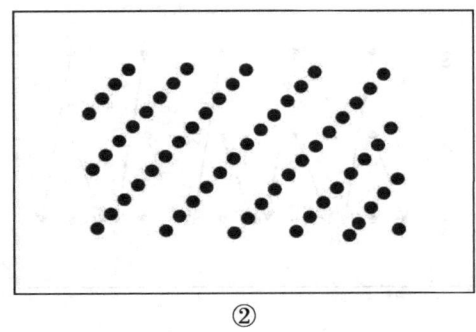

图 3-3-4

5. 散点合并成密集斜排（三合一）

组织教法：

在散点队形的基础上，每横排从右向左 1-3 报数，分成多组 1、2、3 路。

第 1 路由前向后 1、2、3 报数，第 2 路由前向后 3、1、2 报数，第 3 路由前向后 2、3、1 报数，每人记住自己的号数。

听到变队的信号后，报 2 数的为基准人不动，报 1 数的人向右后方移动，报 3 数的人向左前方移动至 2 数人之间成斜排队形看齐。

还原时按变化的路线退回（图 3-3-5）。

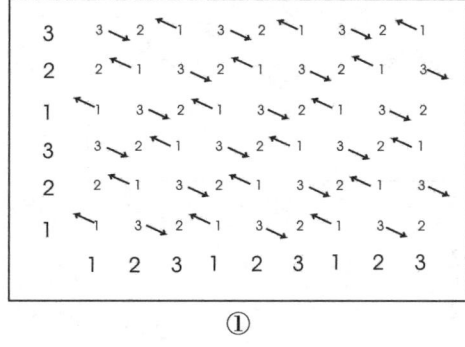 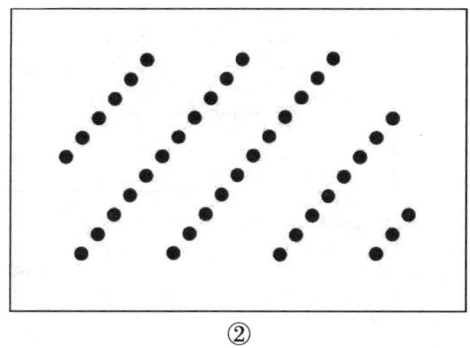

图 3-3-5

6. 小横排合并成波浪形

组织教法：

先将小横排按二合一的方法合并成单横排。

按不同的距离走到波浪形的队形上（图 3-3-6）。

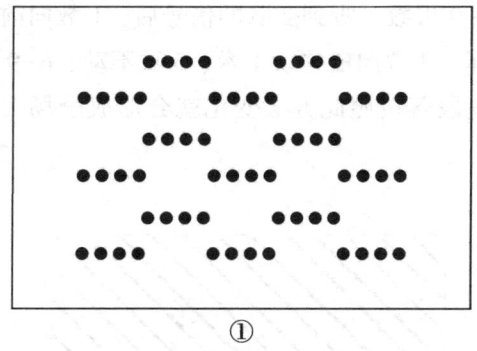 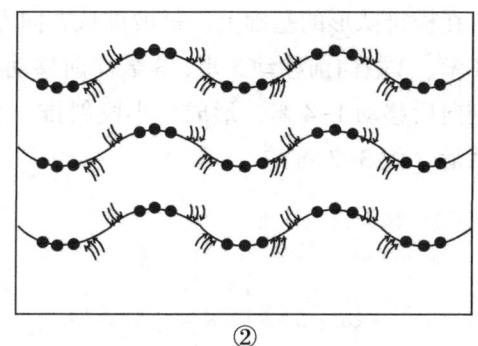

图 3-3-6

7. 小圆形变成花形

组织教法：

先将一个一个小圆形打开与邻近的四个圆组成小弧形。

小弧形与邻近的小弧形相接组成花朵形（图 3-3-7）。

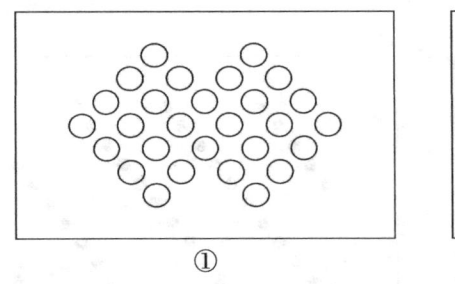 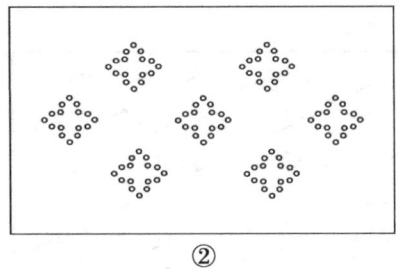

图 3-3-7

(二) 分段法

分段法是将较长的横排、纵队、斜排等直线队形根据需要分成若干个小段进行变化的方法。由密集横排变纵队，由密集横排变成横锯齿形，由密集纵队变成纵锯齿形、变成菱形等。

1. 由密集横排变斜排

组织教法：

在横排队形的基础上，每横排从右向左 1-9 报数。听到变队的信号后，1 数向前移动 4 米、2 数向前移动 3 米、3 数向前移动 2 米、4 数向前移动 1 米、5 数不动、6-9 数分别向后移动 1-4 米，形成一小段斜排，其他段落按照此方法变化就会形成全场大斜排队形（图 3-3-8）。

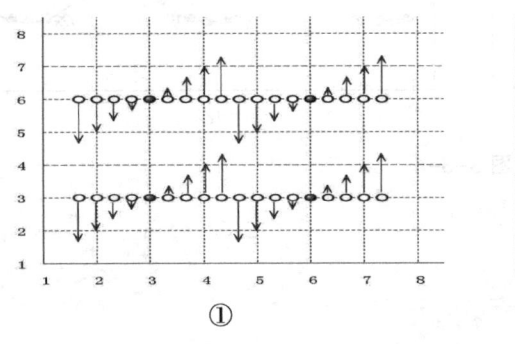 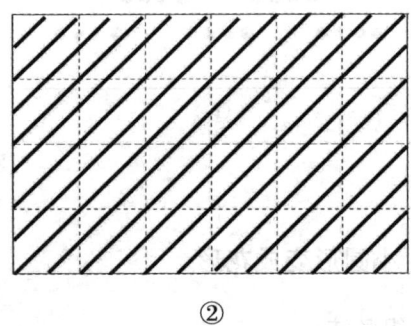

图 3-3-8

2. 斜排变纵队

组织教法：

在斜排队形的基础上，每组每个区域按照图 3-3-9①的变换方法把斜排再次旋转合并成 2 路纵队，全场则形成若干路大纵队（图 3-3-9②）。

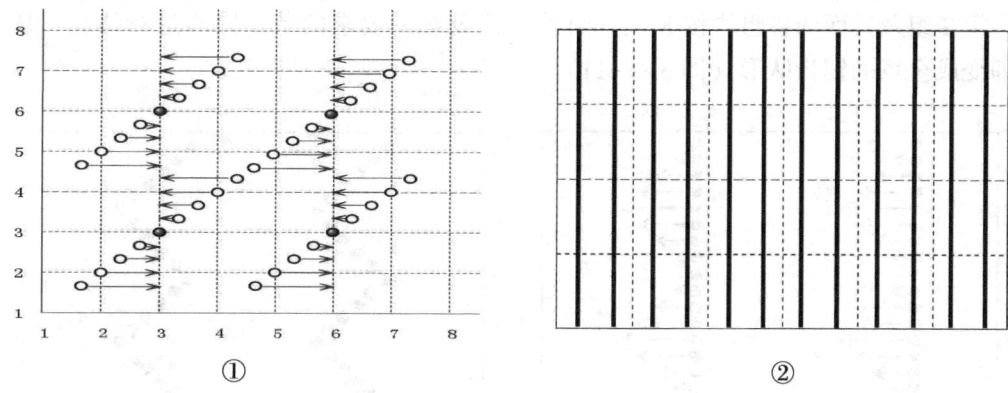

图 3-3-9

3. 由密集横排变成锯齿形

组织教法：

将大横排根据需要分成 16 人一组的若干小段，从右向左 1-6 报数。确定 1 数和 9 数为基准人原地不动。

2-5 数分别向前移动 1-4 步（或 1-4 米），6-8 数向前移动 3-1 步（或 3-1 米），10-13 数分别向后移 1-4 步（或 1-4 米），14-16 数分别退 3-1 步（或 3-1 米），则可成为锯齿形（图 3-3-10）。还原时按变化的路线返回。

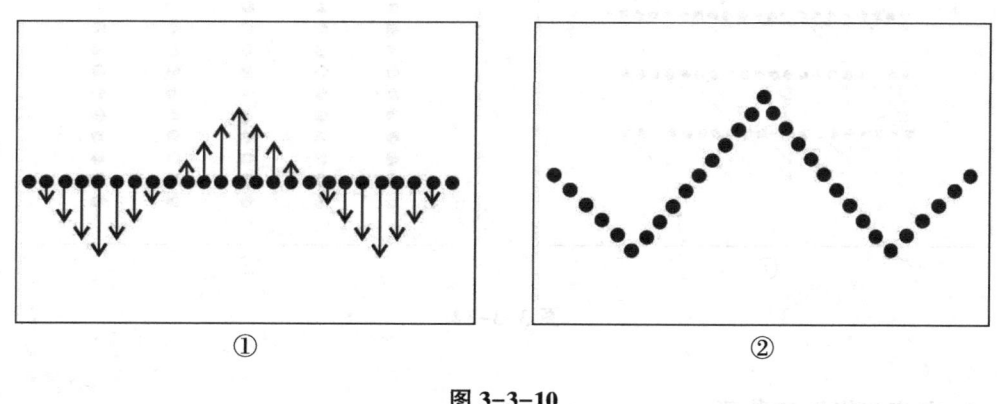

图 3-3-10

4. 由密集纵队变成锯齿形

组织教法：

在纵队的基础上由前向后 1-8 报数，分成 8 人一组的若干小段。

1 数不动，2-5 数分别向右移动 1-4 步（或 1-4 米），6-8 数分别向右移动 3-1 步（或 3-1 米）。

第2组及后面的各组均按8人一组的方法及统一要求的节拍同步进行移动，便可立即变成全场的锯齿队形（图3-3-11）。

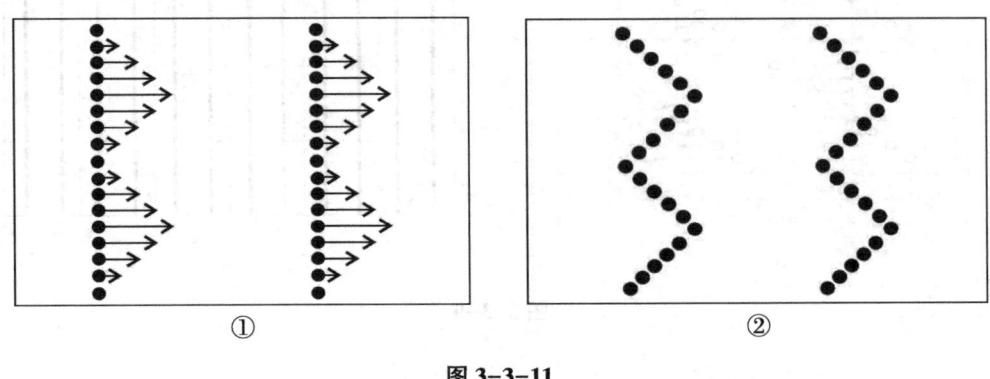

图 3-3-11

5. 由横排变纵队

组织教法：

在横排的基础上从右向左1-4报数。1数不动，2-4数分别向右前移动1-3步（或1-3米），跑到1数的前面变成纵队（图3-3-12）。

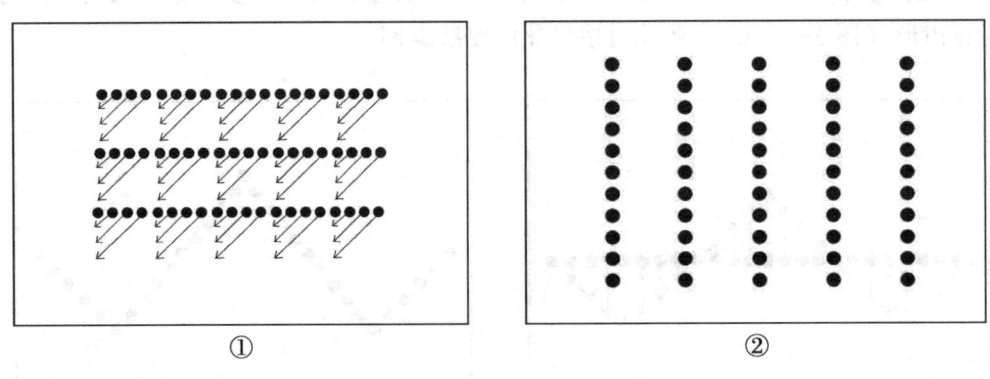

图 3-3-12

6. 由密集纵队变菱形

组织教法一：

将每一长纵队按需要分成人数相等的若干小纵队。明确其单数行和双数行，两行为一组。

单数行小纵队以中间人为轴，双数行小纵队以两端人为轴（从中间分开），而每组小纵队均向一个方向移动，走到规定的距离内即成菱形（图3-3-13）。

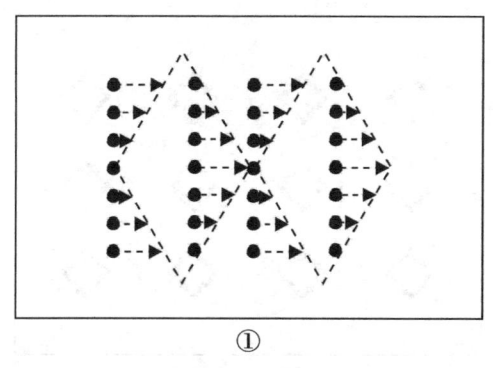 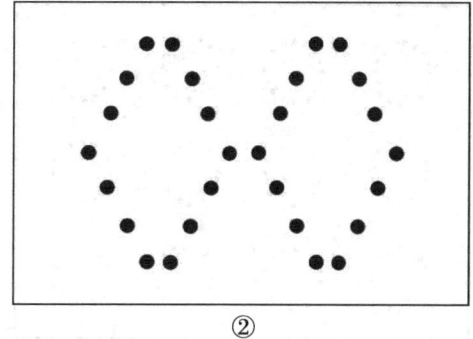

① ②

图 3-3-13

组织教法二：

将每一长纵队按需要分成人数相等的若干小纵队。明确其单数行和双数行，两行为一组。

前后四个小纵队同时由中间人带领向内围菱形（图 3-3-14）；还可向外围菱形（图 3-3-15）。

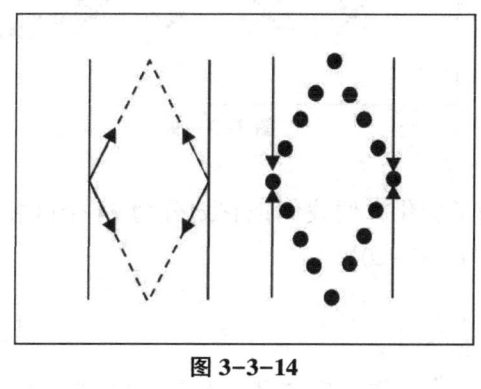 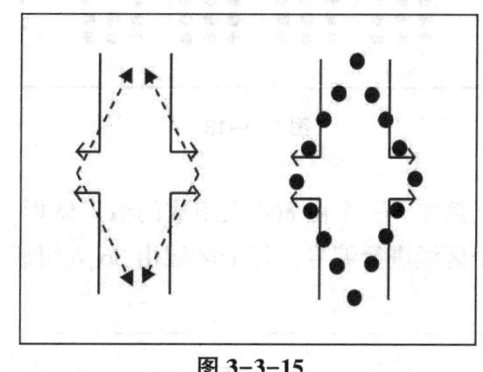

图 3-3-14　　　　　　　　　　图 3-3-15

(三) 分区法

分区法是根据散点队形或队形变化中后一个表演队形的需要，将前一个表演队形划分成若干个大小相等或者不等的区域，然后在各个区域中进行变化，形成全场变化效果的一种方法。可变成圆形、菱形、方形、交叉队形等（图 3-3-16~图 3-3-19）。

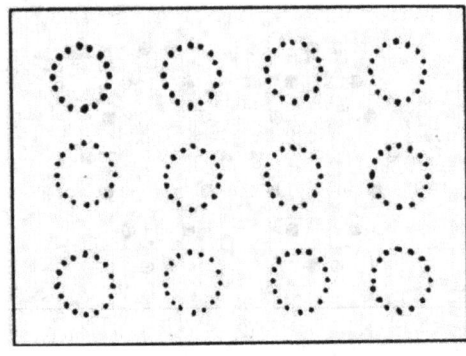
图 3-3-16

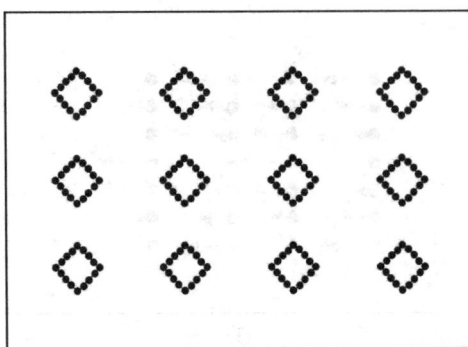
图 3-3-17

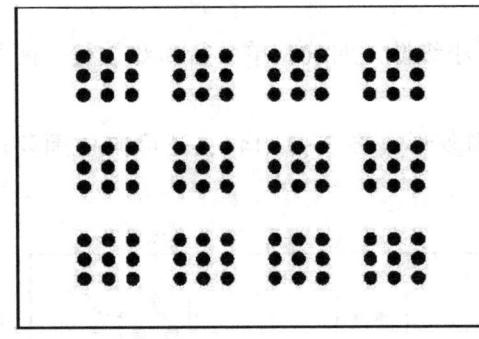
图 3-3-18

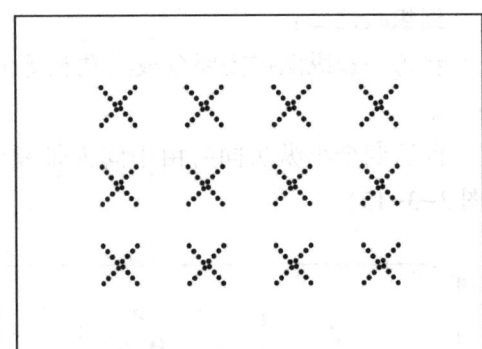
图 3-3-19

例如：一个由 864 人组成的散点队形，为了变化方便我们把它划分为 24 个区并对每个区域进行编号，每个区域由 36 人组成（图 3-3-20）。

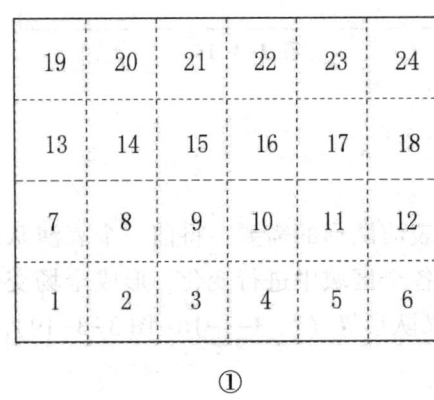
①

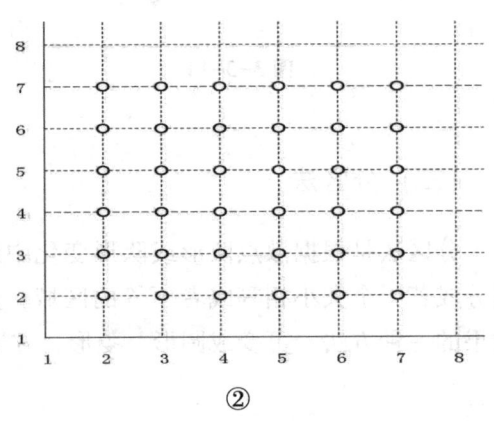
②

图 3-3-20

每个区域都按照图 3-3-21 的变换方法把散点变成斜排，相间的两个小斜排队形再变成两个圆的话，全场则形成圆斜相间的队形（图 3-3-21）。

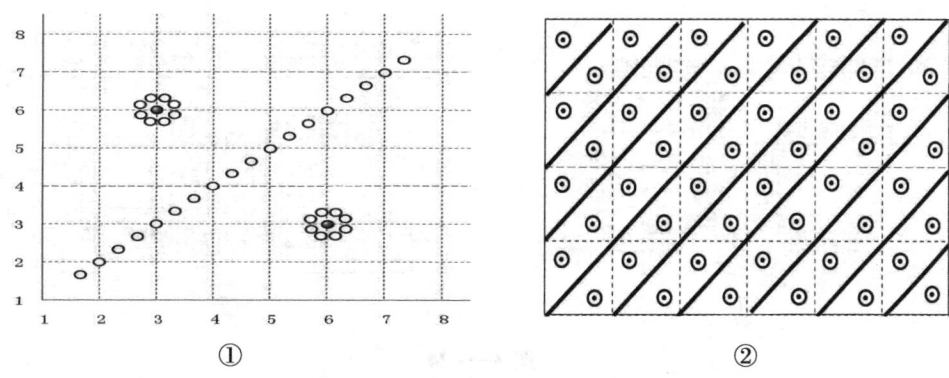

图 3-3-21

(四) 分散法

分散法是由集中的大的直线队形、圆形、带角队形或大的图案或组字等，根据表演的需要变化成分散的小队形或散点队形（图 3-3-22~图 3-3-25）。

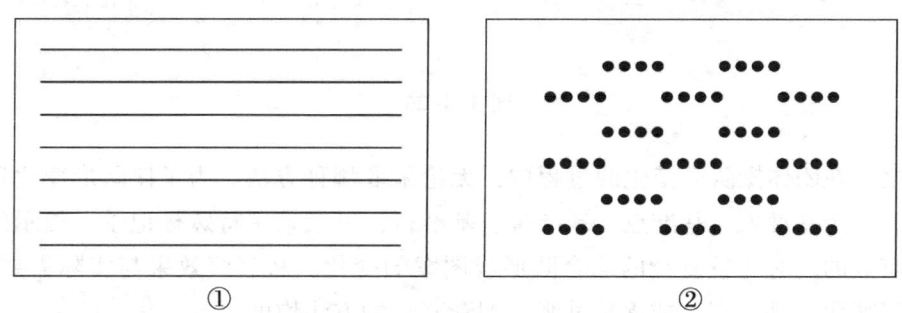

图 3-3-22

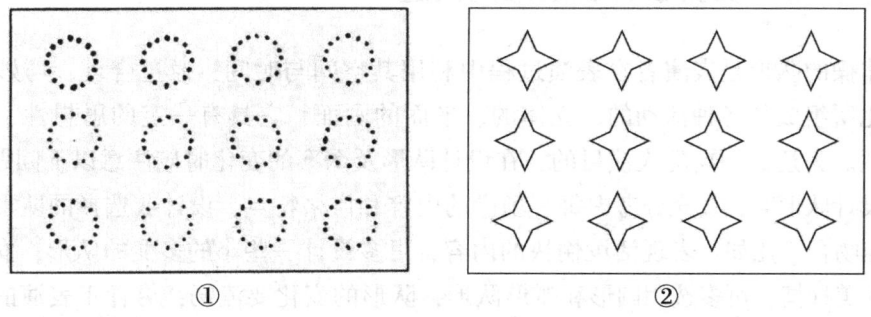

图 3-3-23

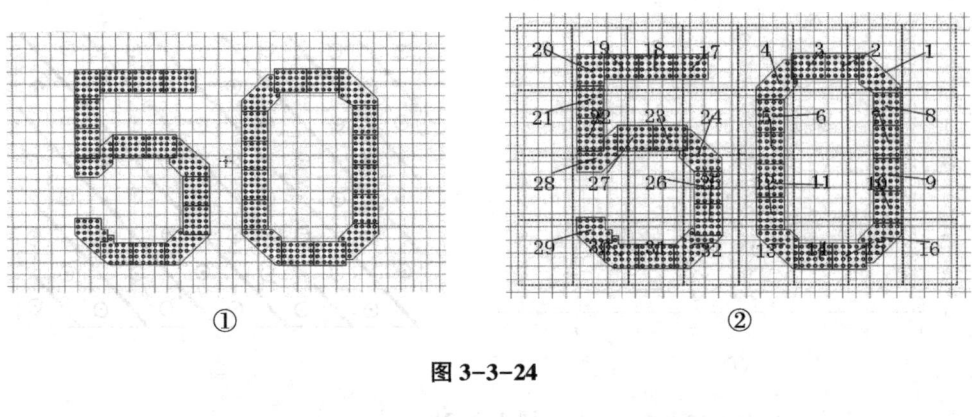

图 3-3-24

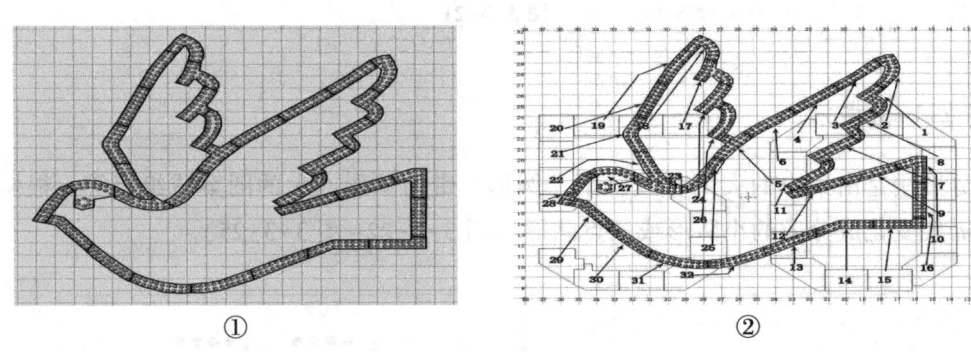

图 3-3-25

总之,在团体操队形变化的过程中,无论采取哪种方法,为了使队形变化迅速而又准确,采用基准人、基准点、基准排、基准行,以及采用特殊标记予以提示的方法是行之有效的。对比较复杂的综合队形或图案的变化,从表演效果与实际需要出发,采用直接变化(即突变)或逐步过渡(即渐变)的方法均可。

二、队形与图案设计应注意的问题

团体操的队形是表演者在表演过程中利用其空间与时间,通过合理、巧妙而有规律的变化所组成的各种活动的、立体的、平面的画面,它具有一定的思想性、艺术性与观赏性。为达到预期的表演目的,在设计队形及图案的变化时应注意以下问题:

①设计队形时,要充分考虑每一场操的内容和风格特点,设计或选择的队形要与操的气氛相吻合。比如:表现活泼愉快的内容,可多设计一些小的多变的队形;女青年的操一般优美抒情,可多选用圆形和弧形队形,队形的变化要流畅;男青年表演的操一般刚劲有力,可以多选用大的带角队形;表现庄严和气势宏伟的内容可选用具有立体感、起伏变化明显、粗线条的大队形;表现战斗性内容可选择带角的、变化快速的队形。

②设计每一场队形时,要根据内容考虑前后连贯,使每个队形之间要有联系,前一个队形给后一个队形的变化创造有利的条件。

③设计队形时要注意变化规律。这种有规律的变化，要求迅速，移动位置要小，变化时的路线、位置、时间、节拍要准确，变化后的队形要整齐。

④设计队形时要根据每一场操表演的人数、行数与排数，使队形变化后保持完整和对称。

⑤设计队形时要注意队形之间的前后距离和左右间隔，以保持队形的清晰，获得大效果、远效果。

⑥设计队形时要考虑服装颜色和道具大小。特别是在一场操内有两种或两种以上的不同样式和颜色的服装时，尽量将穿相同颜色服装的表演人员组织在一起，或是不同颜色相间，切忌杂乱。需要用大中型道具时要考虑道具的运送和表演中的队形，以免互相冲撞发生危险。

⑦队形变化要注意围绕"基本标志点"，表演者经过队形变化后能有准确的位置。此外还要充分利用"辅助标志点"与"特殊标志点"，使表演者明确变化的方位，保持变化的整齐。

⑧队形之间的变化，一般是通过各种各样的动作实现的，力求收到"突然"变化的效果。队形变化的步数，要根据场内统一规定的"标志点"的距离和表演者的年龄大小进行实地测定。

⑨设计队形时，可先在坐标纸上或利用制图软件在电脑上设计，要仔细分析所设计的队形变化的可能性、方法及效果，训练时在现场实地观察效果，不断修改提高。

⑩图案设计要突出主题，密切配合高潮，并使观众看得懂、看得清楚。以往的团体操表演中有些队形和图案已具有固定的含义。例如："五角星"队形，一般象征着党的领导；"葵花"队形，象征着各族人民心向伟大的中国共产党；"齿轮"队形，象征工业；连接的大方块队形及菱形象征农田等。

⑪设计复杂图案的构图布局，应与表演场地成适当的比例，各种队形之间的间隔、距离要安排适当，不要过于拥挤和松散，要保持图案的清晰。

⑫设计复杂的图案要分清主次位置，主图形应放在醒目的中间位置，其他图形放在两侧和四周。图案中各种队形的编排，既要有主次、先后，也要有形成全场高潮的动作。

总之，队形和图案的设计要切题、合理，构思巧妙，变化迅速而有规律，同时还要便于训练。

• 【作业与思考题】

1. 简述团体操队形创编的特点。
2. 团体操队形分类有哪些？
3. 团体操队形变化的基本方法有哪些？
4. 简述团体操队形与图案设计应注意的问题。

CHAPTER 04
第四章

团体操的动作

【本章摘要】团体操表演动作创编是构成团体操表演的要素之一，团体操的表演动作是指表演者在巧妙的队形变化中，通过各种动作的表演，表现主题思想和内容，借以达到团体操表演目的的一种手段。本章主要介绍团体操表演动作的创编，其中对表演动作的分类、技巧造型动作、集体配合动作进行了详细的讲解和描述，并针对团体操动作创编时的创编要求进行了详细的归纳和总结。

【教学目的】通过本章的学习，使学生了解团体操表演动作的分类、技巧造型的分类及做法、集体配合动作的分类及做法等相关内容，掌握创编动作的要求，以便更好地在团体操动作创编中发挥作用。

第一节　团体操动作的分类

团体操表演形式多样，表演动作种类丰富，内容繁多，风格各异。从总体上看，团体操动作主要为体操动作，且为集体操练的形式，广泛吸收、借鉴各种体育、艺术形式的动作，使其融为一体，共同服务于团体操主题与内容的需要。

一、根据动作的表现形式分类

（一）各种步法

各种步法主要用于团体操表演的入场、队形变化和退场，包括走步、跑步以及舞蹈步等。其中走步可以分为齐步走、正步走、小碎步走及健美操里的各种形式的走步；跑步可分为快跑、前踢腿跑、后踢腿跑、交叉步跑、碎步跑和有节奏的跑等；舞蹈步则可以分为柔软步、足尖步、跑跳步、弹簧步、变换步、卡洛步、波尔卡舞步及华尔兹舞步，以及体育舞蹈中的一些步法等。

（二）徒手动作

徒手动作主要指由身体各部位的动作所组成的团体操表演动作，是以徒手的形式来完成的。这类动作以团体操的表演主题为依据，结合表演队形和表演者的年龄、性别等特征来创编。动作内容丰富多样，有身体各关节的动作，也有全身的动作，徒手动作是团体操表演的重要素材，也是持各种道具动作的基础。

（三）利用道具的动作

持道具表演有助于表现团体操的主题思想，突出团体操的风格，丰富表演内容，增加表演效果，给人以生动形象的感觉。根据道具的大小和使用的人数，可将道具分为大、中、小型三种。一人持用的道具称为小道具，两人或两人以上持用的道具称为中型道具，如梯子、虎伏多人无法持用而只能用在器械上做动作的称为大型道具。

1. 小道具动作

小道具形式多样、变化奇特，依其外形有"点""面""线"之分。如：火炬、彩球、花束、球等道具好像一个"点"；圈、花环、小旗、纱巾、扇子、亮板等道具则可视为一个"面"；体操棍、齐眉棍、刀、剑、火棒、彩带等道具则形如一条"线"。显示"点"的道具较为活泼、灵巧、跑动多变，多用于挥舞性动作，亦可组合连线形成各种图案；显示"面"的道具最易组成各种图案和各种集体配合动作，气势大，效果好；显示"线"的道具，多用于摆动、绕环、挥舞等动作。总之，要根据道具的特点去创造良好的表演效果。

2. 中道具动作

中型道具如梯子、虎伏（滚龙）、大布包、大旗布等。

梯子。可由3~5人集体持梯子做操，也可在梯子上做造型动作或利用梯子组成主体图案。如第4届全国大学生运动会开幕式团体操中的第三场"青春颂"就利用了梯子组成了一条长长的大桥，从场外推进了一个大型的模型道具黄鹤楼的翻花台，停在了大桥的中间，在毛泽东诗词配曲《黄鹤楼》的歌声伴唱下，呈现了一幅"茫茫九派流中国，沉沉一线穿南北"的壮观场面。

虎伏。是军事训练的一项器械，可以滚动，也可以立起做障碍物或抛物器械。如第11届亚运会团体操中第五场"体坛英姿"就运用了此器械。

大布包。是指5人以上，手持一块彩色大布（可在上面加印图案）进行表演。可做各种快、慢相间的抖动、旋转和抛接等动作。

大旗布。可全体持旗做蹲起动作，表示旗的起落；可依次做横向的流浪动作，使旗悠然飘动，蔚然壮观，催人奋进。它多用于一场操的结尾，以点明主题。大旗可以是国旗、会旗或似海浪的大布。它可以根据表演的需要，由规格尺寸相同的若干条布，在表演场上巧妙地拼接而成一面大旗；也可按规定的尺寸做成一面大旗布，以不同的形式迅速展示在表演场上。

3. 大道具动作

大型道具一般是为了点明主题、加强表演气氛而专门设计、制作的重型器材，如翻花台、模型车、滑降绳等。

翻花台。多用于团体操表演的最后一场，其目的为点明主题，烘托全场气氛，使表演达到高潮。翻花台多置于一个既美丽而又气势磅礴的图案中央，在台上可以做侧倒，同时或依次做花朵开合和旋转等动作。

模型车。一般由场外进入场内表演，在车上可装置各种所需的模型，并配以表演者的动作或造型，用以丰富表演的内容与形式，增加表演效果并服务于团体操的思想内容。

滑降绳。利用滑降绳可以由上向下或由下向上滑降，并在滑降的过程中进行各种造型动作或模型飞行物的表演。如第4届全运会团体操《新的长征》第五场就有8个身披轻纱的"仙女"从天而降，充满了浪漫主义的诗情画意，表达了中国人民建设美好未来的心愿。又如第11届亚运会团体操《相聚在北京》的第二场，就有6只仙鹤在背景"蓝天白云"的映衬下从天而降，把美好和祝福带给人间，它们在红荷碧水中翩翩起舞，又踩着碧水飞向蓝天，留下了对人类最美好的祝愿。

（四）技巧及造型动作

所谓技巧及造型动作就是指单人、双人或多人共同协作完成的各种静止动作、罗汉动作及平衡动作，它是团体操表演中反映体育水平的良好手段。这种动作结构巧妙，造型美观，姿态万千，立体效果好，感染力强。这类动作可难可易，根据练习者的水平和训练时间的长短来选择。

单人动作有各种坐、卧、撑、跪、劈腿、平衡、倒立、下桥等动作；双人动作有各种对称或不对称的动作，站立腿上、肩上、背上的动作以及各种形式的托举动作；多人的造型动作内容丰富，但强调密切配合、团结协作。

技巧及造型动作多为徒手表演，但也可利用道具或在道具上表演造型动作。

（五）集体配合动作

集体配合动作是团体操动作所特有的一种动作形式，在团体操表演中能产生特殊的效果。它的特点是个人动作非常简单，而互相之间运用依次、交替、反复等手段的配合就能产生各种气势的表演，场面大、壮观，而且在各种不同的队形上进行集体配合动作，可以组成不同的形象，产生不同的效果。

（六）模仿动作

模仿动作是为了反映某一特点思想内容而创编的，在动作的外形上能直接表达这一思想内容的动作。例如：模仿劳动的动作有钢铁工人炼钢动作、纺织女工纺纱织布动作、少儿植树动作等；模仿军事的动作有各种队形操练，射击打靶、格斗、刺杀、通过障碍等动作；模仿动物的动作有小兔跑、青蛙跳等；模仿自然的动作有小树的生长，花朵的开合、颤抖等；还有模仿实物形象的动作，如机器齿轮、轮船、麦垛、海浪、飘动的旗帜及体育项目动作等。它们均能形象地表达出团体操所反映的思想内容，表演效果很好。

（七）其他动作

其他动作是指各种民间文体及现代形式的表演内容及动作，如时装模特的表演，皮影、杂技的表演以及民间锣鼓的表演等，都能充分展示民族文化和民族风采。

二、根据动作的风格特点分类

（一）体操类动作

体操类动作是团体操的基本表演元素，其主要包括基本体操、竞技体操、艺术体操、健美操、啦啦操、技巧、健美运动、瑜伽、蹦床、器械体操等，因而体操类项目表演自然成为团体操主要的表演形式。体操类项目具有外在的操化动作特征、健美的形态及矫健的体育气质，与其他体育项目、文艺形式有着鲜明的区别，正是这种具有一定身体技巧性的表演形式为团体操画卷涂上了纯正的主色调，使团体操保持着它原本的体操属性（图 4-1-1、图 4-1-2）。

图 4-1-1

图 4-1-2

（二）其他体育类动作

团体操中的其他体育项目类动作是团体操特色表演形式，主要包括武术、舞龙舞狮、各式各样民族传统体育项目、球类、滑冰、花泳、游戏、体育舞蹈、田径等体育活动模仿表演等。在长期的生活实践中，世界各民族创造出千姿百态的属于本民族的体育形式。民族传统体育有其独特的身体运动轨迹，配以具有民族特色的服装、音乐、器械等，极易形成团体操中亮丽的表演场面，所以说民族传统体育是团体操最能表现民族特色的表演形式（图4-1-3）。团体操中体育活动的模仿表演，主要是对体育活动进行形象化的艺术再现，如：反映校园丰富多彩的课外体育活动、各种喜闻乐见的体育游戏与竞赛等，这类表演形式的纳入会为凸显团体操的体育特色增光添彩（图4-1-4）。

图 4-1-3

图 4-1-4

（三）文艺类动作

文艺类动作是团体操的表演形式之一，包括舞蹈、演唱、魔术、杂技、戏剧武段、锣鼓等表演。"润色"，顾名思义是起到进一步提高审美效果、深化主题的作用（图4-1-5、图4-1-6）。作为一种体育表演艺术形式，团体操具有"海纳百川"的艺术吸引力和凝聚力，为更好地渲染表演氛围，深化主题思想，在经过艺术化加工后，团体操把各种文艺形式，如民族民间舞、魔术杂技、放风筝、踢毽子、舞龙、舞狮、变脸、钻圈等纳入自己的表演内容体系，与主色表演形式、特色表演形式相互配合，使其更具观赏性和审美价值。

图 4-1-5

图 4-1-6

第二节　团体操技巧造型动作

结构巧妙、造型美观、突出立体效果或显示难度的造型动作，不仅可以使场面更趋于完整壮观，还能进一步表现主题，提高表演效果。

一、技巧造型动作的作用

在团体操表演中，技巧造型（叠罗汉）动作被编排在表演的高潮部分，特别是在男子和少年儿童的表演中被广泛运用，它以独特的风格为表演增加难度、气势且提高了艺术效果。

①技巧造型动作能说明主题内容。例如，在高器械上组成技巧造型反映勇攀高峰的精神。第 6 届全运会团体操表演中的集体单杠、平衡木和第 11 届亚运会团体操第五场"体坛英姿"，在虎伏上组成的技巧造型充分体现了我国人民的体育水平和攀登世界高峰的雄心壮志及勇敢精神，因此技巧造型动作一般在该场操的高潮时出现，要与各种动作密切配合。

②技巧造型动作能使场面壮观、优美，并能显示表演的难度，增强表演的效果。诸如"罗汉塔""鸟巢""金杯""扇面"等由人体编织成的艺术品，像一颗颗璀璨的宝石镶嵌在团体操宏伟的画卷之中，使团体操表演更富有立体感，场面更加美丽壮观。

技巧造型动作有难有易。可根据学生的条件、训练水平来选择不同难度的动作，因此，罗汉造型动作不受条件限制，一般都能获得良好的表演效果。

技巧动作一般是分组或单个训练，只要统一节拍后就可以分散练习，不需要更多的全场合练，同时也不受场地条件的限制，对完成任务有保证。

二、技巧造型动作的分类

根据团体操表演的特点，可以将技巧造型动作分为以下几类。

(一) 按性别分类

①男子罗汉造型；
②女子罗汉造型；
③男女混合罗汉造型。

(二) 按组成罗汉造型人数多少分类

①单人造型；
②双人罗汉造型；
③三人罗汉造型；
④多人罗汉造型。

(三) 按组成罗汉的形式分类

1. 地上罗汉造型

①平面罗汉造型——基底在一条直线上完成动作，有一层、二层、三层、多层造型。
②曲线罗汉造型——基底不在一条直线上，以弧线、圆形、方形为基底的罗汉造型，有一层至多层。
③塔形罗汉造型——可在圆形和方形的基底上，组成椎体形造型（一般层多较难）。

2. 在器械上组成的罗汉造型

在各种器械上，根据表演的需要而定。如在双杠上、在平衡木上，或在其他器械上等。

3. 在器械上和地上结合组成的罗汉造型

一部分人在器械上，一部分人在器械下或器械旁边，互相协作陪衬，构成一种独特的高大造型，如在大的翻花台上就可组成多层造型。

三、多人罗汉造型动作的组织

（一）对表演人员进行分组

在进行多人罗汉造型动作的练习时，首先应根据组成造型人员的多少进行分组，并确定每个人的位置及编号；其次明确每个人的动作与完成动作时的顺序、节拍等。

1. 分组

在队形变化的设计中应考虑到技巧造型的分组人数及多少组造型，在整个场内表演形成的结构是对称相等还是不相等，组成罗汉的类型、个子高矮有什么要求。如三人造型，上面的人要稍矮些，三个人扇面及五人扇面中间人稍高些，越是层数高的塔型，最上边的人要矮些、轻些，在底层的人就需要一样高，并且要壮实，这样造型稳当容易平衡，起落也比较顺。在搭配人员时要根据实际需要，还要根据前边表演队形的变化，合理地进行分组然后准备编排。

2. 位置

技巧造型一般都是对称的，所以在一组造型中要求对称的人一样高。

3. 编号

每一组造型都要进行编组，一般由中间两侧编号或由上向下编号，对称的两人号一样。如五人扇面，编号为32123（图4-2-1）。

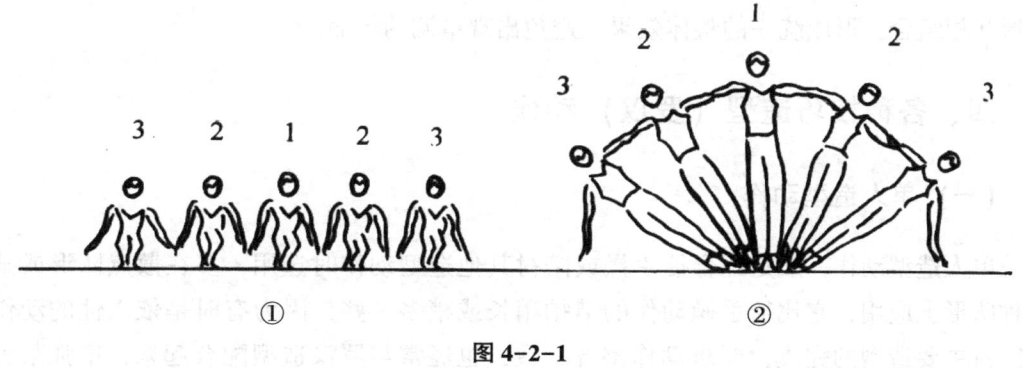

图4-2-1

（二）罗汉造型练习的步骤与方法

1. 练习的步骤

①在罗汉造型的准备队形上站好位置。一般预备队形有小横排、小纵队、圆形队

形，在组二层罗汉时也有站成双队的，根据当时造型的间隔、距离而定。

②规定完成造型的节拍和过程，以及完成动作的方法和应注意的事项。

2. 练习的方法

①先单个练习或分组练习，当掌握动作达到基本熟练后就可以在一起配合练习。

②可减小难度进行练习，如上肩直立动作可先蹲在肩上，然后再慢慢站直。

(三) 罗汉造型练习的注意事项

①在进行多层罗汉造型的训练时，应从最下一层开始，注意循序渐进，要有安全措施，可先训练下层、中层，逐渐过渡到三层或多层。要加强保护帮助，用垫子和简易的吊带、滑车及竹竿等，给练习者必要的扶持，并教会自我保护的方法，以防止意外情况发生。

②罗汉造型的训练要严格按节拍完成，要展示一定的时间。所以在造型练习中要保持略长的时间，以锻炼和保持其造型的耐久性。

③罗汉造型可任意选择，随意搭配，但要注意层次分明，前后左右对称，高低对比明显，力度感强。

④造型下落时要从最上层开始慢慢下蹲，然后仍由最上层的人依次落地，结束造型。

总之，技巧及罗汉造型动作在表演中是比较重要的形式之一，为使全场表演效果好，技巧及罗汉造型动作可以相互陪衬、任意搭配。在设计时应注意小造型和大造型配合运用，低造型和高造型相互配合，全场有重点大造型，也有小造型及其他简单的队形互相组合，形成统一的整体效果，避免出现单调的场面。

四、各种技巧造型（罗汉）动作

(一) 单人造型动作

单人造型动作一般是配合徒手操或陪衬其他造型动作时选用，多在散点队形或某一种队形上应用，它比徒手操动作的节拍稍长或稍多一些，因为有时是依次性的动作或陪衬主要造型的完成，要求动作整齐一致，也经常与罗汉造型配合起来，增强某种造型的气势，增加优美的效果。

1. 立姿

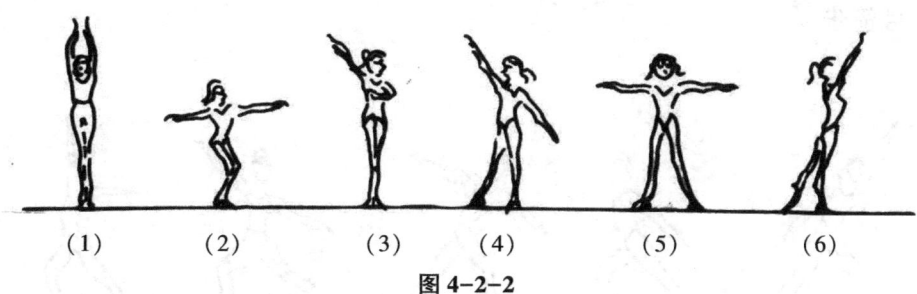

图 4-2-2

立的姿势很多，根据单个造型的需要，姿势可以随时变化。一般的变化是在并腿直立、分腿直立的基础上进行，臂的配合动作是陪衬造型而选定的（图 4-2-2）。

2. 跪姿

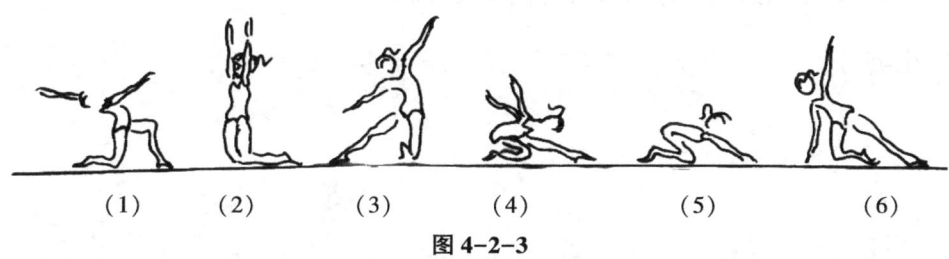

图 4-2-3

跪的姿势一般是单腿跪和双腿跪，以及跪坐跪撑，还可以在正面和侧面进行不同跪姿的变化（图 4-2-3）。

3. 撑姿

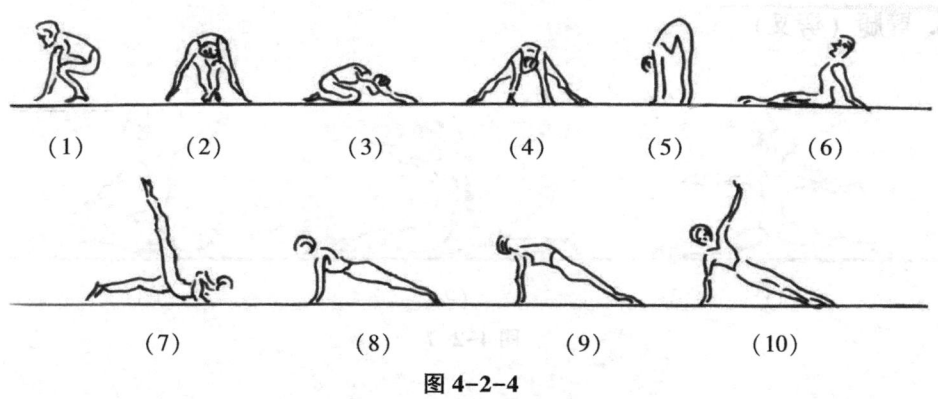

图 4-2-4

撑姿有蹲撑、仰撑、俯撑、坐撑和分腿体前屈立撑等。在单个动作选择时互相搭配、变化，使动作内容更加丰富（图4-2-4）。

4. 弓箭步

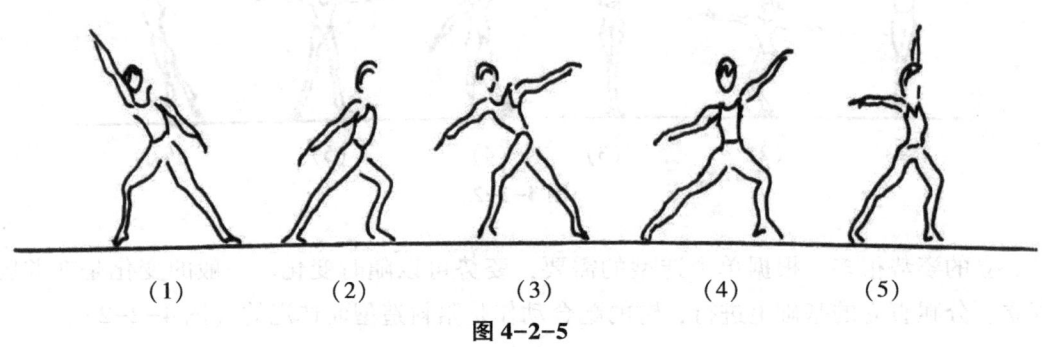

图 4-2-5

弓箭步一般有前弓步、侧弓步、扭弓步等，在弓步的姿势上，上肢变化是主要的，特别是在双人以上的造型中作用很大（图4-2-5）。

5. 坐姿

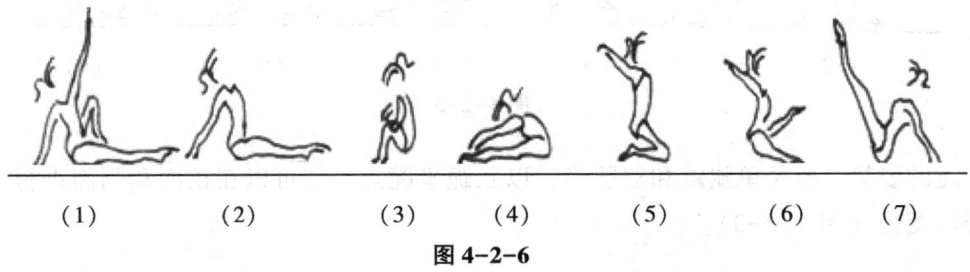

图 4-2-6

坐姿的变化比较多，如直腿坐、屈腿坐、分腿坐、跪坐、后撑举腿坐等（图4-2-6）。

6. 劈腿（劈叉）

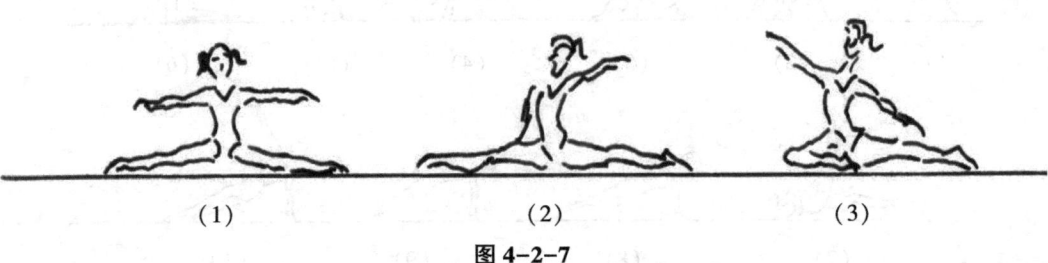

图 4-2-7

劈腿动作优美，对造型动作陪衬作用较好，特别是少年儿童经过一段时间的训练就能达到要求。劈腿的动作形式有横劈腿、左右纵劈腿和半劈腿（图4-2-7）。

7. 平衡姿势

图 4-2-8

平衡姿势一般有燕式平衡、侧平衡、跪撑平衡以及其他类的平衡。平衡动作单个做时间不能太长，在集体造型中起陪衬作用，可使造型的艺术性提高（图4-2-8）。

8. 倒立姿势

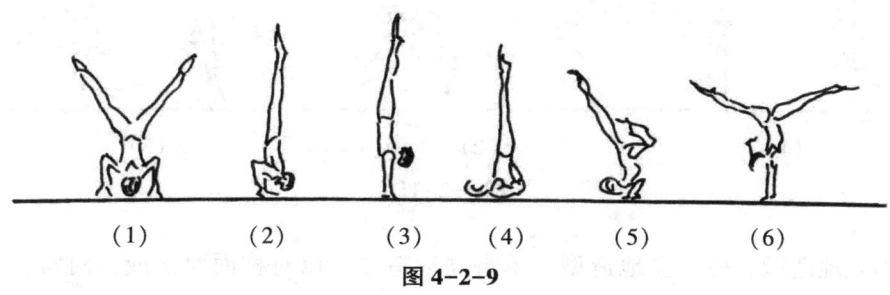

图 4-2-9

倒立姿势有头手倒立（分腿、并腿、屈腿等）、肩肘倒立、胸臂倒立、手倒立等。倒立动作难度较大，一般在造型中应有人扶持，练习效果则更好（图4-2-9）。

9. 桥（背对地成弓形）

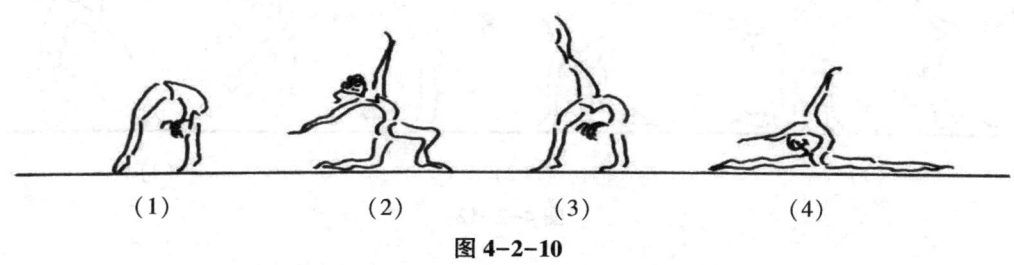

图 4-2-10

桥的姿势形式不多，双腿站立向后下腰成桥，跪撑向后成桥（单腿跪或双腿跪），成桥举腿，劈叉向后节环等（图4-2-10）。

（二）双人造型动作

双人造型动作是在散点队形或双行纵队及交错的队形上，就近的两人靠在一起造型。

双人造型动作有两种形式：一种是在平面上造型；另一种是在地上一人做底，另一人在底下人的腿上、肩上或身体其他部分做动作，形成简单优美的造型动作。

1. 平面双人造型动作

平面双人造型是两人都在地面上完成同样的动作，这类动作多采取对称的形式，内容有立、坐、跪、撑、劈叉等动作，另外是双人在平地上做不同的动作，叫不对称动作。

（1）立姿双人造型

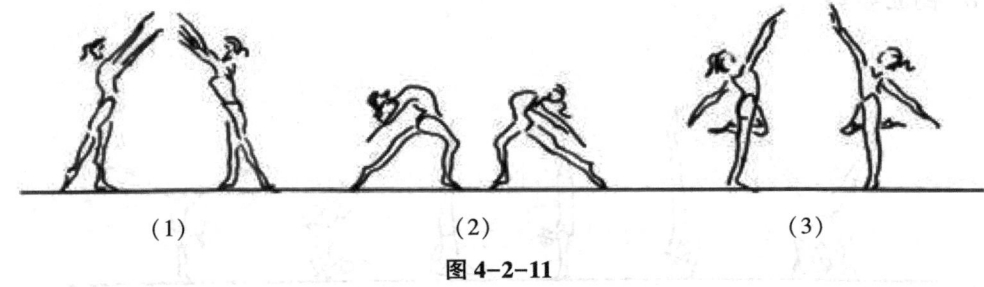

图 4-2-11

双脚立地造型、弓步立地造型、单脚立地造型，以对称面对面或背对背，也可侧对姿势等造型（图4-2-11）。

（2）跪姿双人造型

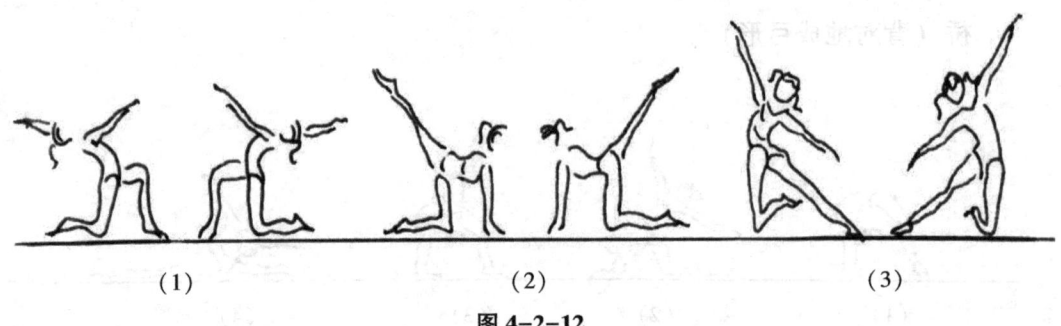

图 4-2-12

跪姿有单腿跪、双腿跪、面对面跪、侧对跪等造型（图4-2-12）。

（3）坐姿双人造型

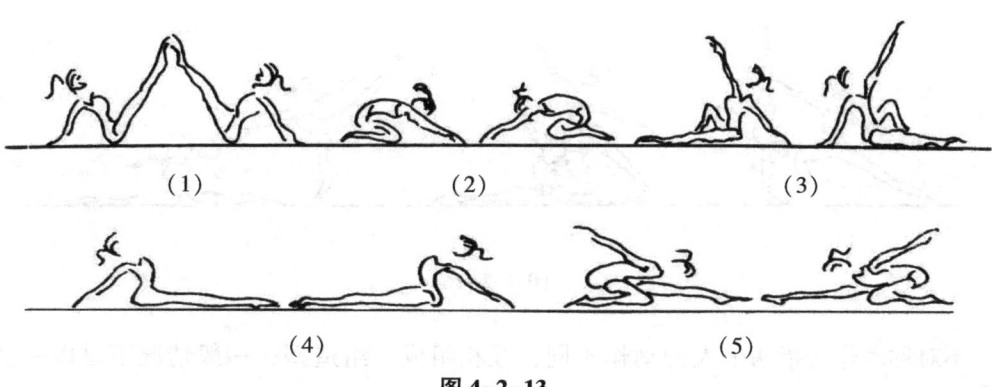

图 4-2-13

坐姿是以各种不同的身体姿势，坐在地上组成双人造型，如对面后撑举腿坐、对面跪坐、后撑背对背单腿屈坐、对面直腿坐、对面单腿跪坐等造型（图4-2-13）。

（4）撑姿双人造型

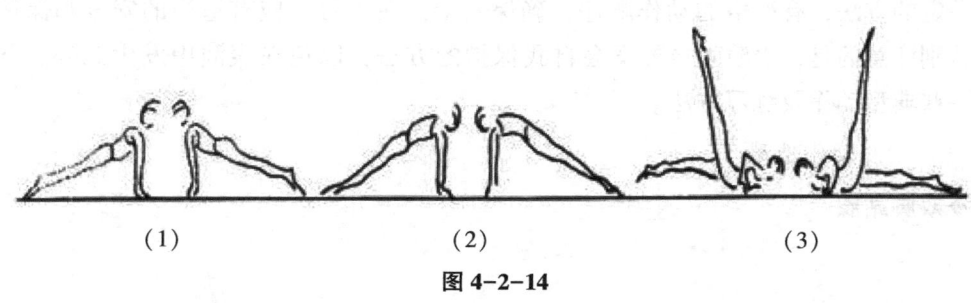

图 4-2-14

撑姿是俯撑、仰撑、侧撑及撑姿举腿等造型，有面对面做、背对背做及其他的方法（图4-2-14）。

（5）劈叉姿势的双人造型

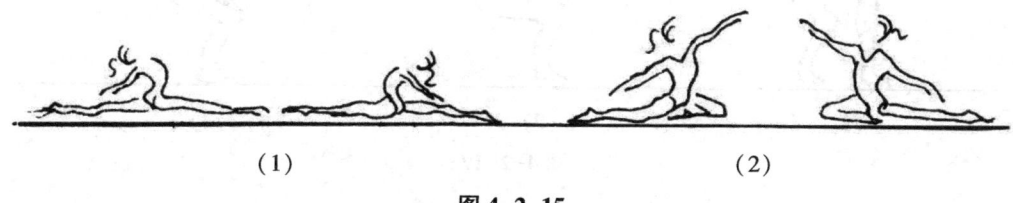

图 4-2-15

劈叉有纵叉（一腿在前，一腿在后）、横叉（腿向左、右分开）以及半劈叉（前腿屈、后腿伸直）等来组成双人造型（图4-2-15）。

（6）不对称动作双人造型

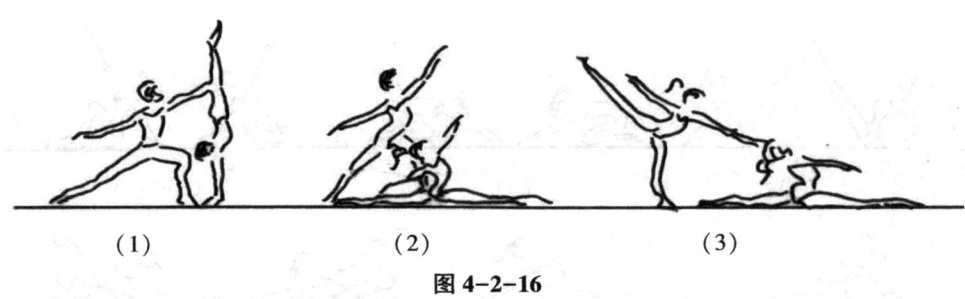

图 4-2-16

不对称动作是指两个人的动作不同，互相组成一组造型，一般情况下是以一个高姿势和一个低姿势组合，动作是以单人动作为基础的造型（图4-2-16）。

2. 上、下层双人造型动作

上、下层双人造型动作，形式多样，经常选用双脚站膝、双脚站肩、双脚站背、双腿跪背、骑肩、托举以及单脚站立造型等动作。这种造型比平地造型难度稍大，要采取一定的方法，有严格的动作顺序，确保安全，在练习时应有适当的安全和保护措施。特别注意的是，表演人员要学会自我保护的方法，以免在表演中发生意外。下面介绍一些典型动作及练习方法。

（1）站膝动作造型

◆ **双脚站膝**

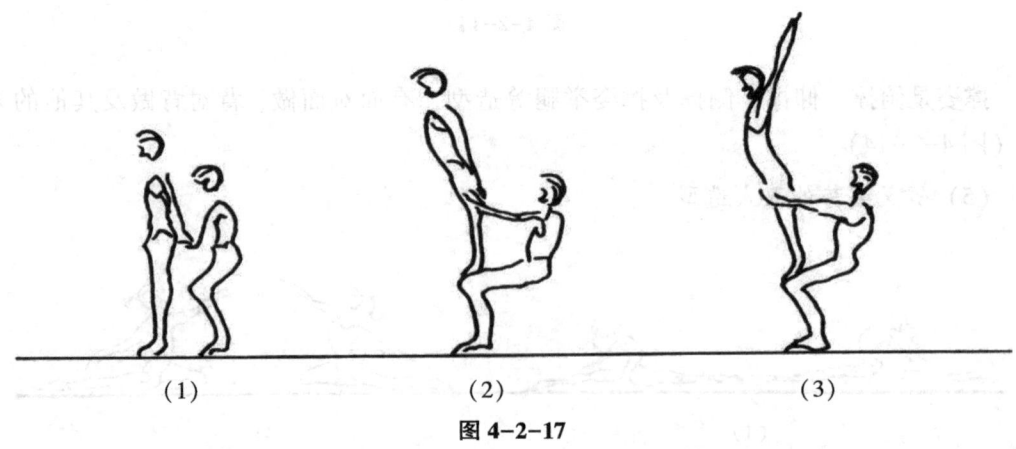

图 4-2-17

预备姿势：上面人在前、下面人在后站立，双脚分开同肩宽，后面人半蹲，两手扶前面人的髋部，前面人两手扶后面人的手腕。

动作方法：上时：前面人向后上跳起，两脚轻踩在后面人大腿前部站立，后面人在前面人跳上的同时，将上面人向上举起，帮助上面人平稳地踩在大腿上，同时重心后移，两手依次向下扶上面人的大腿中部，两臂慢慢伸直，两手维持平衡；下时：下面人协助上面人轻轻跳下，然后两人都直立站好（图4-2-17）。

◆ 单脚站膝

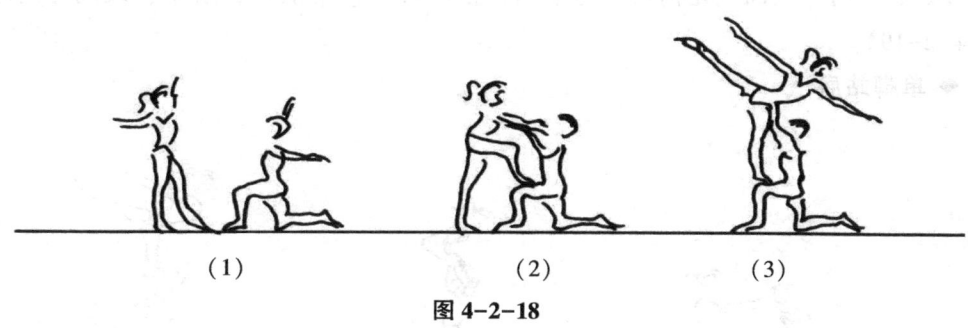

图 4-2-18

预备姿势：两人对面站立，下面人单腿跪地。

动作方法：首先两人互相拉手扶住，上面人前脚踩在下面人前腿大腿前部，后腿蹬地站在下面人前腿上，下面人双手扶在上面人腰部，上面人可单腿后上举，臂前后分开，两人协调配合，维持平衡；下时：上面人后腿向下落地，然后两人面对面站立（图4-2-18）。

（2）站肩动作造型

◆ 双脚站肩

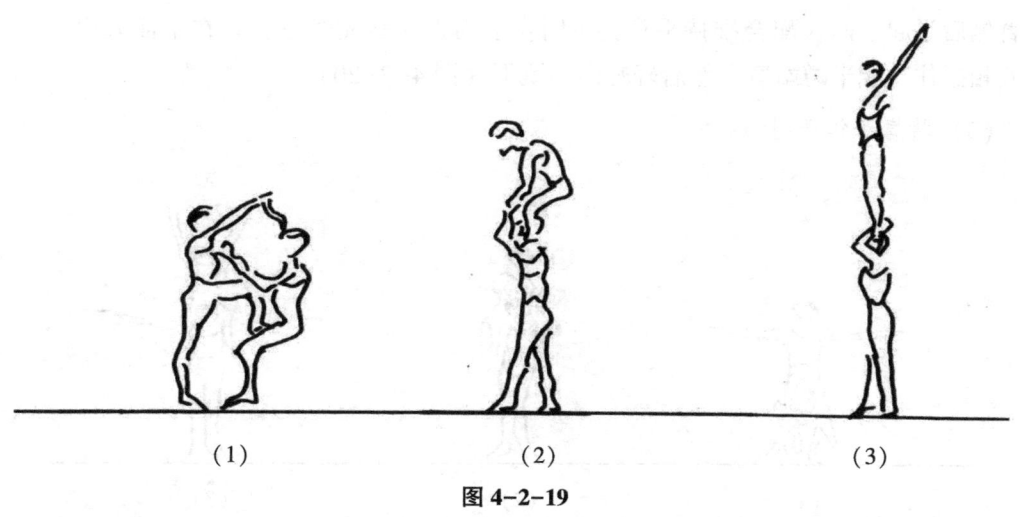

图 4-2-19

预备姿势：上面人站在下面人的左前方，左脚踩在下面人的左大腿上部，两人右手相握上举过头，左手相握在胸前，成左步弓站立。

动作方法：上面人右脚蹬地，向上提左腿，同时下面人左手握上面人左手向上举起，上面人向左转体，右脚迅速而准确地踩在下面人的右肩上，然后左脚再踩下面人的左肩上成肩上蹲立；在上肩时，下面人左臂上举，右臂向右上用力，帮助上面人上肩，然后两腿稍分站稳。接着依次放手并扶住上面人的小腿。上面人慢慢直立，两臂斜上举起；下时：上面人先稍蹲下与下面人依次握手，向前轻轻跳下，成同方向站立（图 4-2-19）。

◆ 单脚站肩

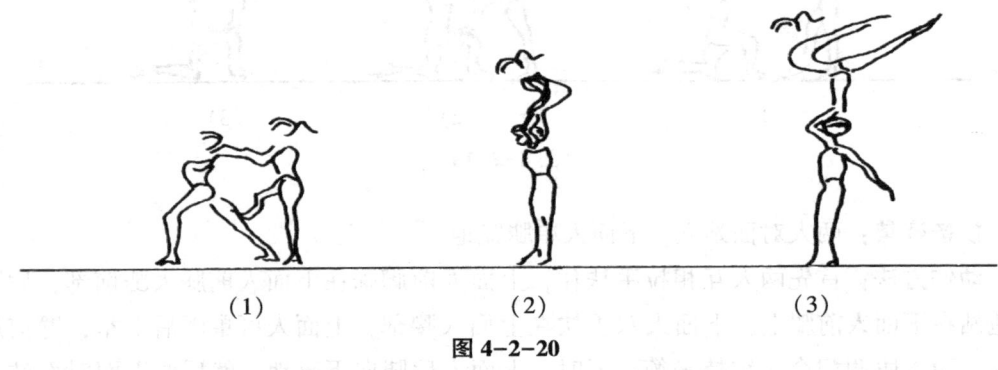

图 4-2-20

预备姿势：上面人站在下面人的背后，下面人成左腿弓步站立，两手互相握。

动作方法：上面人左脚蹬地向上提膝迅速上至下面人左肩上，上时下面人两手用力将上面人向前上举起；当上面人双脚都在下面人肩上成蹲立时，上面人慢慢直立，此时，下面人右手先扶住上面人的右小腿，上面人将左腿向后上举起，上体稍前倾，两臂侧后举起，两人配合维持平衡；下时：上面人左腿先落下，踩在下面人肩上，两手互相握住，成半蹲站肩，然后轻轻向前跳下（图 4-2-20）。

(3) 骑肩动作造型

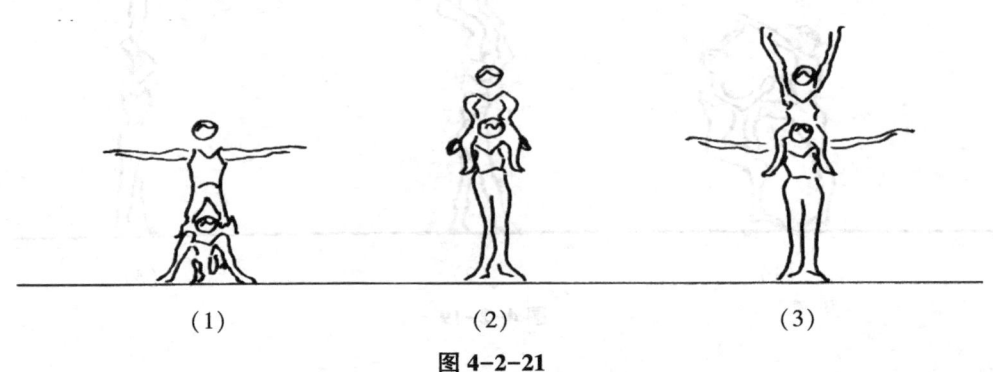

图 4-2-21

预备姿势：上面人分腿站立，下面人在后，两脚前后成蹲撑，头从上面人两腿中间向前伸出，两手扶在上面人的大腿上。

动作方法：下面人由蹲慢慢站起，将上面人用肩驮起，上面人两手扶在下面人的头上，当两人配合站好后，上面人两臂斜上举，下面人两臂侧平举（图4-2-21）。

（4）站背、跪背动作造型

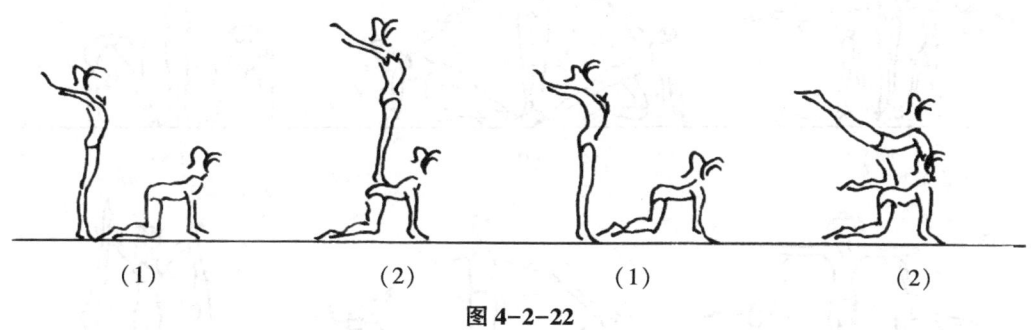

图 4-2-22

预备姿势：下面人跪在地上，上面人站在后边。

动作方法：下面人双腿稍分跪地，两臂伸直手撑地，腰稍放平，上面人从后先一脚踏在下面人的腰和臀部上部，或一腿跪在下面人的腰下部，然后双脚成站背姿势或成双腿跪背或成单腿跪背的平衡动作（图4-2-22）。

（5）托举动作造型

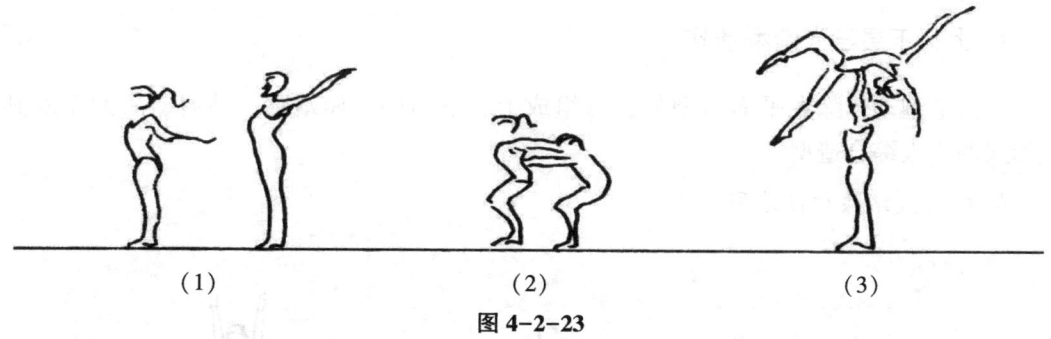

图 4-2-23

预备姿势：上面人在前、下面人在后站立。

动作方法：两人都稍下蹲，下面人双手扶在上面人的腰部，然后上面人双脚蹬地向后上方跳起，同时下面人双手将上面人托起，身体站直，上面人成展开姿态（图4-2-23）。

(三) 三人造型动作

三人罗汉造型动作与双人罗汉造型动作相似，但由于是三人造型，在形式上又可以复杂多变，有时底层一人，也可底层两人，总之，三人造型一般在平面造型和两层造型形式上较为常见。

1. 平面三人造型动作

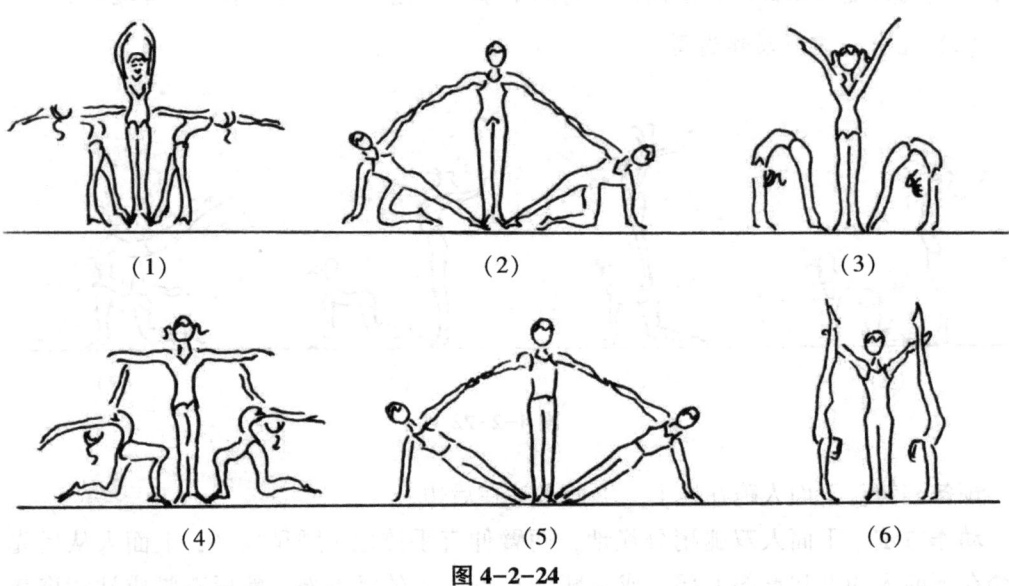

图 4-2-24

平面三人造型多种多样，有立姿、跪姿、面、手扶倒立等。特点是三人均在地面上做动作，造型低、稳定、变化快（图 4-2-24）。

2. 上、下层三人造型动作

三人造型动作除在平面造型外，可组成上、下两层，如站膝、站肩、肩倒立及其他形式的三人综合造型。

（1）三人站膝动作造型

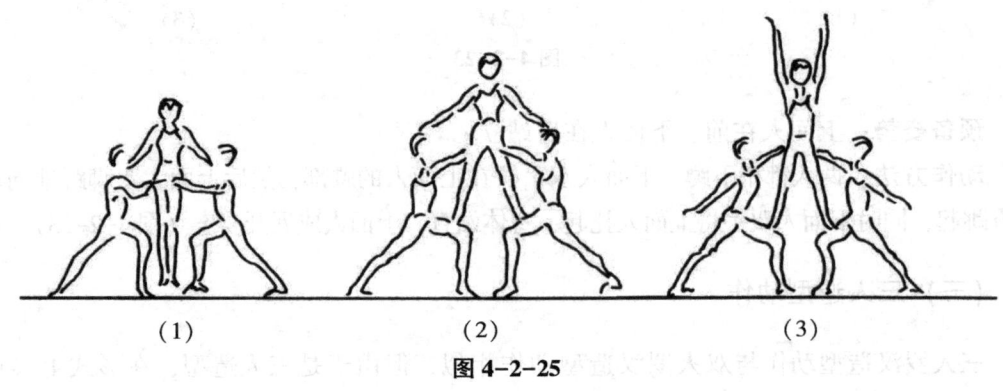

图 4-2-25

预备姿势：左、右两边人成左、右弓步，中间人在中间直立，两边人双手扶中间人的腰部，中间人的双手分别扶在两边人的肩部。

动作方法：中间人两手撑两边人肩部，稍用力蹬地跳起，两脚踩在两边人的大腿上，同时两臂斜上举，身体站直、挺胸，两边人里侧手扶中间人腰部，外侧臂侧下举。下时：中间人手扶两边人肩部，两脚依次落地。此造型在上腿时还可以两脚依次上两边人的腿上（图4-2-25）。

（2）三人跪姿站膝动作造型

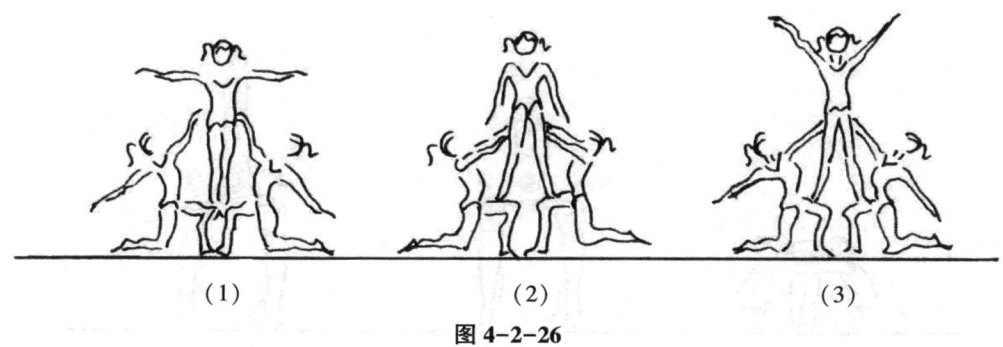

图 4-2-26

预备姿势：两边人单腿跪地（左边左腿、右边右腿），中间人站在两边人中间稍后。

动作方法：中间人单腿先踩在左或右边人大腿上，同时手扶两边人的肩部，两边人的双手扶中间人的大腿，站在两边人腿上后，中间人两臂斜上举，两边人用里侧手扶中间人大腿外侧，外侧臂侧后下举，维持平衡；下时：中间人两手扶下边人的上臂，两腿依次落地，然后两边人站起（图4-2-26）。

（3）三人站肩动作造型

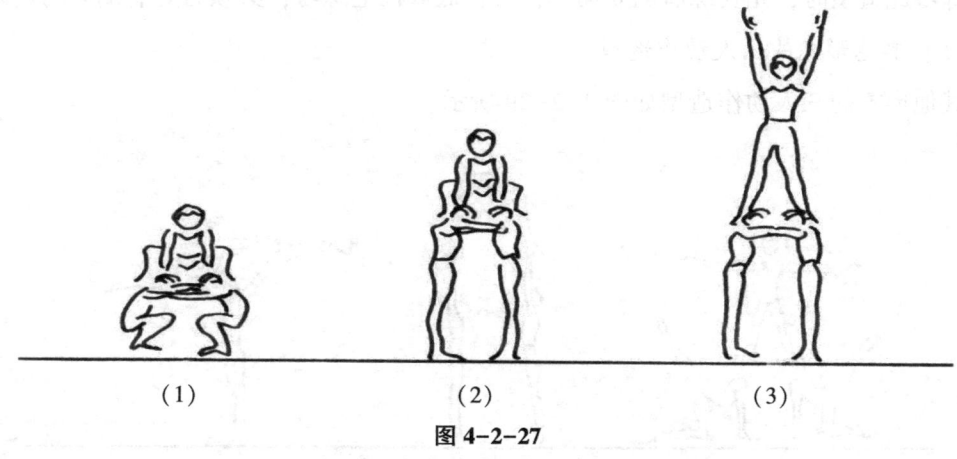

图 4-2-27

预备姿势：下面人相对站立，两手臂互相搭肩，稍分腿下蹲，低头，上面人在一侧站立，两手扶下面人头部。

动作方法：上面人两手扶在下面人头顶部，两脚依次踩在下面人肩部稍偏颈后一些，成肩上蹲撑；然后下面人同时慢慢站起直立低头，上面人再慢慢站起，两臂斜上举；下时：上面人先慢蹲，手再扶下面人头部，然后下面人慢蹲，上面人向后小心跳下，三人站好（图4-2-27）。

此动作在练习时要加强安全设施，如：侧面放垫子，或有人在一侧保护。

（4）三人肩倒立动作造型

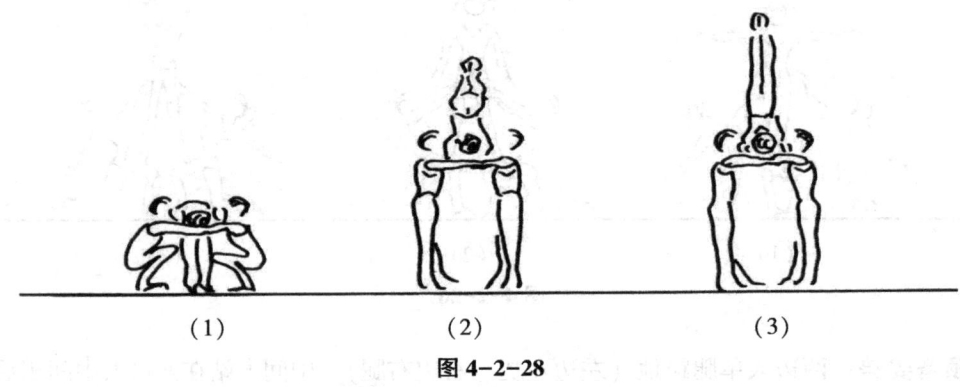

(1)   (2)   (3)

图 4-2-28

预备姿势：下面人相对，两手互相搭肩，稍分腿全蹲；上面人站在一侧，上体前倾，同时，双手反握下面人近侧的上臂，双肩撑在远侧上臂上。

动作方法：上面人双脚蹬地成屈体肩倒立，然后下面人慢慢起立，此时，上面人双腿伸直；下时：上面人先成屈体或屈腿姿势，下面人下蹲，然后上面人双脚依次落地，三人再成直立站好（图4-2-28）。

练习此造型时，先要练肩倒立动作，可在低双杠上练习，必须打好肩倒立的基础。

（5）其他形式的三人动作造型

其他形式的三人动作造型如图4-2-29所示。

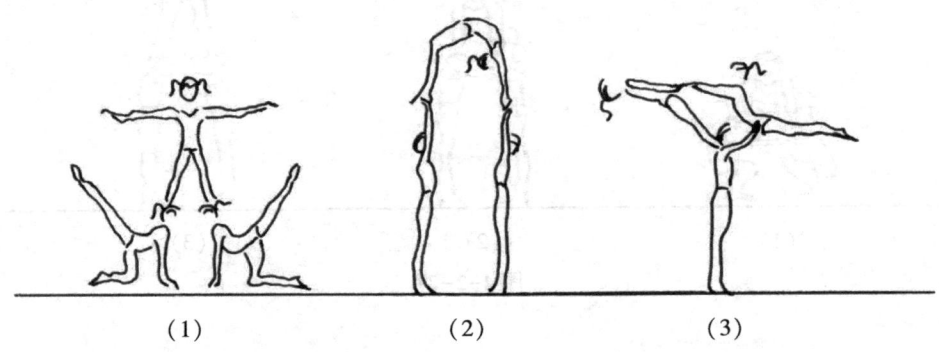

(1)   (2)   (3)

第四章 团体操的动作

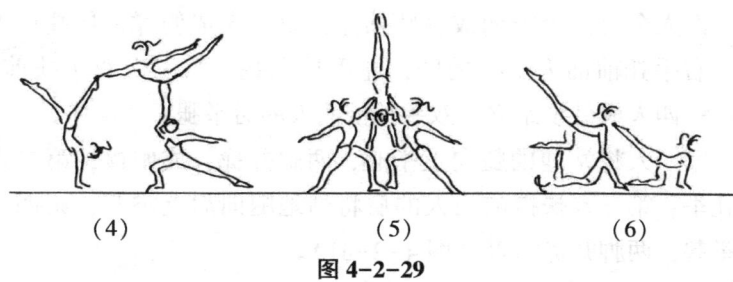

(4)   (5)   (6)

图 4-2-29

(四) 多人造型动作

多人罗汉造型较其他造型动作难度大，但多人者气势雄伟，特别是多人塔形造型效果显著，往往把多人造型安排在中间位置或在表演达到高潮时出现。多人造型形式广泛，内容丰富，效果突出，一般在表演中是不可缺少的。下面介绍几例多人造型动作。

1. 四人造型动作

（1）踩背对称弓步动作造型

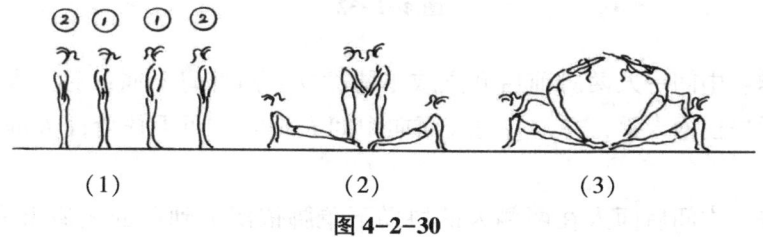

(1)   (2)   (3)

图 4-2-30

预备姿势： 两人向左转，两人向右转，成背对背的两组站立。

动作方法： 左、右 2 号人成俯撑，其背后的 1 号人单腿成弓步踩在 2 号人背部靠近肩颈位置（左侧为左弓步，右侧为右弓步），同时两臂上举，上体后仰，挺胸抬头（图 4-2-30）。

（2）托举（二举二）动作造型

(1)   (2)

图 4-2-31

· 099 ·

预备姿势：四人全向一个方向成纵队站立，第一人成俯撑，单腿后上举起；第二人成双腿跪立，右手托前面人上举的腿，左手扶左腿；第三人双手扶前面人的双肩，单腿后上举起；第四人成弓步站立，双手托前面人的后举腿。

动作方法：第一人将站地的腿向上举起，两腿并拢，成俯撑；第二人双手要用力将前面人的腿托举；第三人扶撑前面人的肩将站地腿向后上举起；第四人将前面人的两腿并在一起举起，两脚并拢站直（图4-2-31）。

（3）伞形托举动作造型

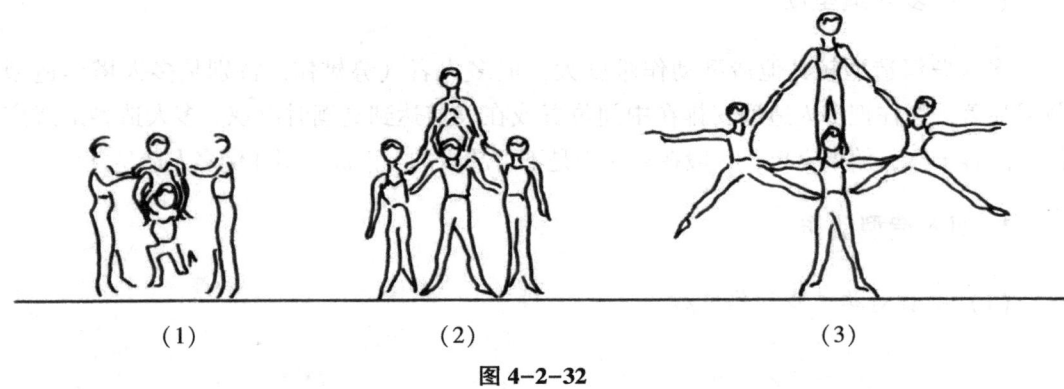

图4-2-32

预备姿势：中间一人两脚前后开立或单腿跪立，两臂肩上屈；后一人在前面人背后直立，两手握前面人手，左、右两人面向中间人站立，两手扶后面人准备上至前面人肩上。

动作方法：中间后面人在两侧人的协助下单脚依次上到前面人肩上成肩上半蹲，两手与两侧人的里侧手相拉握，中间下面人成分腿直立，托好上面人，并控制好平衡，同时，两臂侧伸，手扶两侧人的里侧腰；此时，上面人要用力拉两侧人的手臂，向上拉起直立，两侧人适当用力向上，同时两腿左右分开。里侧脚踩在中间下面人的髋部，腿伸直。外侧手臂侧平举，中间下面人的两手用力推顶左、右人腰部，形成伞形造型。此造型动作要求四人互相配合协调，身体要伸直，可以在原地转动90°至360°。下时：两侧人并腿，互拉手松开跳下，然后，中间下面人稍蹲，上面人向前跳下，此时两侧人协助上面人落地（图4-2-32）。

2. 五人造型动作

（1）五人扇面动作造型

预备姿势：3号半蹲并与左、右2号手臂搭肩；2号再和左、右3号手臂搭肩，2号全蹲，3号外侧脚跪撑，内侧脚向2号脚靠拢，同时，3号的外侧臂伸直撑地。

动作方法：1号直立用力将2号向上拉住，2号的内侧臂紧拉1号臂，同时，身体挺直两腿并拢，脚向1号脚的外侧紧蹬，3号外侧臂用力撑地，里侧臂用力推2号臂，同时，里侧腿先向3号脚外侧蹬紧，然后外侧腿靠并自己的脚。五个人身体要挺直，互相搭肩推、拉，协调配合维持平衡，落下时2、3号人的外侧腿向外一小步，成侧弓步，然后成并腿直立，搭肩臂放下（图4-2-33）。

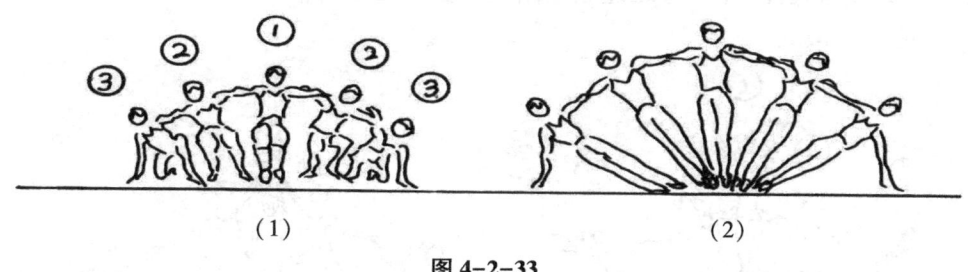

图 4-2-33

(2) 站膝、扶倒立动作造型

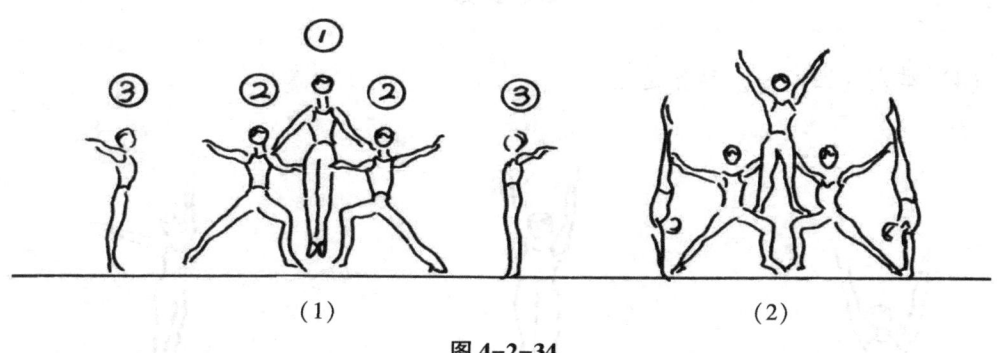

图 4-2-34

预备姿势： 左、右2号成内侧腿弓步站立，里侧臂扶1号大腿外侧，外侧臂侧举；1号在2号弓步腿后侧直立，两手扶2号的内侧肩；3号分别在两侧面向中间弓步腿，两臂侧平举站立。

动作方法： 3号分别在两侧面向2号同时起手倒立，2号的外侧手扶住3号倒立，然后，内侧手扶住1号大腿外侧；1号两脚依次踩2号弓步大腿根部，同时两手扶2号内侧肩慢慢向上成分腿站立，两臂斜上举。此造型2号要特别注意两臂的平衡用力，五个人要协调配合。下时：2号的外侧手将3号腿稍用力推动，3号两脚依次伸直落地、起立，然后1号两腿也依次落地，五人成一排直立（图4-2-34）。

(3) 扶膝倒立、半劈腿动作造型

预备姿势： 左、右2号成里侧腿弓步，里侧手扶1号髋部，外侧臂侧下举；1号在2号弓步腿后侧直立，同时，两臂斜上举。3号分别在两旁成面向中间人的跪立姿势，两臂侧上举。

动作方法：1号上体前屈，两手撑在2号人里侧弓步的大腿面上，两脚依次蹬地，向上摆起；此时，2号人里侧手扶托起大腿帮助上摆，外侧手扶背部，使其成倒立，然后里侧手扶住1号腰部两侧。外侧手成侧下举；3号人由跪立姿势迅速成半劈腿（左、右对称），两臂成前上、侧下举。下时：2号外侧手迅速扶到1号背部，1号两腿依次下落，1、2号都成直立，3号迅速起立站直（图4-2-35）。

(1)　　　　　　　　　　　　　　(2)

图 4-2-35

（4）举人（四举一）动作造型

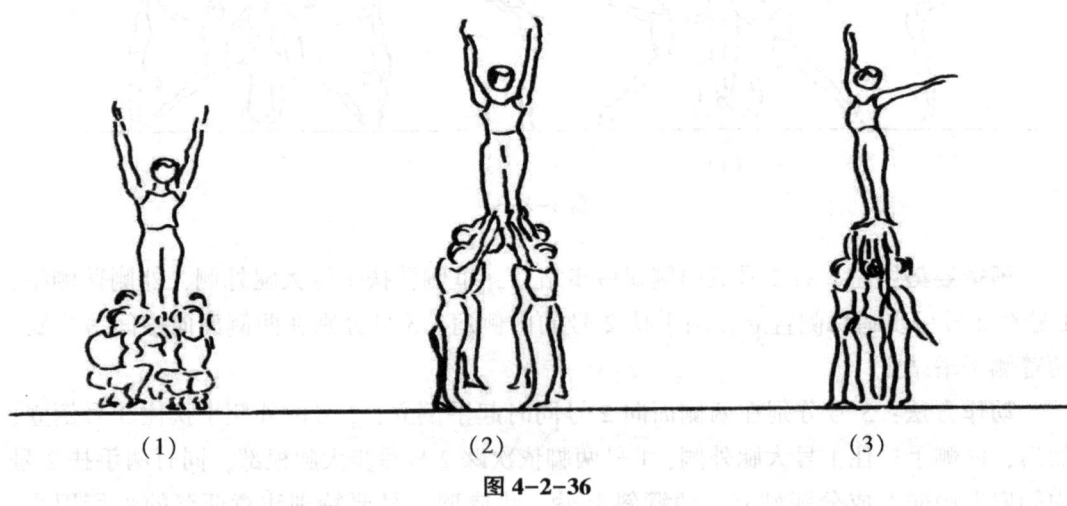

(1)　　　　　　(2)　　　　　　(3)

图 4-2-36

预备姿势：被举者站在下面四个人中间，两臂斜上举，下面四人面向中间成下蹲姿势，分别由两人握住被举者一条小腿的中部。

动作方法：上面人身体挺直，下面四个人手握住其小腿用力向上、向中间推举，同时腿用力蹬地站直，并注意向中间靠拢，保持一致用力。

托举：下面四人均以右手托上面人的脚掌，左手握住其脚腕，当举起平衡了，将左臂放下至侧下举，四人身体稍侧对中间，两脚也稍向左右开立。

下时：上面人身体保持挺直，两臂放下，两手扶下面人的肩部，下面人单腿后伸，前腿稍屈将上面人放下，同时，两手接扶上面人落地，五人迅速还原成一排，直立（图 4-2-36）。

3. 多人造型（六人以上）动作

（1）六人综合平面动作造型

六人综合平面动作见图 4-2-37。

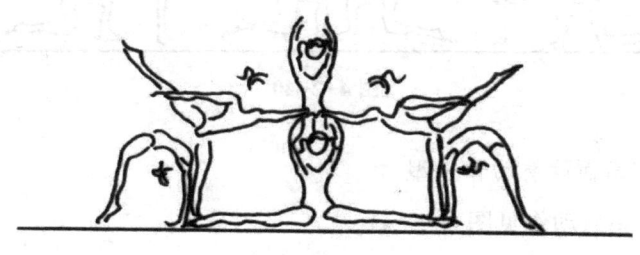

图 4-2-37

（2）八人骑肩、站肩动作造型

八人骑肩、站肩动作见图 4-2-38。

图 4-2-38

（3）九人综合动作造型

九人综合动作见图 4-2-39。

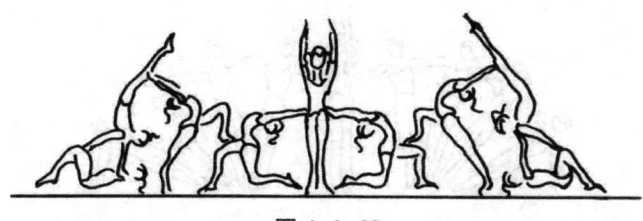

图 4-2-39

(4) 九人中间撑膝倒立动作造型

九人中间撑膝倒立动作见图 4-2-40。

图 4-2-40

(5) 九人仰撑扇面站肩动作造型

九人仰撑扇面站肩动作见图 4-2-41。

图 4-2-41

(6) 十人扇面中间站肩动作造型

十人扇面中间站肩动作见图 4-2-42。

图 4-2-42

（7）十人跪背动作造型

十人跪背动作见图 4-2-43。

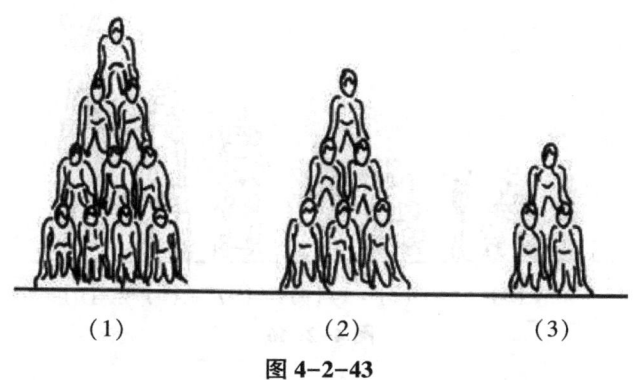

（1）　　　　　（2）　　　　　（3）

图 4-2-43

（8）十一人综合动作造型

十一人综合动作见图 4-2-44。

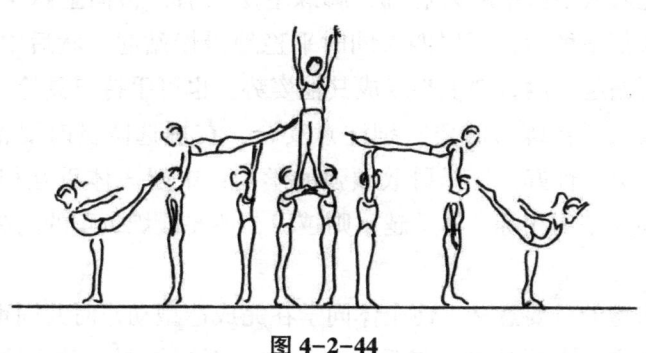

图 4-2-44

（9）十二人综合动作造型

十二人综合动作见图 4-2-45。

图 4-2-45

（10）三层罗汉站肩动作造型

三层罗汉站肩动作见图 4-2-46。

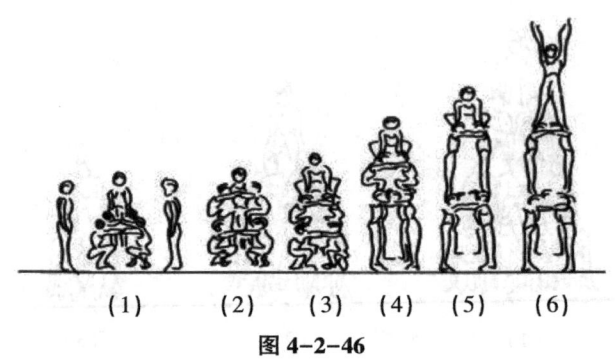

图 4-2-46

预备姿势：下面四人面向内手臂互相搭肩，全蹲姿势；中层二人分别站在下层人的两侧；上层一人站在后边。

动作方法：中层二人同时上造型，两脚依次踩于近侧二人颈后肩背部，然后全蹲，两臂互搭肩部；上层人手扶中层人肩部，脚踩下层人肩，再向上踩中层人的肩部，成全蹲姿势；全部人都站稳后，下层四人同时平稳地慢慢站起，然后中层二人再慢慢站起，最后上层人再站起，两臂斜上举或成其他姿势，也可手持道具等。

此造型难度较大，在练习时要特别注意安全，在挑选队员时要根据造型的特点，最上层要体重轻、灵活性好，选择勇敢顽强的学生；中层人体重互相接近，身高基本相等；最下层身高要基本相等，体重越重则越稳，还要锻炼负重的耐久力。

教学手段：

①明确三层造型的重要意义，使全体同学在完成造型动作时共同重视，严肃认真。

②训练时先练中、上层造型，然后再进行中、下层练习，动作比较稳定后整个造型配合练习。

③三层造型动作要重视安全措施和保护的设备（如海绵厚垫子、简易吊带或竹竿等），更重要的是要学会自我保护的能力。在练习中如有意外，要按照规定的落下方法跳下，要注意保护上层的同学落地安全。

第三节　团体操集体配合动作

集体配合动作在团体操中是一个重要的环节，也是与其他动作风格不同的特有动作，它能突出表现主题内容，使场内表演形成一种明显的高潮和波澜壮阔的场面，而且气势大，效果好。集体配合动作形式多样，可以徒手配合，也可利用各种轻器械和不同的道具配合，可在横排上和纵队上进行，也可在圆形上进行。

我国团体操集体配合动作的运用已发展到相当高的水平，创造出了滚浪、旗浪、蛇形浪、锯形浪、摆浪、卷浪、平转、立转、立圆转等具有大效果、大气魄的团体操典型的动作形象。亚运会、八运会对组成巨型旗有了新的发展，六运会、第3届残疾人运动会则利用暗场灯光作用，使横队和纵队的波浪及立转、滚转等集体配合动作产生新颖独特的视觉效果。虽然在做这些集体配合动作时表演者个人的动作很简单，但组合起来却能形成十分壮观的场面。集体配合动作将团体操表演编织成一个充满生命活力的机体，给观者最强烈的审美体验和生命感悟。

集体配合动作包括一致性动作、交替性动作、依次性动作和波浪性动作四大类。

一、一致性动作

一致性动作是指全体表演人员在同一时间和空间内按统一规格完成相同的动作。这类动作一般在散点队形或进场、退场时采用，也可在其他各种队形中广泛采用。整齐一致是这种集体动作的主要特点，此类动作可突显团体操的雄伟气势。

二、交替性动作

交替性动作是指表演者按行、排、小组或区域分成单、双数组，在规定的节拍内轮流交换着完成同一组动作，但身体姿势高低或者动静相互衬托。交替完成动作有时可高低起伏配合，有时可左右交替进行，使表演层次分明，动中有静，静中有动，在历届全运会开幕式表演中交替性动作都取得了良好的表演效果。

交替性动作以某种基本图素组成的队形与图案，各图素或各部分图素按照节拍或先后顺序做动作，使之在队形结构的点与点、线与线、面与面等图素中交替出现，以达到画面起伏对比的效果。例如：散点队形分别按横队与纵队的单、双数，交替做蹲起动作，如果手持不同颜色的道具做交替动作，效果会更好。面与面的交替动作，可以按面的图素排列成的队形做动作。

在大的块状队形或图案中，可分区完成动作。每个区都视为一个面的图素。一般来说，分区时应根据等分规则，即路数、列数应一样，形状大小应相同。常见的有如下几种分区法，即按纵队分区、按横队分区、按形状分区。

三、依次性动作

依次性动作是团体操表演中最常见的一种动作表演形式。它可以一个人接一个人地依次进行动作的表演，也可以行、排或组为单位，集体依次进行动作的表演。表演时，它可以从前向后（或相反）、从左至右（或相反）、从中间向两侧（或相反）依次进行。依次动作可以徒手进行，也可以手持道具或在大道具上进行表演。其特点是生动、形象、活泼。依次动作的做法简单，但要求严格，它需要个人之间或集体之间默契配合、衔接紧凑，并在规定的起始与终止节拍内连绵不断地完成同一动作，以保证依次动作的连续性和完整性。它包括以个人为单位或以集体为单位两种形式，在若干节拍内或在一个轮换周期中完成。

依次性动作一般在密集的横队或纵队队形上做，多路纵队或多列横队也按照以上方法进行，动作方向可由排头向排尾做（或相反），也可以由队伍中央向两侧做（或相反），在组成放射形图案上做更迭式动作，具有放射光芒的效果。

以个人为单位的依次动作，是指在一个队形上，由第一个人的动作开始后，一个人接一个人地依次进行同样的动作表演。

以集体为单位的依次动作，是指以两人以上为一单位做动作或以集体为单位按顺序依次结束同样动作。要特别掌握好各集体单位开始和结束动作的一致性，另外，不论是个人还是集体做依次动作，都要注意依次做动作的衔接时间，并在规定的起始与终止拍节内连绵不断地完成同一动作，避免出现间断或几乎同时完成动作，以保证依次动作的连续性和完整性。

1. 以个人为单位的依次动作

（1）依次下蹲动作

准备队形：密集的纵队、横队、单个圆形、单个方块队形等。

动作方法：在规定的节拍内，以最快的速度由站立开始，依次做全蹲，然后统一在一拍内还原成站立（图4-3-1）。

根据不同的队形，可以由前向后做（由后向前）；由一侧向另一侧做；由两侧向中央做；由中央向两侧做；分段做；顺时针方向做和逆时针方向做等。

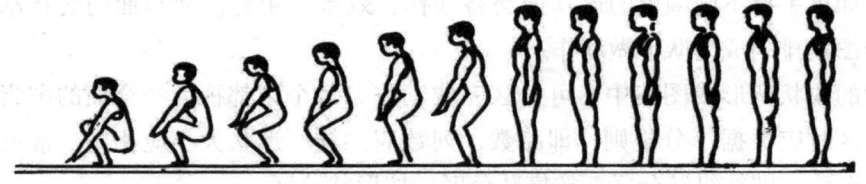

图 4-3-1

（2）依次仰卧动作

准备队形：站成密集纵队，单行或双行。

动作方法：由直角坐开始，两臂经侧上举至体前屈，同时向后依次仰卧。

例1："光芒"动作的表演，在组成的放射队形上，表演者徒手或持道具，由里向外做的各种依次的仰卧或开合等动作形成"光芒"四射的效果（图4-3-2）。

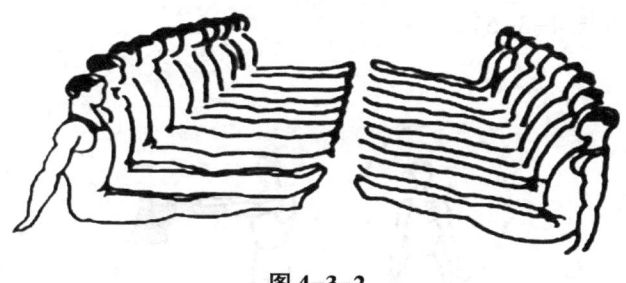

图 4-3-2

例2：两路或密集纵队相对而坐，由前向后，两臂依次经前至上举并后倒成仰卧的动作（图4-3-3）。

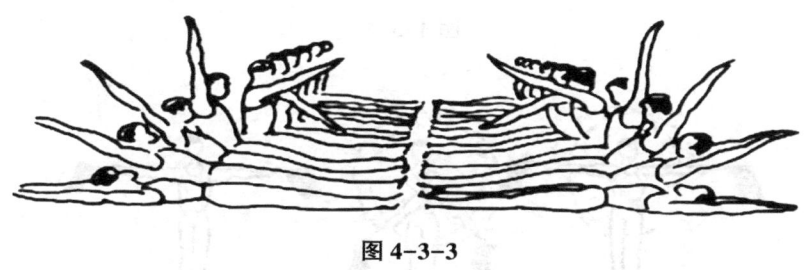

图 4-3-3

(3) 依次体前屈成俯卧撑

准备队形：密集纵队，面向一侧或面向两侧站立。

动作方法：由站立开始，身体重心前移，身体前倒，两手撑地后，迅速屈臂，缓冲身体成俯卧撑（图4-3-4）。

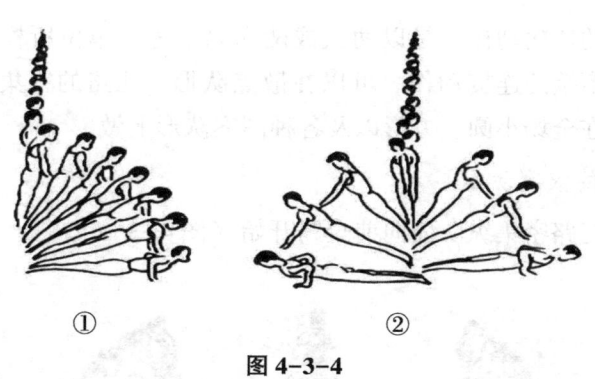

① ②

图 4-3-4

(4) 利用不同道具做各种依次动作

如旗、花条、花朵、纱巾、藤圈、草帽、扇子等，所形成的依次动作效果很好。

准备队形：密集纵队，由前向后依次传递做。

动作方法：①手持道具，依次经上向左（右）摆动（图4-3-5）；②手持道具，依次向内绕环至侧举（图4-3-6）。

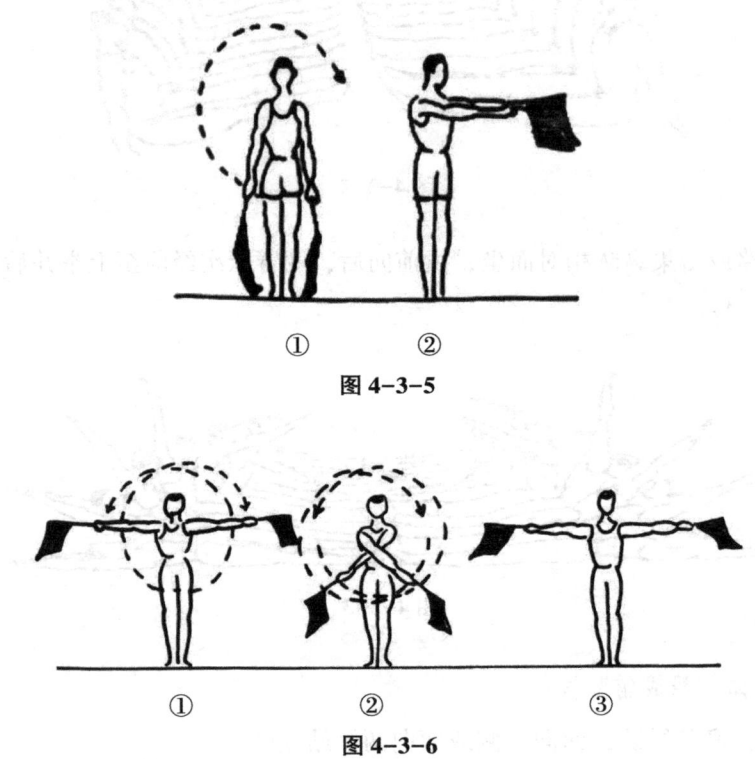

图4-3-5

图4-3-6

2. 以集体为单位的依次动作

以集体为单位的依次动作，是以两人或两人以上为一单位所构成的单位之间依次做同一动作的紧密衔接的连贯动作。可以在散点队形、几路的密集纵队、横队、斜排队形上做，也可以在全场小圆、方形以及各种图案队形上做。

（1）三路纵队的依次动作

准备队形：由三路密集纵队面向前全蹲开始（图4-3-7）。

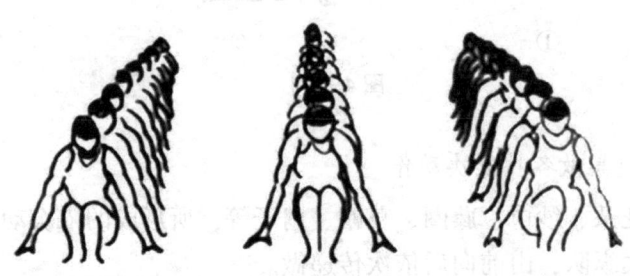

图4-3-7

动作方法：中间一路由前向后依次站立的同时，左右两路由前向后依次起立并向外转90°直体前倒成俯卧撑（图4-3-8）。

图 4-3-8

（2）以集体为单位的依次下蹲动作

准备队形：在散点队形上首先将全场分区。

动作方法：各区按先后顺序依次集体做动作（图4-3-9~图4-3-14）。

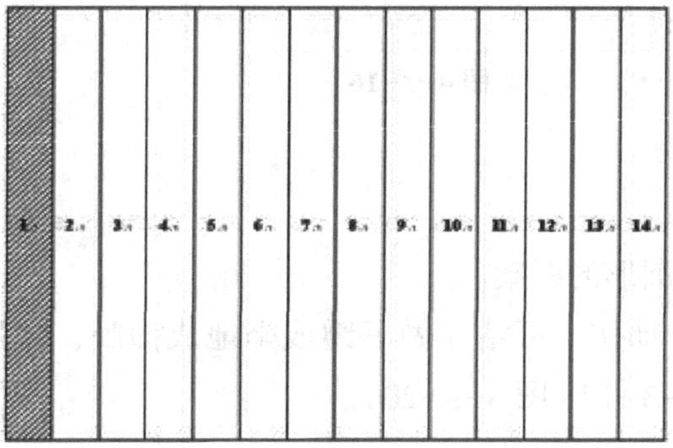

图 4-3-9

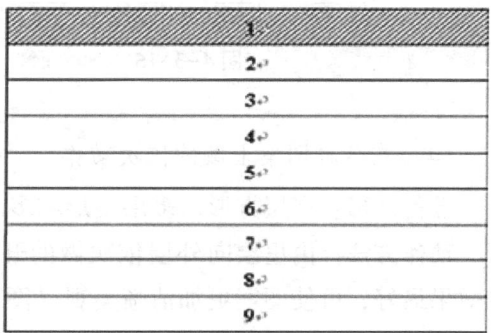

图 4-3-10

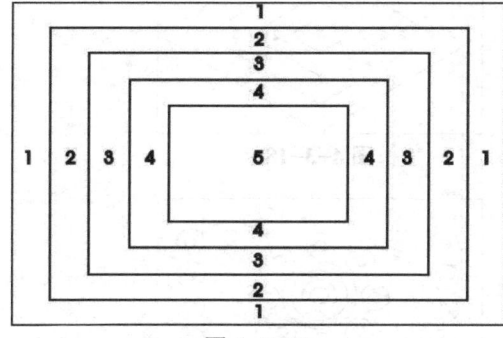

图 4-3-11

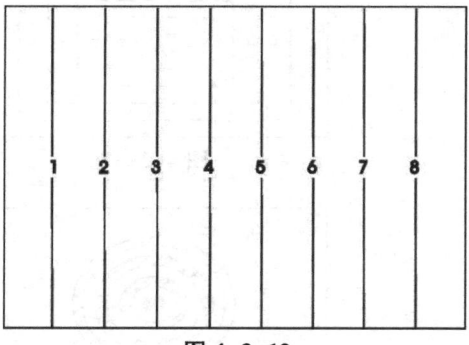

图 4-3-12

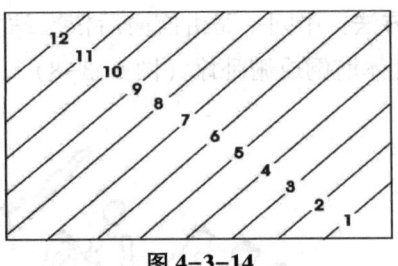

图 4-3-13　　　　　　　　　图 4-3-14

(3) 以小方阵为单位的集体依次动作

准备队形：小方块、小圆等队形。

动作方法：先将队形变成人数相等或不等的小方形或小圆形，形成一个个小方阵，以小方阵为单位做依次动作（图 4-3-15、图 4-3-16）。

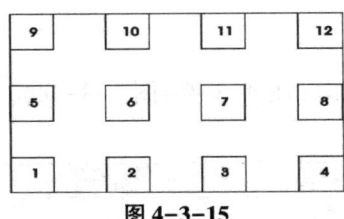　　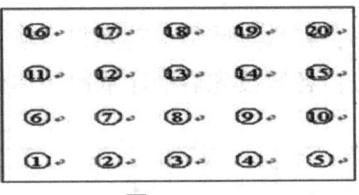

图 4-3-15　　　　　　　　　图 4-3-16

(4) 在各种图案上做的依次动作

准备队形：多层方形、多层菱形和多层圆形的图案。

动作方法：由里层向外层依次做的开合动作，可站立做下蹲或坐地成仰卧，仰卧的效果最好，可使图案更加清晰美观（图 4-3-17～图 4-3-20）。

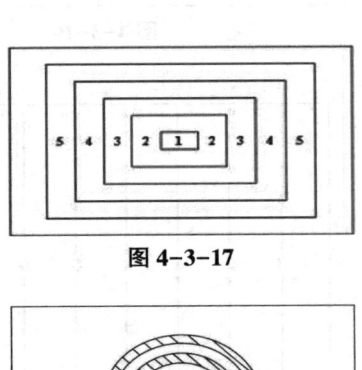　　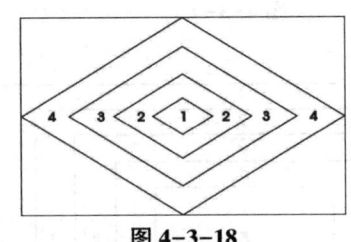

图 4-3-17　　　　　　　　　图 4-3-18

　　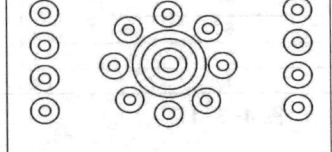

图 4-3-19　　　　　　　　　图 4-3-20

(5) 依次交替起伏动作

准备队形：在不同队形上利用高、低两种不同姿势动作对比来突出队形变化。

动作方法：在同一节拍下，一组下蹲做动作，另一组站立做动作，然后两组交替起伏。

例1：在散点或密集纵队上的一路、两路或多路为一组，做依次交替起伏动作（图4-3-21）。

例2：在散点或密集横队上的一列、两列或多列为一组，做依次交替起伏动作（图4-3-22）。

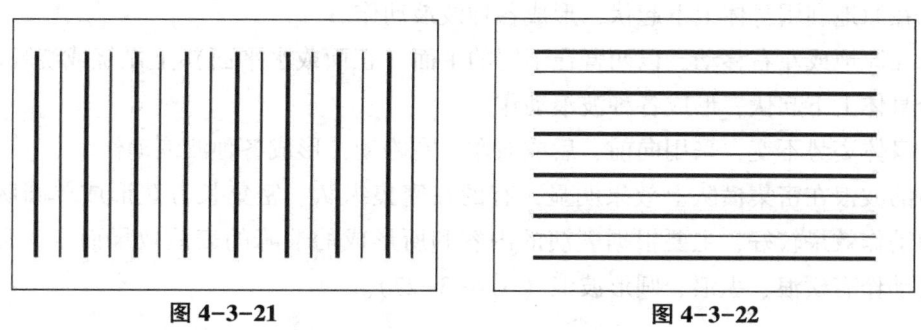

图4-3-21　　　　　　　　　　图4-3-22

例3：在散点队形上，分区做交替起伏动作（图4-3-23～图4-3-26）。

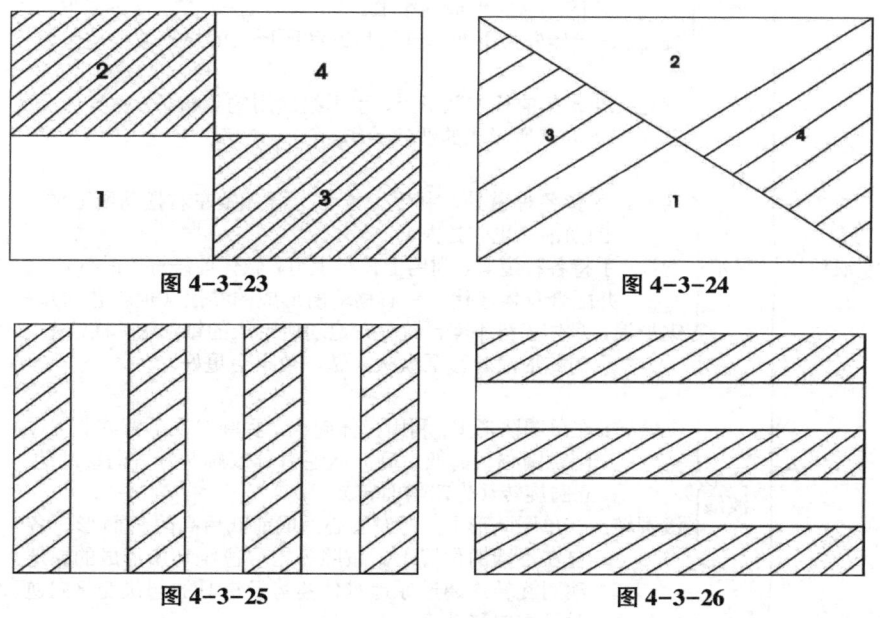

图4-3-23　　　　　　　　　　图4-3-24

图4-3-25　　　　　　　　　　图4-3-26

四、波浪性动作

波浪性动作是指集体表演者在各自位置上，以不同的姿势协调配合，开始或以同样姿势不同时间开始，依次匀速地做同样的动作，形成近似波浪效果的集体配合表演。波浪动作在团体操的表演中广为应用，不同形式的波浪动作再配以不同的道具可用来形容和表达不同的内容，效果明显，突出主题。因此，波浪动作在团体操表演中被广泛运用，深受广大观众欢迎。

波浪性动作的做法有三种形式：

①在原地利用身体上下起伏，形成各种波浪动作。

②在原地或左右移动，以两臂在不同的平面（正面或水平面）上做绕或绕环动作，并配合身体上下起伏，形成各种波浪动作。

③身体姿势不变，采用向前、后或向左、右跑动，形成各种波浪动作。

有的波浪在密集横队上效果明显，有的在密集纵队、密集长方队形或单圆队形上做波浪动作效果较好，主要根据表演的内容和所形成的浪峰的表演效果而定。常见的波浪性动作有横浪、纵浪、圆形波浪（图4-3-27）。

波浪动作
- 横浪
  - 上下起伏的波浪：利用身体不同的蹲、起姿势所形成的原地上下起伏的波浪动作。
  - 滚浪：利用两臂（手持道具）在体前绕环（正面）并配合身体的起伏所形成的滚浪。
  - 蛇形浪：身体姿势不变，向前、后跑动所形成的蛇形波浪动作。
  - 旗浪：在密集的长方队形上，手举组旗用的长布条，做身体上下起伏所形成的波浪动作。
- 纵浪
  - 摆浪：手持各种道具，利用上体与上臂，做左右摆动所形成的摆浪（也叫摆龙）。
  - 卷浪：手持各种道具，利用上体与上臂，做体前绕环（正面），并配合身体起伏和左右移动所形成的卷浪（也叫卷龙）。
  - 锯形浪：身体姿势不变，做左右跑动所形成的锯形浪。横浪中的蛇形浪若移至纵队来做，效果会更好。
- 圆形波浪
  - 立圆转：在单圆队形上，利用身体起伏，手持道具，背对圆心，围绕圆心（前低后高）做逆时针或顺时针方向移动的立圆旋转（也叫斜面转）。
  - 滚圆转：在单圆队形上，背对圆心站成前低后高的斜面形，各自在不同的位置上，按照各自号位绕环所形成的原地滚圆旋转。通过原地身体姿势及道具的起伏变化向逆时针方向移动。

图4-3-27

（一）横浪

横浪是指与主席台平行的浪。

1. 面对主席台、8人一组上下起伏的蹲起浪

准备队形：密集横排，以左右间隔60厘米为宜。

预备姿势：面对主席台方向，左右搭肩或左右手、肘相搭。8人一组形成一个浪峰。即1号人全蹲（最低点），5号人直立（最高点），3号、7号人半蹲（中间位），2号、8号人介于半蹲与全蹲之间成深蹲位，4号、6号人介于直立与半蹲之间成稍蹲位；两个浪峰之间由1号人衔接，他既是前一个浪峰的结尾，又是后一个浪峰的开始（图4-3-28）。

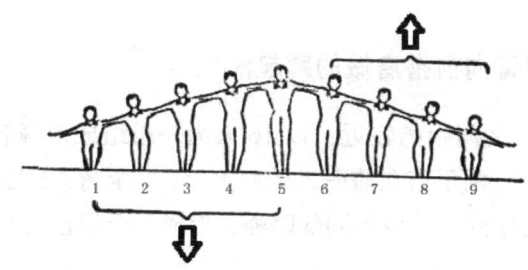

图 4-3-28

动作方法：将8个人编为1~8号，通常为8拍一个循环，每个人由各自不同的预备位置开始，进行匀速蹲起运动，经过浪峰的最高点和最低点，并返回预备位置为一个循环即8拍，一拍经过一个位置。一个浪峰中，前半个浪峰与后半个浪峰开始运动的方向路线相反，即2、3、4、5号由匀速下蹲开始，依次经过全蹲、直立后还原至开始位置；而1、6、7、8号由匀速起蹲开始，依次经过直立、全蹲后还原至开始位置（图4-3-29）。

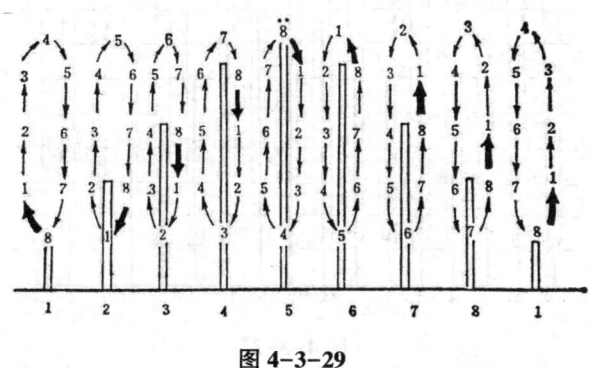

图 4-3-29

做波浪动作时，要求1~8号人必须分别记住自己的起始方向、路线及经过最高点和最低点的拍节，并彼此默契配合，只有这样才能保证波浪动作的完整形成，使全场形成连绵不断、后浪推前浪、气势磅礴、波涛滚滚的动人场面。

8人一组的横浪动作是波浪动作中的一种基本形式，用途广泛。掌握其做法后，可举一反三，广泛用于多种波浪之中，如常见的海浪、麦浪、国旗飘动的波浪等都是按此方法进行的（图4-3-30）。

图4-3-30

2. 侧对主席台、两臂向前搭肩做的蹲起浪

这种波浪由于人与人之间距离较近，以16人为一组组成浪峰较适宜。

准备队形：两臂伸直，两手搭在前面人的肩上，1号全蹲，5号、13号半蹲，9号直立，其他各号在以上号的中间，采取不同的蹲姿，形成一个静止的浪峰（图4-3-31）。

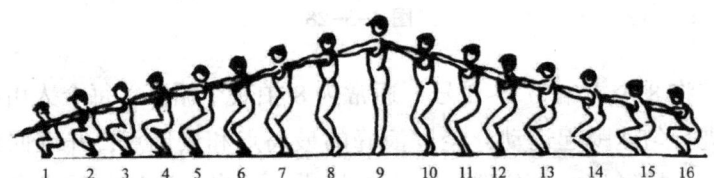

图4-3-31

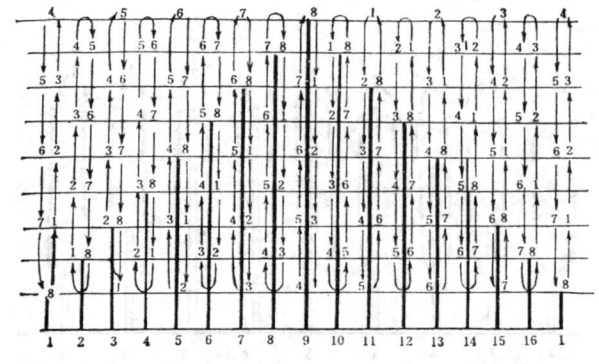

图4-3-32

动作方法：16人为一组与8人为一组的浪峰做法相似，动作开始，2号至9号先向下做动作，10号至16号先向上做动作。可看出其他各号的最高和最低部位以及各部位的节拍，图中箭头表示各节拍走的路线（图4-3-32）。

3. 面对主席台、16人为一组、头上交叉勾手做的蹲起浪（花边浪）

准备队形：16人一组，人与人间隔60厘米左右，两臂在体前交叉，左右两人互相勾手，两臂上举在头上平屈（图4-3-33），成1号全蹲，5号、13号半蹲，9号直立的波浪形（图4-3-34）。

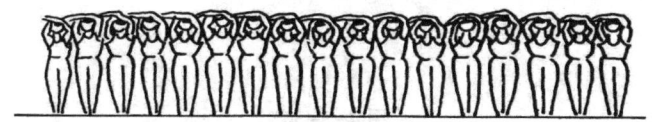

图 4-3-33

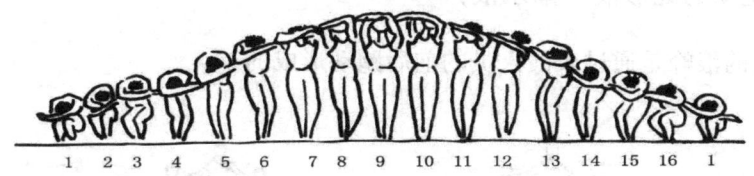

图 4-3-34

动作方法：8拍一循环，每人在不同位置上的不同部位开始做蹲起动作。两臂始终保持头上平屈姿势，做蹲、起动作同时配合上体屈伸并稍有左右自然转动，这种波浪也可以跪在地上用上体的屈伸与扭转动作来形成。

4. 16人一组持道具做的滚浪（麦浪）

滚浪是利用身体的起伏及手持道具在体前做绕环动作而形成的波浪。

准备队形：面向前大横排站立，左右间隔80厘米左右，手持道具，16人为一组。1号全蹲下举，5号半蹲右侧举，9号直立上举，13号半蹲左侧举，其他各号在以上各号之间举在不同的高度（图4-3-35）。

图 4-3-35

动作方法：8拍一个循环，每人由开始部位按逆时针方向匀速做绕环动作，每拍绕两个位置，8拍绕环一周回到原来的部位，绕环的同时做蹲、起动作（图4-3-36）。

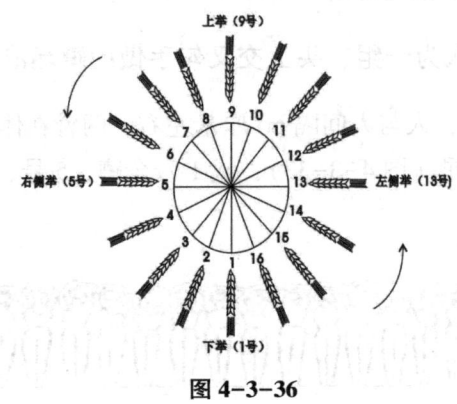

图 4-3-36

5. 前后跑动的蛇形浪（潮水浪）

这种波浪的浪峰是通过表演人员的前后跑动形成的。

图 4-3-37

准备队形：在密集的横排队形上，表演人员左右互相搭肩或拉手，前后跑成浪峰（图4-3-37）。跑的方法和距离是：1号向前跑1.8米，2号向前跑0.9米，3号原地不动，4号向后退0.9米，5号向后退1.8米，6号向后退0.9米，7号不动，8号向前跑0.9米（图4-3-38）。

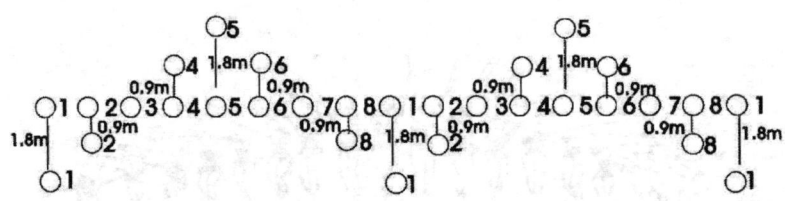

图 4-3-38

动作方法： 准备队形站好后，每人在自己的位置上，按 8 拍一个循环，每一拍跑 2 步。

1 号后退跑，第四拍跑到最后位置，第八拍跑到最前位置。

2 号向前跑，第一拍跑到最前位置，第五拍跑到最后位置。

3 号向前跑，第二拍跑到最前位置，第六拍跑到最后位置。

4 号向前跑，第三拍跑到最前位置，第七拍跑到最后位置。

5 号向前跑，第四拍跑到最前位置，第八拍跑到最后位置。

6 号后退跑，第一拍跑到最后位置，第五拍跑到最前位置。

7 号后退跑，第二拍跑到最后位置，第六拍跑到最前位置。

8 号后退跑，第三拍跑到最后位置，第七拍跑到最前位置。

各号跑到最后位置与最前位置的节拍如图 4-3-39 所示。

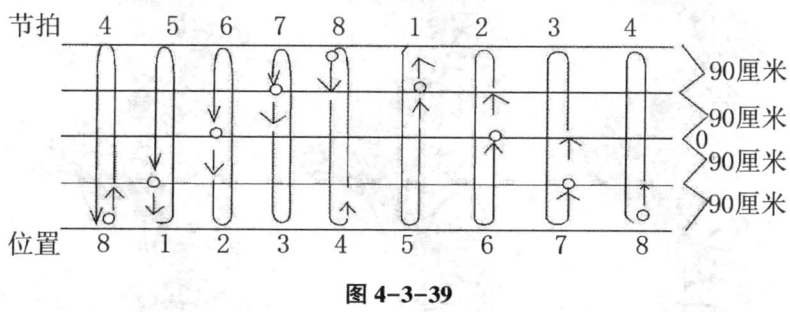

图 4-3-39

（二）纵浪

纵浪是指与主席台成垂直的波浪。

1. 摆浪（摆龙）

手持道具做左右画弧的 S 形摆浪。

准备队形： 表演者站成密集纵队，前后距离 50~60 厘米（根据道具大小而定），以 16 人一组为一个浪峰，分为单、双两组。单数组 16 人按图 4-3-40 位置，双数组 16 人按图 4-3-41 位置举在不同的位置。

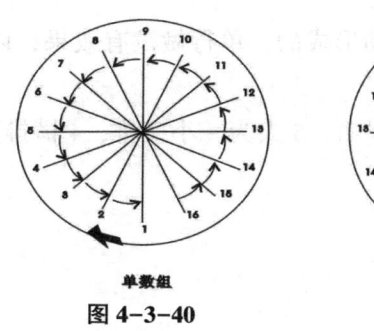

单数组

图 4-3-40

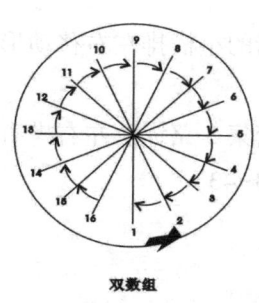

双数组

图 4-3-41

动作方法：单数组1号用8拍向左绕一周至原位，然后再用8拍向右绕一周。其他人要依次经过1号位置后再向逆时针方向绕至最低位，然后再向顺时针方向绕至最低位，反复绕，每8拍绕一周，每拍绕动两个位置的距离，偶数组动作方向与奇数组相反。

2. 纵队卷浪（卷龙）

这种方法与横浪中的滚浪的做法一样，只是在纵队上做同一方向的连续绕环动作。这种浪可以原地进行，也可以左右移动做卷浪动作（图4-3-42）。

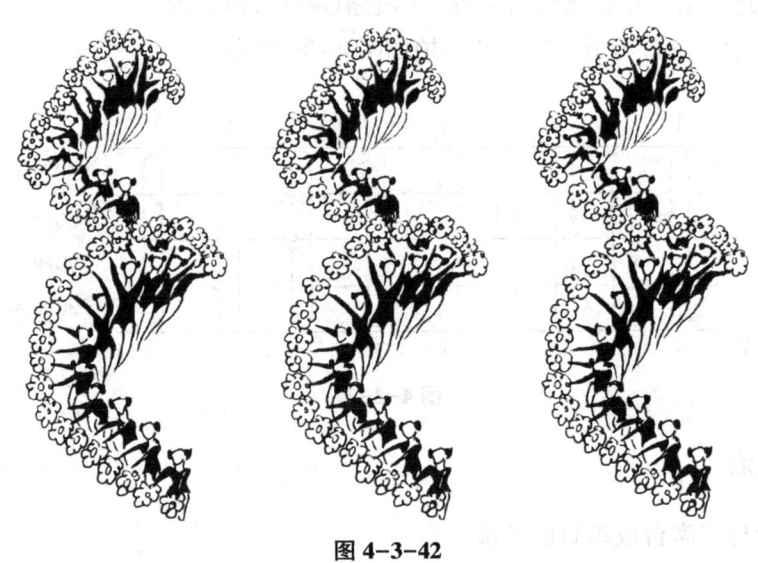

图 4-3-42

这种波浪是在原地卷浪动作的基础上发展的，左右1.20米的范围内，在不同的位置上站成浪的开始姿势。做卷浪动作时，每人在不同的位置上，向左或右做1拍4步的小碎步（0.6米），4拍往返一次，在回到开始位置的同时，手持道具按逆时针方向画圆一周，身体随手臂动作做上下屈伸起伏的动作。

3. 锯齿形浪

这种浪是由交错的小横排左右移动形成的，单行做没有效果，以3~8行的密集纵队为宜。

准备队形：由密集5路纵队左右搭肩，5人为一小横排，4横排为一组，每两组形成一个浪峰（图4-3-43）。

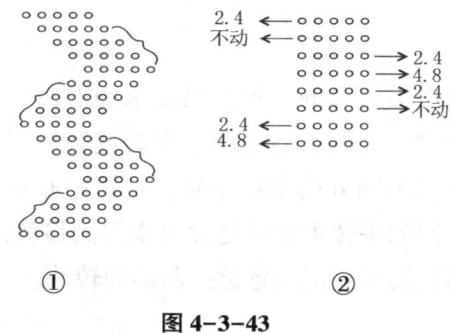

图 4-3-43

每个浪峰第一组的第一排向右移动 4.8 米,第二排向右移动 2.4 米,第三排不动,第四排向左移动 2.4 米。

每个浪峰第二组的第一排向左移动 4.8 米,第二排向左移动 2.4 米,第三排不动,第四排向右移动 2.4 米。

动作方法:每横排在锯齿形上用一拍两步的小跑步做左右移动,两个 8 拍往返一次,形成向前推移的锯齿形波浪。

(三)圆形波浪

圆形动作在团体操表演中是非常普遍的,特别是反映活泼和欢庆场面效果很好,圆形动作有单层圆形、多层圆形、立体圆和滚圆;在圆上用不同道具可体现各种内容,在全场的变化中圆的效果很受观众欢迎。

1. 多层圆的依次开合

多层圆是几层圆围成一个圆心,可面向圆心,也可背向圆心站立,可根据圆的造型内容来选择不同的姿势。如三层圆手持花朵背对圆心站立,最里层站立上举,中层圆半蹲前上举,外层圆下蹲前上举如含苞待放的花蕾,三层圆每一层再向下举一个位又如鲜花盛开的场面。几层圆还可面向圆心,呈蹲、坐或仰卧姿势,一层一层向外打开,形成活动画面,充分体现美好的生活,使场上气氛动人,还可将表演推向高潮(图 4-3-44)。

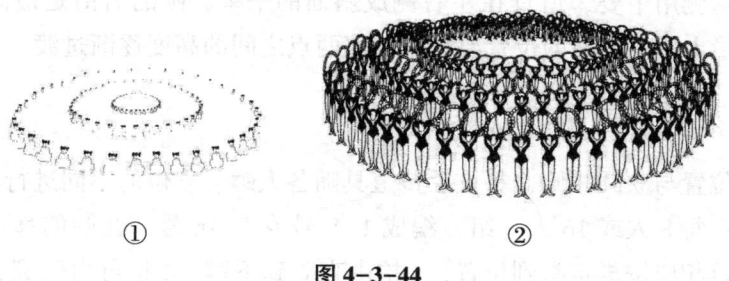

图 4-3-44

2. 圆形平转

圆形平转是动态造型中最简单的一种，只要求圆形造型保持圆的位置，圆周上的人要站成密集的队形比较容易控制，面向圆心平转或背对圆心平转，单层圆或多层圆同向一个方向平转，也可向不同方向交错平转，还可中心不转，外层圆转等多种转动形式，使造型活泼起来。圆的平转主要以足尖碎步向侧移动，沿圆周转动，互相配合，可用两臂、肘关节以及道具的互相接触感觉控制圆的转动。

3. 立圆旋转

圆形造型中立圆效果较好，但人数不宜太少，一般不少于8人。立圆的最好效果是手持道具，特别是花束、花朵、花环、彩球、扇子等，颜色越鲜艳效果则越佳。转动时显得圆的直径大，动势也大，立体感显著（图4-3-45）。

图 4-3-45

准备队形：8人或16人背对圆心站立。

动作方法：先将圆的位置分为上、下、左、右四点为准，使圆上的人了解四个方位；圆上人在转动时经过这四个方位时，要按规定姿势通过。前沿点用低姿，道具前下举，左、右两侧用中姿，道具在左右侧成斜面的平举，圆的后沿是最高点，要用高姿，而道具尽量上举。中间的位置要根据相邻两点之间的高度逐渐过渡。

4. 滚圆

准备姿势位置与立圆相同，每人手持道具随各人蹲、立位的不同进行移动。

动作方法：每8人或16人一组，编成1-8号或1-16号，在圆的移动中，走到不同的位置，道具相应按规定举到位置，4拍由直立到下蹲，4拍再由蹲到直立，道具在体前随身体做上下移动或绕环动作，就形成不断变化的倾斜面的圆形滚转动作。总之，滚圆与横排依次起伏的蹲起浪的方法相同。

波浪动作的练习步骤：

①单人体会匀速动作和个人各节拍所经过的部位。

②各号位集中按预备位及起始的方向及路线练习。

③各组浪峰配合练习。

④全场统一练习。

第四节　团体操动作创编的要求

团体操表演中的动作内容丰富，形式多样，为了使表演达到最佳效果，在创编时应注意以下问题。

一、动作创编要突出表演的主题

创编团体操动作时应以每场操的主题思想与风格特点为依据，创编动作要符合人物形象、性别和年龄特征。首先，动作编排要突出表现团体操的主题，不同主题内容，动作编排思路有所不同。其次，在编排动作时应注意快慢结合、刚柔相济。随着团体操创编水平的不断提高，团体操动作编排的变化也日渐多样。最后，在具体编排动作的过程中，应以每部分表演主题思想与风格特点为依据，动作要符合人物形象、性别和年龄特征。如表现劳动人民的热情和奔放、少年儿童的天真活泼、青少年的朝气蓬勃、老年人的稳健等。在表现同一形象时，由于表演者的性别不同，动作也应不一样，这就给团体操动作的编排创造了激情与舒缓、急与缓、刚与柔、张与弛相辅相成的条件。因此，动作应具有代表性、典型性并运用夸张的手法，在形体上、节奏上予以艺术加工，使之更好地反映主题。

二、动作创编要与队形设计相结合

团体操的动作和队形是团体操的基本要素，二者相辅相成。表演的任何动作，都是在排列成各种队形的基础上来表演。不同的队形，适合做不同的动作，同一动作在不同队形上表演，效果也截然不同，因此，在编排动作时必须处理好动作与队形关系，二者相得益彰，达到最佳的表演效果。如在圆形队形上，适合做各种开、合、转动、沿圆的轨迹跑跳以及向圆心聚拢与向外扩散等动作。在散点队形上，徒手体操与持轻器械动作均可；在综合队形上动作要主次分明，应给人以十分清晰的感觉；对称、交替起伏配合方法适合在散点队形上采用。波浪动作适合在横排、纵排上完成；卷龙、摆龙、锯形浪配合方法适合在纵队上完成；蹲起浪、海浪、麦浪适合在横队上采用；

圆立转和圆滚转适合在圆形队形上采用。总之，无论什么动作，何种配合方法，人与人之间应保持适当间隔、距离，以适应并表现不同队形风格特点，使动作与队形交相辉映，浑然一体。

三、动作创编应处理好动作之间的各种关系

团体操表演动作应力求新颖、生动、形象。在创编动作时，要处理好动作本身及动作与动作之间的各种关系，使每个动作都尽可能地达到表演的最佳效果。

（一）动作的齐与乱

团体操表演人数多，场面大，表演动作整齐划一是大型文体表演一大特点，也是一项基本要求。因此，动作编排时应尽量避免那些不易做整齐的动作，可选择简单、容易整齐、幅度大的动作；但又不能绝对，在某些特定表演情节中，根据不同对象以及不同内容，安排个别不易整齐的表演动作反而能收到较好表演效果。如儿童模仿游泳时，两腿上下快速交替做打水动作，在统一节拍内不限打腿次数，尽量快做，表演生动形象，充分地表现出孩子们活泼、可爱和积极锻炼身体的动人场面。

（二）动作难与易和重点与一般

团体操表演人数多，身体训练水平和技术基础不尽相同。在人数多、训练时间短的情况下，选编动作应简单易学些，以便收到整齐美观的效果；人数较少，表演者又具有一定的水平，动作则可相对复杂些，增强表演效果。有时可安排绝大部分表演者在适当队形上，以低姿势做简单的陪衬动作，而选择少数水平较高表演者或专业演员做难度稍大的动作，以突出重点。

（三）动作快与慢和刚与柔

根据表演内容需要，动作安排应有快有慢、有刚有柔。快与慢是指表演动作的速度，刚与柔是指做动作时的力度。两者有着密切的联系，与表演动作节奏和表演情绪直接相关。表现激情内容时，多选用快速、刚健有力的动作；而表现抒情内容时，多选用缓慢、柔和、优美而舒展的动作。因此，在创编动作时应注意快慢结合、刚柔相济。

（四）动作大与小和高与低

团体操的表演人多场面大，观众离表演场地较远、较高，因此在创编动作时要特别注意选择具有大效果和远效果的动作。如大幅度挥摆、绕环动作，身体由全蹲至直立或由直立至蹲、撑、卧以及能连成线、形成面的动作等；但是也不要忽略那些小巧

灵活又耐看的小动作，因为在大幅度动作表演中适当配合些小幅度动作可以使其形成鲜明对比。即使是同一动作也可有姿势高低变化，如直立两臂侧上举和全蹲动作，可安排单数行先做下蹲，双数行直立，两臂侧上举，按照规定拍节交替进行，虽然动作不难，但具有明显的起伏变化和较好的画面效果。

（五）动作动与静

根据思想内容及其表演效果需要，所编动作应有动有静。动静结合，以使表演富有诗情画意。如《革命赞歌》中的工人操，在出现炼钢和钢水奔流场面之后，全场迅速组成大小齿轮图案静止不动，随后链带连接大小齿轮飞速转动，形成了动与静鲜明的对比，展示了我国工业取得的辉煌成就，收到很好的表演效果。

（六）动作虚与实

创作的源泉来自于生活，从生活中获取丰富的感性材料和创编素材，反复地进行研究、加工、提炼，以便创编更多富有代表性、典型性动作来充实大型文体表演的内容，形象生动地反映生活。大型文体表演主要靠队形、动作并配以其他艺术形式等来表现主题，表演中那些形象的队形和具有特定意义的图案，以及各种象征性的模仿动作，观众一目了然，可称为"实"；而有些动作，如倒立、劈叉、下桥、臂侧举或上举等并无特定含义，可称为"虚"（渲染气氛动作）。"虚"不可无，在某种意义上"虚"可表示体育技术水平，只有虚实结合才能使得大型文体表演精彩纷呈。

（七）动作一致与综合

团体操的表演多为一致动作，创编与训练相对容易，而复杂的大场面图形选用不同难度动作组合，形成表演高潮综合动作时，创编与训练难度则大得多。在编排动作时不仅要编排寓意深刻的队形图案，把全体表演者合理而精确地安排在不同位置上，还要让主要位置、次要位置上的表演者在规定同一节拍里完成不同动作，使其有主、有次，有动、有静，层次分明，动静结合，以形成表演高潮。

四、动作创编时应注意的其他问题

（一）动作创编要符合服装颜色与道具特点

利用道具的不同特点创编动作，既有益于表现主题，又能使动作本身富有特色。运用得当，不仅可以大大地丰富表演动作的内容，而且可以提高动作的表现力。如手旗具有"面"的特点，当其下垂时，可以视为"线"形态，一经舞动，即可形成多方向"面"，柔则轻飘，刚则劲风，直立则挺拔，平挥则舒展，这种道具比较适合流动的动作。又如彩球、花朵、手电筒等，较为活泼、灵巧、多变，又有"点"的特点，静止时像繁星镶嵌在蓝天。当挥动这个"点"时，在不同队形上即可成线或面，点、线、面交相变换，既可表现热烈、欢腾场面，又可组成多种美丽队形图案。服装颜色有助于提高动作表现力，同一个动作，服装颜色不同，其效果就不一样。如做海浪动作，穿一身白色服装，海浪波纹并不明显，若改穿蓝色长裤、白色上衣（或浅色上衣），海浪波纹就十分明显。因此在创编动作时，要注意服装色彩对动作所产生的影响。

（二）动作创编要符合音乐的要求

编排动作要符合音乐基本要求，一般来说，动作节拍是 2 的 n 次幂。如 2 个 8 拍、4 个 8 拍、8 个 8 拍、16 个 8 拍等，避免节数为奇数，否则会破坏音乐的完整性，并给作曲工作造成困难。如果编排动作前就选好了乐曲或歌词，则应根据乐曲旋律及歌词内容来创编动作，以使动作编排更连贯、完整和富于感情。例如：选择儿童音乐，动作编排相对简单、可爱些；如果选择抒情音乐，动作编排就相对幅度大、动作舒缓些。

（三）动作创编要侧重表演的大效果

团体操表演注重大场面、大变化的效果，因此动作编排时应注重整体大效果，注重集体配合，给人以视觉冲击。所以，在创编动作时要考虑动作的难易程度，要适合表演人员的接受能力。要考虑动作整体效果，选编易于整齐划一的动作，这样才能使表演达到预期效果。

（四）动作创编要注意最佳的显示面

创编动作要注意动作的显示面，即如何显示动作的最佳效果。在运动场馆观看大型文体表演，不同于剧场四面均有观众，而一个动作不可能产生全方位的最佳效果。通常以照顾主席台及其两侧观众为主，兼顾其他。如儿童表演踢腿、手翻、跨跳、纵叉、下桥等动作时，侧对主席台方向效果最好，而正对主席台方向效果就不好。如何使每个动作都达到表演的最佳效果，并将最能显示动作特点与效果的动作方向和形态纳入主席台及两侧观众视野范围，同时又能兼顾其他方向观众的观赏要求，是创编人员在创编动作时应注意的问题。

（五）动作创编要符合民族风格特点

创编动作时要注意选本国、本地区、本民族群众所喜闻乐见的表演动作，使表演更富于地区特色和民族特点。

【作业与思考题】

1. 团体操表演动作的分类有哪些？
2. 创编团体操表演动作时有哪些具体要求？
3. 技巧动作的分类有哪些？
4. 团体操集体配合动作包括哪些？

CHAPTER 05 第五章
团体操的艺术装饰

【本章摘要】艺术装饰是团体操的重要构成因素之一,是大型团体操表演综合艺术水平最明显、最直接的展示。通过本章的学习,熟悉并掌握团体操表演中的艺术装饰,主要包括音乐、服装、道具、背景、场景、灯光六个部分,初步了解各艺术装饰以及它们之间的关系、性能以及应用方面的知识。

【教学目的】通过团体操艺术装饰的学习,了解团体操表演艺术装饰的组成要素。掌握团体操艺术装饰各部分的具体内容及各部分之间的关系、性能以及应用方面的知识。

团体操的艺术装饰是指团体操表演中起修饰美化作用的所有部分内容的总称。它是团体操表演中的重要组成部分,是团体操表演综合艺术水平最明显、最直接的展示,也是团体操表演中"节奏、色彩、内容、形式的关键和技术水平、时代信息的具体体现"。团体操的艺术装饰主要包括音乐、服装、道具、背景、灯光、场景六个部分。

第一节 团体操表演的音乐

音乐是反映人类现实生活情感的一种艺术。它被誉为团体操表演的"灵魂",也是团体操表演的指挥棒。团体操表演中,通过音乐既可以起到烘托气氛、感染观众的作用,又能起到表达主题、增强表演效果的作用。

团体操选择的音乐形式多种多样。器乐包括管弦乐、军乐、弦乐、电声乐、打击乐等;声乐主要包括合唱、重唱、独唱、对唱等。一般团体操表演都会选择现有的曲目,或将现有的曲目根据主题、动作或队形的需要进行改编,一些大型的团体操表演还会根据表演的主题创作专门的音乐。

一、常用音乐的编选模式

（一）先选择音乐，再编动作、队形

一般情况下，根据总体方案设计先将音乐制作出来，然后，分场方案负责人根据任务需要将各段音乐分配到人，编者将会依据音乐的风格特点进行创作，在创作的过程中，又会根据动作或者对象变化的需要提出对音乐进行修改的意见，同时，音乐制作人也会根据音乐的反馈意见对音乐进行调改。一部成功完美的音乐作品，往往要经过多轮次的协调和修改，才会形成最终的表演音乐（图5-1-1）。

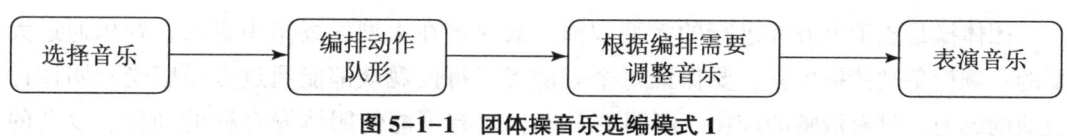

图 5-1-1　团体操音乐选编模式 1

（二）先编动作、队形，再选音乐

根据团体操表演的任务及要求，有时也会出现先编排动作、再选择音乐的情况。比如，在任务比较紧张的情况下，表演者刚好有现成会做的完整动作，这时，就需要根据表演者的动作情况来考虑选配什么样的音乐（图5-1-2）。

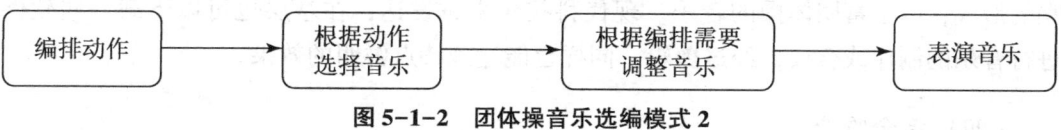

图 5-1-2　团体操音乐选编模式 2

（三）音乐与动作、队形同步进行

在团体操表演中，在条件允许的情况下，选择音乐与创编动作同时进行，音乐创编者和动作队形创编者共同根据方案设计的思想进行创编，在创编中，进行沟通与合作，最终音乐与动作、队形同步完成，并达到完美结合（图5-1-3）。

图 5-1-3　团体操音乐选编模式 3

二、音乐选择应该注意的问题

（一）与主题一致

团体操表演就是为了表达一定的主题，音乐作为"灵魂"，就是表达主题最直接的方式。通过音乐的视听效果，既体现团体操表演的风格和特点，又给观众留下深刻的印象。音乐伴奏一般分为现场演奏和录音两种。一般选择提前录音，但也有现场演奏。现场演奏的优点在于气氛好，但不足之处也很多，比如耗资较多，较难控制等。

（二）节奏清晰

团体操是成千上万人进行的大型表演，表演多在大型的场馆中进行，音乐通过大型的音响设备被传播出去，要保证每个表演者、每位观众都能通过音乐感受到团体操表演的魅力，只有清晰的旋律、鲜明的节奏，才有可能使团体操多样的动作、复杂的队形表演达到整齐划一、气势磅礴的效果。

（三）特点鲜明

团体操在选择音乐时应该具有民族特点、时代特征。在音乐创作手法上，应尽可能做到曲调通顺流畅，便于流传；配器手法新颖多彩，富有时代气息；在乐队编制上采用民乐、管弦乐队与现代电声乐队相结合的混合组织形式，还可采用一些合唱或独唱的形式，以丰富团体操的音乐。现代科技越来越发达，在基层也可以下载一些软件进行音乐的制作或合成，经过剪辑，同样也能达到特点鲜明的效果。

（四）完全吻合

音乐是团体操整个表演的指挥棒。每场表演何时开始、何时结束，与下一场的衔接过渡，都是通过音乐发出信号，音乐与整场的演出应达到完全一致，并在设计时间、提示音等方面表现出高度的精确性。

第二节　团体操表演的服装

团体操服装泛指团体操表演时演员的衣着、服饰。它包括衣、裤、裙、披肩、帽、鞋、带、巾等。表演服装是团体操表演中活动着的色块，它与背景、灯光、场景等舞美因素相互配合，是团体操表演的重要组成部分。它不仅对人物形象塑造起直观作用，还在辅助表演、体现团体操作品主题思想和艺术内涵上有着不可忽视的作用。

一、服装的种类

团体操表演的服装种类非常丰富。根据表演的特点与功能进行划分,可以归纳为以下几种:

运动服:体操服、健美操服、艺术体操服、武术服、马术服、游泳服、篮球服、足球服、瑜伽服等(图5-2-1)。

舞蹈服:古典、现代、芭蕾、民族、民间舞等服装(图5-2-2)。

职业服:工人、农民、士兵、学生等服装(图5-2-3)。

仿生服:花、草、树、鱼、鸟、兽等服装(图5-2-4)。

时装表演服:瑞丽、嬉皮、百搭、淑女、学院、通勤、中性、嘻哈、田园、朋克、波西米亚等服装(图5-2-5)。

传统表演服:戏剧服、杂技服。

超现实服:太空人、雪人、兵马俑、图腾装等服装(图5-2-6)。

图 5-2-1　健美操服

图 5-2-2　芭蕾舞服

图 5-2-3　士兵服

图 5-2-4　仿生服

图 5-2-5　学院服

图 5-2-6　太空人服

二、服装的作用

服装是构成团体操表演美的重要形式。在团体操表演中,服装可以提高团体操表演作品的整体表现力,表现作品风格,刻画出人物性格,展现出所要表现的角色,突出表演作品的艺术个性,表现故事情节,丰富表演作品的艺术内涵,因此,我们一定要重视团体操表演中服装的作用。

(一) 团体操表现力的需要

团体操是一种体育和艺术高度结合的综合性的集体表演项目,它的视觉形象设计就是通过队形、图案与色彩等元素以符合传达目的的方式组合起来,达到准确的视觉传达效果,同时给观众以视觉心理满足。然而,最能体现团体操表演视觉效果的图形与色彩就是通过服装和道具来实现的,在方案设计的过程中,就要充分考虑到服装的色彩以及功能,以达到团体操表演效果的需要。

(二) 表达主题的需要

服装是团体操表演中的重要组成部分。它协助表演作品达到完美的视觉效果。通常利用服装的款式、色彩及发型的转变来交代故事情节。服饰装扮的设计能使观众一目了然表演者所要表达的身份、时代、民族、地域等信息。

三、服装的特性

(一) 时代性

不同时期,由于人们审美的不断变化,对团体操表演服装的选择设计也不同。但不论如何发展变化,团体操表演的服装大多具有鲜明的时代特征,以便可以更好地为主题与内容服务。

(二) 民族性

中华人民共和国拥有 56 个民族,由于不同的民族生活的环境不同,长期以来加上文化、习惯上的差异,在服装上的差异也很大,使得各民族服装服饰都有着各自的风格和特点(图 5-2-7~图 5-2-9)。

图 5-2-7
彝族男性服装

图 5-2-8
蒙古族女性服装

图 5-2-9
新疆维吾尔族女性服装

（三）功能性

团体操表演服装设计师要注重服装功能的开发和利用。有时服装既是服装，也是道具。通过巧妙的服装设计，瞬间就可达到意想不到的表演效果，因此，开发服装的功能性是未来团体操表演效果应该重视的课题。

四、服装设计应该注意的问题

（一）色彩的搭配

团体操表演力求色彩鲜艳，在凸显和表达主题的前提下，通过色彩达到最佳视觉效果。一般情况下，整场表演设计时就会明晰每场操的主色调，在主色调明确的情况下，根据各分场的音乐及表现形式进行色彩的搭配，在色彩搭配时应体现出"大色块"原则，达到大效果、远效果的作用即可。

（二）表演的需要

服装是为表演服务的。适应表演动作是团体操服装选择的一个重要原则。不管服装多漂亮、时髦，一旦束缚了动作，妨碍了动作的表现，都是不可取的。必须选择轻便合体、舒展自如的服装，才能更大限度地适合团体操动作的需要，而不用担心服饰的脱落或牵绊手脚。比如演员动作设计有较大幅度的柔韧、飞舞、跳跃，就需要面料一定要有弹性或者设计宽松能符合动作完成的款式，否则将会影响某些动作的完成，如若不能实现，将会影响表演的效果，或者出现意外。

（三）换装的便利

根据表演的需要，演员需要在不同的时间段展现出不同的色彩、花样来达到表演设计的要求,在观众的视觉范围内以出其不意的变换来赢得表演的效果,这中间就会涉及演员在短时间内服装的更换、变换等环节,可通过设计不同色彩层次,利用挂钩、拉链、站口、手环等装置使演员在瞬间完成换装、换色的效果。

(四) 制作的成本

团体操表演人数多,且多数表演完服装的再利用价值极低,因此服装设计只要注重大效果、远效果即可。服装的装饰花纹要粗线条,具有夸张性。服装质量的选择要根据经费条件及表演效果的需要来考虑。在设计和制作前就要做好成本预算的工作,一般情况下,服装可采用普通面料,价格不宜过高,服装上的装饰也不宜太多,但做工质量要好,要牢固,以能够达到表演的预期效果为宜。

第三节 团体操表演的道具

道具在团体操中被广泛地应用,是一种很好的艺术装饰。恰当地选择道具,有助于表现团体操的主题思想,突出风格与特点,丰富团体操的表演形式,增强艺术表现力,达到提高团体操表演效果的作用。

一、道具的种类

团体操中的道具多种多样,形式不一。它是根据团体操的主题和表演内容的需要及其经费条件而选择、设计和制作的,没有统一的品种与规格限制,各种道具按照大小、轻重可归纳为以下三大类。

(一) 小型道具(轻器械)

如火棒、藤圈、彩带、彩球、草帽、跳绳、扇子、纱巾、彩绸、彩旗、花环、花棍、花球、拉花、伞、腰鼓、手鼓、各种武术器械、各种事物模式等(图 5-3-1~图 5-3-3)。这类道具种类最多,形状各异,轻便易于携带,运用范围广泛,使用的方式也不尽相同。有的是利用道具反映主题的内容、烘托主题,如用红绸表演,最后组成一面巨大的五星红旗。有的是取其色彩效果,用来装饰队形和动作,烘托表演气氛,如利用不同色彩的花球组成各式各样的圆、造型或波浪动作等,不仅加大动作的表演幅度、丰富动作的表演形式,而且达到增强表演画面的色彩、提高表演效果的作用。

(二) 中型道具(重器械)

如梯子、造型架、大花篮、双杠、小型蹦床等。

(三)大型道具(巨型器械)

如彩车、巨型旗、联合器械、固定的或可以转动的翻花台等。

图 5-3-1　花球　　　　图 5-3-2　手翻变色花球　　　　图 5-3-3　功夫扇

二、道具应该注意的问题

(一)道具的选择

并不是每一场团体操都必须用道具,道具的选择是根据表演的主题和内容量身打造的,应尽可能使道具具有多种用途和功能,在表演中充分发挥道具的作用,表达主题。

(二)道具的来源

道具也并非一定要亲手来制作,条件允许的情况下,可以联系制造道具的厂家,根据团体操表演的需要进行设计和制作,制作时经过试验、改造、试验、再改造的环节,在充分挖掘道具的功能基础上达到最佳的利用价值。还可以通过在网上搜索发现合适的道具,直接进行订购。当然也可以自己购买原材料进行加工。

(三)道具的设计

道具设计的大小、功能应充分考虑到各种客观条件,如表演者的具体情况、训练时间的长短等。道具设计要尽量轻便、牢固,便于携带,操作方便,变化巧妙,而且要经济实惠。道具设计的色彩要符合表达的主题,应该与整场设计的主色调相符合,此外还要充分考虑到与服装的协调搭配,以达到最佳的表演效果。

(四)道具的使用

一场团体操从设计、训练到表演,往往要持续很长时间,有时在训练的过程中道具已经出现破损、变旧等情况，为了确保节约成本、达到较好的表演效果，最好表演道具和训练道具区分开来，训练的时候可使用一些替代品，在彩排前训练、彩排、预演和正式演出时再使用新道具。

第四节　团体操表演的背景

背景表演是团体操表演的一个重要组成部分。它有助于突出团体操表演的主题，烘托气氛，扩大和美化场面。随着时代的发展，背景也经历了从无到有、从人力到科技的转换。背景表演的形式多样，是否采用、采用什么形式要根据团体操表演的条件和需求而定。

一、背景表演的作用

（一）点明主题，烘托表演内容

运用背景表演的主要目的是弥补场内表演的内容，起到点明主题、表明意境、烘托气氛的作用。场内表演和背景的完美结合、相互呼应可以使团体操表演的主题更加的鲜明、透彻。

（二）扩大视野范围

团体操表演主要是地面上的表演，观众的视野范围主要集中在表演场地，而背景的表演，则会将表演的空间加大，观众的视野不仅集中在表演场地，同时视觉还会停留在背景表演的空间上。

（三）增加信息输出量

团体操的表演主要是通过音乐、动作和队形来表达主题，而背景表演可以大大增加图案表演的信息量，给予更大量的画面和更多的关于表达主题的信息。尤其是现代科技带来的电子背景，既可以是文字信息、图片信息、视频信息，也可以是动画信息等各种各样的信息元素，表演在色彩运用、变化速度、画面转换、空间变化等各个方面都能达到意想不到的效果。

二、背景的类型与构成

根据现代背景发展的现状，按照背景的技术组成，可以分为人工背景和电子背景。一般大型的团体操表演均已经采用电子背景，但在基层表演中，由于时间、条件的限制，人工背景还在被沿用。

（一）人工背景

人工背景有好多种组成形式，效果较好的是由很多人员在固定的背景台上通过手翻动背景本而组成一幅幅画面的形式。这种形式耗时、耗力，在过去还要运用美工根据背景的大小，通过计算进行手绘，现在大型打印技术已经可以取代手绘，通过精确打印后组成的背景图案，在色彩和图案逼真度上都较手工绘制的效果好。

（二）电子背景

随着现代电子技术数字化的迅猛发展，超大型电子屏幕技术不再是新鲜事物，它已经成为大型活动普遍采用的技术，最常用的是 LED。简单地讲，LED（Large Electronic Display）显示屏就是由若干个可组合拼接的显示单元（单元显示板或单元显示箱体）构成屏体，整个系统由计算机专用设备、显示屏幕、视频输入端口和系统软件等组成。LED 显示屏可以显示变化的数字、文字、图形图像；可通过键盘、鼠标、扫描仪等不同的输入手段编辑、增加、删除和修改文字、图形、图像等信息。编排存于控制主机或服务器硬盘，节目播放顺序与时间实现一体化交替播放，并可相互叠加。LED 显示屏不仅可以用于室内环境，还可以用于室外环境，具有投影仪、电视墙、液晶显示屏无法比拟的优点：亮度高、工作电压低、功耗小、小型化、寿命长、耐冲击和性能稳定。在运用方面，我们重点需要掌握画面的选择与设计。

三、选择背景的途径

背景画面的选择途径有多种：第一，可以通过网络下载。现代网络十分发达，在网络上通过"背景画面素材库""背景画面图片"等关键词进行搜索，下载符合背景表演的图片进行编辑。第二，可以选择自己拍摄等方式来收集图片或视频资料，拍摄时注意像素值尽量高一些，拍摄清晰。

第五节　团体操表演的场景

场景是指团体操表演场内安装的固定或不固定的大表演台、景等，如升降舞台、喷泉、花坛、礁石、山景……。随着团体操越来越多地运用文艺表演中的舞美手段增加自身的艺术感染力，场景的设计越来越受到重视。

团体操中的场景与服装、道具、化妆、灯光、音响效果等一起，共同组成舞台的整体。它对团体操向立体化发展，对突出表演重点、内容，甚至少数人出大效果的表演设计，均有重要作用，是整个舞台美术的中心点。

一、场景使用的原则

(一) 舞台艺术的从属性原则

场景的使用是为团体操的表演提供服务的,是为了达到更好的表演效果而精心设计的,它是动作、队形与舞美、灯光、服装、道具、化妆等综合表现形式中的重要组成部分,既不能脱离其他独立存在,也不能喧宾夺主。场景的布置要以团体操表演为中心,为表演服务,给表演者营造出符合表演特征的舞台氛围,因此,它与整个表演构成了从属关系。

(二) 虚实相接性原则

舞台的写意性,决定着场景的风格,所有的表现形式都是贵在传神,意在笔外,但团体操表演的舞台与剧场的舞台存在着本质的区别,因此,在虚拟化的基础上还要结合实际,表达现实,要让观众能读懂、看明白所要表达的意境,因此,团体操场景设计应在写意的基础上虚实相接,为团体操表演服务。

(三) 相互配合性原则

场景的设计必须与其他的艺术装饰紧密配合,才能相得益彰,相映生辉。

二、场景布置的步骤

简单地说,团体操场景的设计可以分为设计组和制作组两部分。场景设计当然是通过场景设计师来完成了。场景设计师工作通常分为以下几个步骤:

①在详细地研究团体操表演的方案之后,将创作概念与导演组讨论、沟通,然后把自己的想象与导演组的想象结合,找到一个合适恰当的切入点作为创作舞台场景的入手处。

②开始绘制草图,大致勾勒出自己心目中的舞台形象和布置,然后与导演组进一步地讨论。

③一旦方案被导演和整个创作小组所接纳,设计师就要充分了解演出的场地环境,特别是表演的空间及其设备,对需要加以调整和改进的部分有一个准确的把握和认识。

④在实地考察结束之后,设计师就要绘制平面图和立体透视图了,在平面图中要准确注明每一幕布景的位置及尺寸、每一个道具的具体摆放时间和位置,以及舞台区位的运用等,作为制作装置布景及道具的依据。同时需要为灯光设计师提供明确的舞台环境,使他们的工作可以同步进行,并根据现实的变化不断加以调整。最后,在一切都基本确定以后,场景设计师就可以依照整个装置场景的比例,缩小制作模型,作

第五章　团体操的艺术装饰

为进一步制作场景的参考。场景模型对于团体操其他工作部分有很大参考价值，可以使导演和演员更好地了解表演环境。

⑤场景制作组的工作相比起来就更为琐碎，他们要在拿到设计师的平面图和立体图后，采购材料，并按照图示制作出符合演出要求的各种布景。正是整个小组默默无闻的努力，才有了缤纷舞台之上五颜六色的奇妙景观。

第六节　团体操表演的灯光

灯光是大型团体操表演的照明。随着灯光技术的不断进步，灯光早已突破了仅仅用于照明的简单含义，现代灯光设备种类繁多，比如电脑摇头灯、电脑扫描灯、激光灯、筒灯、追光灯、聚光灯、回光灯等。不论是在烘托气氛、强调主题、渲染意境上，还是在局部特写、把握节奏、创造多维空间活动中，都可以看到灯光的身影。在演出中，"用光说话"已经成为大型团体操表演不可或缺的内容。经过实践的积累，人们已经总结出了灯光色彩带给人们的不同视觉感受，正确地运用灯光色彩将会对表演起到事半功倍的作用。

一、灯光设计、选择与色彩的关系

团体操表演中灯光设计、选择与色彩的关系如表 5-6-1 所示。

表 5-6-1　灯光设计选择与色彩的关系

灯光色彩	对观众心理产生的影响
红光	火焰、鲜血、热烈、希望、喜庆、婚礼、节日、革命、胜利、战争、激烈、爱情
橙色	喜庆、丰收、热烈、欢快、美好、秋天
黄色	阳光、美好、幸福、欢快、明亮、夏天
绿色	生命、青春、植物、森林、树木、希望、活力、春天
蓝色	大海、水、夜晚、冰冷、严肃、天空、庄重、压抑、梦境、幻想、深邃、浩瀚、冷酷、战争、冬天
紫色	高贵、典雅、神秘、魔幻、深邃、奇异
金色	高贵、庄重、辉煌、尊贵、丰收、喜庆、吉祥、热烈、大地、沙漠、黄河、土壤、黄金、金秋
黑色	夜晚、空间、深邃、悠远、神秘、梦幻、星空、广阔、恐怖、压抑、时间转换、空间转换
粉色	喜庆、爱情、迷离、奇幻、神秘、欢快

掌握了上述的色彩与效果，在设计灯光时，根据主题和要营造的意境设计灯光色

彩，并准确地表达给灯光师，与灯光师进行沟通、协调，使灯光达到想要的理想效果。

二、灯光设施使用应该注意的问题

（一）综合考虑

团体操表演的中心任务就是对团体操作品的完美展现，灯光的色彩变化和动感是为音乐、表演服务的，是为团体操艺术效果的整体服务的。因此，灯光要与表演时的动作内容、服装、道具、背景等相匹配。表演前，团体操方案的设计者一定要与灯光师进行沟通，将所要表达的主题、场景，突出的重点，想达到的效果一一表明。灯光师将会对团体操表演灯光的色调、明暗、强弱及动静进行有效的调控，力求实现舞台灯光与其他艺术装饰的完美融合。比如，2016年张艺谋导演的杭州G20会议演出中《小天鹅》的场景，通过光影的转换，给观众以虚幻缥缈、美轮美奂的视觉效果。

（二）灵活性运用

灯光的使用是技术与艺术的完美融合。它的作用是多方面的，它不仅可以改变时间和空间，同时也可塑造剧中人物的心理空间。把不同材料、质地的景物统一在一种情绪、色彩、气氛之中，是灯光的艺术语言方式最为神奇的地方。在灯光的作用下，表演获得再创造和再体现，使有限的舞台空间充满无穷的活力。因此，在舞台空间的处理中，灯光是最活跃、最有生机的造型因素。与其他舞台美术的造型元素相比，它可以通过对色彩、明度、节奏变化等语言要素的快速转换，更加自由地创造出"活"的生命空间。团体操表演一般都是在大型的场馆中进行，与室内剧场的演出完全不同，灯光的快速转换更需要灵活运用。

> 【作业与思考题】
>
> 1. 团体操表演中的艺术装饰有哪些？
> 2. 团体操创编时最常用的音乐编选模式有哪些？
> 3. 团体操表演服装设计中应该注意什么问题？
> 4. 团体操道具选用、设计、制作和使用中应该注意什么问题？
> 5. 团体操表演中背景的作用有哪些？

CHAPTER 06

第六章

团体操的训练

【本章摘要】 在大型的开幕式表演中,最重要的工作环节就是组织和训练。组织和训练的质量好坏直接影响到整个表演的效果。本章主要从团体操的组织工作、团体操训练计划、训练内容与方法三个方面进行详细的阐述。

【教学目的】 通过本章的学习,使学生对团体操的组织和训练有比较清楚的认识,从而了解团体操组织工作的内容和程序,掌握大型团体操训练的内容与方法,为今后编排团体操表演方案、提高表演效果、完成表演任务作铺垫。

第一节 团体操训练的组织工作

团体操是一项体育与艺术高度结合的综合性集体表演项目,它具有广泛的群众性,尤其是大型团体操的表演,内容复杂,训练工作繁重,涉及的面广,参加的单位多,表演场次多,人数更多。表演人员有男有女,有成年人、青少年和儿童,但大多是学生参加表演,有时也有军人、工人、农民、运动员和一些专业的演员(如舞蹈演员、杂技演员等)。正是由于团体操训练涉及的表演人员队伍庞大,参训人员绝大多数又缺乏必要的基本功训练,训练场地大多是在室外,且最终表演效果影响重大,如果没有一定的组织是不可设想的。因此,团体操表演方案制订后,就要着手训练的组织工作,且要遵循一定的程序,如图 6-1-1 所示。

图 6-1-1 团体操训练的组织工作程序图

一、确定表演单位

表演单位的确定应根据表演内容、方案需要和表演规模、场次及经费情况等予以统筹安排，通常要注意下述三个方面。

（一）了解各表演单位的基本情况

团体操不仅是一项艺术性的活动，而且是一项很讲究科学的事业。它对表演单位的要求比较高，并且能反映一个单位、学校甚至是一支队伍的风气、特色。因此，在进行团体操训练之前，首先必须从各个方面了解参演的单位，为选定合适的表演单位做好准备，以保证团体操训练与表演的质量，从而使团体操表演不仅达到供人欣赏的目的，而且起到较大的潜移默化的育人目的。所以，在确定具体的表演单位之前，要了解可能承担表演任务的单位、学校等相关内部组织机构、外在条件、校风校纪等多方面的情况。

为了响应全民健身号召，发展广场体育艺术，促进群体表演活动的发展，充分发挥地方基层单位人员的积极性，可以指定某地区，某单位参加演出。

（二）对表演单位数量的要求

团体操的表演有大、中、小型之分，小型的团体操表演规模较小，表演人数少，参与表演的单位自然也相对较少。大型的团体操表演人数较多，可能多达几千人、上万人，但并不是参与表演的单位越多越好，人多了会降低团体操训练的效率与表演的质量。大群体的训练工作最忌讳的就是散、乱、拖，因此，对参与团体操表演的单位数量也应该做出一些要求，确保每一个场次的操，参加的单位不要太多，而且要集中在一个区域里，切勿太分散，以邻近为好。这样便于训练，利于各区域之间的评比竞赛，又可避免增加交通上的困难。

（三）对训练场地的要求

团体操表演场地的布置是一项细致、艰苦而又必须进行的工作。场地是全体表演者在场内进行各种队形变化及动作表演时定位的客观依据。场地布置得合理与否，直接关系到训练与表演的质量和效果。随着时代的发展，团体操的表演内容和形式不断丰富和更新，为适应新形势的需要，在条件允许的情况下，人们更注重表演场地的质量、实用性和表演的整体效果。如帆布、化纤地毯等陆续地被用于表演场地。但是无论采取何种质地的表演场地，都要根据训练和表演的需要予以布置，只是布置时采用的方法不同而已。其中，训练场地可以根据本单位所承担的表演任务及所用场地的面积进行布置，通盘规划，认真细致地进行测量，合理而准确地予以布置。

二、确定表演人员

团体操属于大集体项目,它的编排有其复杂性、组织的严密性、排练的耗时性及参与人数多等特点,对表演者自身提出了更高的要求。因此在确定表演单位的同时,还应提出选拔表演人员的条件,根据不同形式的操提出不同的要求,具体要求如下。

(一) 表演者年龄、性别、身高的要求

参与团体操表演的人数不是越多越好,也不是以少而精来要求。人数的确定有其自身的诸多要求。比如,表演者是少年儿童时,主题的选择是热爱生活,积极向上,动作也比较活泼、欢快;是青年男性时,则动作需体现出刚劲、有力;是青年女性时,则动作需柔和、优美;是中老年人时,动作则缓慢、绵延等。当然,团体操的表演需要队伍的整齐美观,还要考虑参与者的身高分配等因素。因此,可根据表演的需要对人员提出相应的要求。

(二) 表演人数的要求

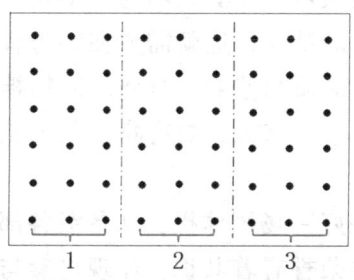

图 6-1-2 完整的散点队形

表演人数的确定也是团体操创编前期比较重要的环节。在确定表演人数之前,通常根据一场操的散点队形的要求来确定人员数量。针对一些小型的团体操,人数比较少,一般情况下,所有表演者皆来自同一单位,组织和训练起来比较方便。如果是在中型或是大型团体操表演中,有很多个场次且人数成千上万的话,就需要若干个单位组合起来,那么人员的选择就需要合理规划一下。下面,我们以一个完整的散点队形为例做一简单说明:如图 6-1-2 所示,是 6(横排数)×9(纵队数)的方阵,共 54 人,由图可知由 3 个单位的人员组成,每个区域有 3×6=18 人,是对等且比较独立的 3 个小方阵,就近分配,要求每个单位选定的人数能组成完整队形,这样划分,一方面有利于平时组织与训练,另一方面有利于前期的单独训练和后期的联排。一般情况下,各单位的表演人数应根据团体操表演内容和表演队形的需要以及表演单位的具体情况

来确定。在人员选择时，还应考虑选留一定比例的候补人员，以备缺人的情况下可以迅速补上，男生保持在3%、女生保持在5%左右即可。

(三) 体育基础水平的要求

身体健康是对表演者参与团体操训练与表演最基本的要求，是保证团体操顺利进行的基石。当然，仅仅有强健的体魄是远远不够的。在团体操的训练中，哪怕是最基本的技术动作，都需要表演者在协调性、力量、耐力、柔韧、音乐节奏等诸多方面进行训练，这是团体操作为一项艺术性与技术性高度结合的运动项目所必备的。

在团体操的训练与表演中，教练员会根据表演的不同要求，在原有基础上加重任务难度，对表演者从严、从难要求，既对整体的技术要求作出规定，又对个别操或一场操中的某些部分提出特殊的技术、技巧要求。要求每一个动作不仅能体现团体操的美，而且能反映表演者的身体素质、意志品质等，因此，应尽可能地选择具有一定表演经验和体育基础水平的单位或个人，并且要全面了解其相关的内部组织机构，外在条件等多方面的情况。

(四) 道德品质的要求

团体操是一个大集体运动项目，表演成功与否不是一个人的事，而是集体力量的结晶，是所有表演者共同努力的结果，这就需要在参与者身体健康、技术过硬的保障之外，还必须具备良好的道德品质与修养，具备团队精神和协作意识。把团体操的训练和表演作为自己的一项重要事业来做，要有集体荣誉感，以主人翁的态度去完成每一项任务。

我们知道，要成功地演练好一场团体操，从各级各部门领导到编导、教练员、表演者都必须对表演目标、集体荣誉有着共识，体现出参与其中的积极性，保持机体形象的风范和作为，为团体操表演的成功献上自己的一份绵薄之力。

除此之外，还有诸多的要求，比如，如果表演者是学生的话，那么学习条件、思想作风、校风校纪等又是一些要求，总之，都是为了促进团体操表演的顺利开展。

三、成立组织领导机构

团体操的表演从筹备、立意开始，到正式表演结束，是一个复杂的系统工程。它涉及的表演单位多，人数多，表演所需的道具多，联系面广，因此建立一个健全、精干、有力的组织领导机构是完成整个表演任务的重要保证。然而，在确定了表演单位和表演人数之后，需建立临时的组织机构，配备各级干部，建立必要的训练网络，以便将各单位的表演者组织起来，着手训练。

每一场操由各单位负责人成立临时领导小组，如图6-1-3所示，其成员应由主管领导、教练组（编训组）、管理干部和后勤人员组成，选出有经验的教师作为总指挥，负责各单位的训练工作，其他人员积极配合。

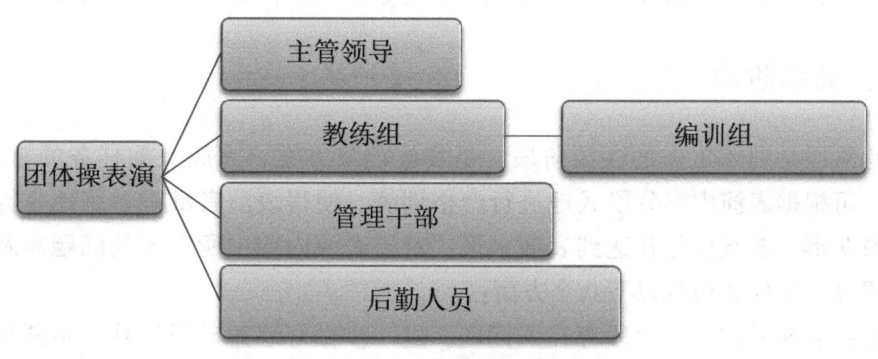

图 6-1-3　团体操表演领导机构图

第二节　团体操训练计划的制订

团体操的训练工作是一项艰苦而又复杂的工作，要将设计好的内容实现，必须根据参加表演人数的多少，表演内容的难易程度，可供训练的时间长短，表演人员的实际水平、训练场地的设施条件以及上级领导对训练提出的要求等情况，予以周密的计划，通过系统、有组织的训练才能实现。这对组织训练者的思想、能力和专业水平要求较高。

训练计划一般分为三个阶段：准备阶段，训练阶段，预演和表演阶段。各阶段的主要任务如下。

一、准备阶段

团体操训练的准备工作十分重要，是搞好整个训练的前提和基础，为训练工作的全面展开做好各方面的准备。这个阶段的时间长短要根据任务情况来定，但一般情况下准备阶段的时间不宜太长。其任务包括以下五个方面：

①根据表演任务和表演规模的需要，组建相应的团体操编训团队，建立基层训练的组织机构，并明确分工，责任到人。

②制订系统、周密、细致，且留有余地的训练与表演计划，并按照表演方案和编排队形的要求，将选定的表演单位和表演人员进行编队、定位，并选派各级干部（最好不要打乱原来的单位和班级编制）。

③召开动员大会，由领导向全体参训人员进行思想动员，讲明表演的目的和意义，并向全体表演人员介绍表演方案及实施细则，提出有关要求。

④做好训练的后勤保障工作，如训练场地的布置、音响设施的安装或配备，代用道具的准备以及生活管理等方面的工作。

⑤培训教练员及技术骨干，并对全体表演人员和候补队员进行基本功的训练。

二、训练阶段

训练阶段是训练工作的主要阶段，是实施表演方案、完成表演任务的重要阶段。训练时，可根据表演内容分段式地进行严格训练，使得表演者准确熟练地掌握全部表演动作及队形、图案变化并达到表演水平。对于表演内容中所发现的问题需及时进行修改和提高，其任务包括以下八个方面：

①根据表演者在上一阶段存在的问题，进一步做好思想动员工作，不断提高全体表演人员的责任感和训练的积极性，详细介绍各单位所承担的全部内容。

②按表演内容分段进行严格的训练，每一段训练之前，都要有步骤地提前培训基层的教练员和表演人员中的骨干，抓好典型，以点带面。

③有计划、按进度地对全体表演人员进行有针对性的训练，如表演动作和表演队形的训练，图案队形的训练等。

④做好训练中的宣传鼓动工作，开展竞赛评比、通报表扬，树立典型及口头或其他形式的鼓动，切实加强思想教育工作，以推动训练工作的深入进行。

⑤组织好候补队员的训练，以备在特殊情况下能及时补上，且在训练中指派得力的骨干负责后补队员的训练。

⑥认真做好后勤工作，确保训练工作的顺利进行。

⑦根据整个团体操训练进展的需要，有计划地安排各个单位之间的联排，确保相邻的两场操之间衔接顺利流畅地完成。

⑧在大的联排前需召开会议，制订周密的计划，布置联排的目的、任务、明确时间地点、联排的次数与方法等，并要进行详细分工，做好各项准备工作。

总之，训练工作要注意科学性，计划尽量做到切实可行，行之有效，计划完成的时间安排上要提前，要留有余地，以便应付各种未曾预料的情况干扰，保证训练工作的顺利进行。

三、预演和表演阶段

预演和表演阶段是训练的完成阶段，它的任务是发挥训练的最高水平，达到正式表演的目的，其任务包括以下三个方面：

①进一步做好思想动员工作，克服各种不利因素，使全体表演人员以高度的责任感、认真积极的态度，高质量、高水平地完成预演和正式表演任务。

②预演和正式表演前召开会议，对各项准备工作进行细致分工并检查落实。包括

明确表演时间，集合地点，各级指挥位置，疏散路线，表演服装、道具的分发与保管，表演场地的布置，交通、急救站的安排，安全保卫问题等，做到上下通气，互相配合，及时补台，顺利完成表演任务。

③预演和正式表演后，要做好总结与善后工作。团体操训练工作计划可用表格形式说明（表6-2-1）。

表 6-2-1　团体操训练计划一览表　　　　　　　　　　　××年××月××日

阶段	时间	主要任务	目的要求	备注
第一阶段（准备阶段）				
第二阶段（训练阶段）				
第三阶段（预演和表演阶段）				

第三节　团体操训练的内容与方法

团体操的训练工作一般分为准备、训练和表演三个阶段，其中训练工作是团体操训练的主要阶段，通过训练使得表演者熟练掌握表演动作和队形。由于参加团体操表演的人数多，场次多，涉及面广，大部分参训人员都是利用业余时间进行训练。为了使表演达到最佳效果，除了按照原计划执行外，还必须注重训练内容及训练方法的科学性、合理性和实效性。团体操的训练工作主要包括基本功的训练、表演动作训练、表演队形训练、图案队形的训练、背景训练、进退场训练，团体操的表演有其特殊性，还需要有骨干和候补队员的训练，以及其他形式的训练方法。

一、技术训练

技术训练的质量是评价团体操表演效果最直观的依据。因此，根据不同的表演动作、队形、进退场和场内变化等不同内容，采取不同的训练方法提高训练效果是很有必要的。

（一）基本功训练

团体操的基本功训练是指正式表演动作训练之前必要的基础训练，它的任务是在思想上、身体条件和基本技术上打下坚实的基础，以利于正式表演动作的训练，它对缩短训练时间、提高动作的质量起着重要的作用，是整个团体操训练工作的重要措施之一。

团体操基本功的内容包括：

①队列、队形练习。
②基本姿态和表演意识练习。
③身体素质练习。
④徒手操基本动作练习。
⑤难度动作的辅助练习。

以上内容要根据不同表演内容的需要来选择安排，如队列、队形练习，徒手操练习和素质练习，是各场操必不可少的练习内容，训练中要培养表演者站"点"的意识，队列看齐的意识，站立及走、跑、跳的基本要求，通过徒手体操及姿态的训练来培养表演者身体各个部位的正确姿势，形成良好的身体形态，在训练中根据不同场次的需要，在身体素质和难度动作的辅助练习中，有所侧重，为表演动作的训练打下坚实的基础。

基本功训练完后，要进行检查评比，目的是进一步选拔表演人员，从而确定各个队伍和表演人员的位置（优秀者站在前排或中间）。

（二）表演动作训练

团体操的表演动作很多，一般分为一致性的动作和非一致性的动作。对于一致性的动作，可以采用单人讲解与示范的方法进行训练；对于非一致性的动作，则应采用单人讲解、集体配合示范的方法进行训练。

在讲解时要分别讲清楚每个人身体各个基本部位的运动方向、路线、动作的节拍及规格要求等。讲解后，可先放慢口令，一拍一拍地练习，等队员掌握动作之后再按照正常速度完成动作，出现错误及时纠正，以利于动作的正确掌握。

练习套路时，多采取集中训练，提高动作质量时多采取分散训练，日常训练应坚持按计划规定次数完成练习；寒暑假期间（针对学生等人群）可采用集中训练形式，基本功与难度动作应坚持每天练习，随时抓动作，对训练质量应定期进行检查、评比，以促进训练，提高动作质量。

（三）表演队形训练

团体操表演中的队形多种多样，有的较为简单，有的却较为复杂。为使队形变化迅速、准确、自然和流畅，在简单队形变化时，可采用以基准人、基准行、基准排为其目标，并配合讲解与示范的方法进行练习。

在训练较为复杂的队形和图案时，应首先向教练员讲解各单位在团体操中的位置、表演人员的分布情况以及变化过程中表演人员的运动方向、路线、方法及拍节要求。每个教练必须非常清楚坐标图的变化，并持图进行训练。为了便于复杂队形或图案队形的训练，可先在场内布置特殊标志或是画出图案的轮廓，然后由教练员带领表演者分别走到各自的位置，等各单位表演者熟练掌握各自的变化规律后，便可在统一指挥下由原来的队形直接变到复杂的队形上。掌握了每个队形后，可以依次地、连续地只进行队形练习而不做动作，让表演者熟悉队形之间的练习和各种变化的位置，待队形变化掌握之后，再进行队形上每一个边沿动作与队形的配合练习。

（四）进场、退场训练

进场的队形及动作要与进场后的第一个队形及表演动作紧密地结合起来训练。退场队形及动作则要与场内表演的最后一个队形及动作结合起来进行训练。若进、退场的队形较为复杂，在训练的最初阶段，可由教练员或骨干引导，并在场内标上特殊标记作为目标或是参照物进行练习。

（五）音乐与口令训练（即配乐训练）

团体操中的音乐主要是指挥信号，在一般情况下，从进场表演到退场都是在音乐的指挥下进行。在训练最初阶段，一般是依靠口令指挥完成动作，随着动作熟练程度的提高，就要与音乐结合起来进行训练。可采用印发歌页、组织唱歌、多播放团体操音乐等形式，使表演者尽快熟悉音乐，掌握其旋律、节奏变化、情绪要求，不断地加深表演者对音乐的理解，从而使表演者在音乐的伴奏下，能轻松自如并富有激情地完成表演动作。

（六）图案队形训练

图案队形经常是为了突出主题而精心设计的，各部分的配合往往代表一定的意义，它的训练与队形的训练相似，所不同的是图案组成较复杂，训练起来也比较困难。从表6-3-1可以看出，图案队形有一般性图案、象征性图案、组字等。

表6-3-1 常见图案队形实例

图案队形	实例（常用的）
一般性图案	花朵形、花坛、圆形、书本形、山峰、河流、麦垛、齿轮、太阳、光芒、星星等
象征性图案	五角星、五星红旗、党旗、奥运五环、会旗、会徽、地图、和平鸽等
其他（组字）	字母、年代号、中文字等

实例1：数字队形50，在训练的过程中，就应该先进行人员分配，指定哪一部分人变"5"，哪一部分人变"0"，然后分别单独练习，最后共同完成（图6-3-1）。

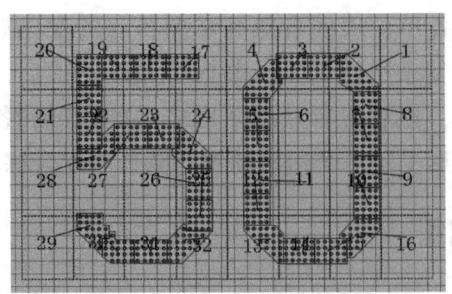

图 6-3-1　数字队形人员分布图

实例 2：一般性图案花朵形的训练，要先将原始图 4 个圆进行划分，然后分区域进行训练，最终集体完成（图 6-3-2、图 6-3-3）。

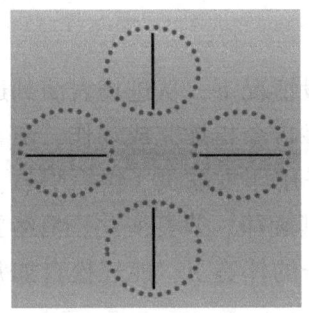 

图 6-3-2　圆形队形图　　　图 6-3-3　花朵队形图

可见，图案队形训练要相对复杂，所以在训练之前，应先召集各表演单位的教练员在一起把图案的构成和各单位在图案队形上的位置及人数做详细、具体地划分。再由各单位教练员将自己单位所构成的那部分图案，绘制成图，注明每个人所在的位置、方向、路线、节拍、动作等，当分区域或是分场地单独练习时，便可以轻松自如。当集体排练大图案时，表演者准确地走到自己的位置，可在场地上画出图案的轮廓或钉出若干特殊标记，帮助表演者找到目标，也可由教练员带领寻找目标，然后由队员自己完成，如此反复练习，效果更佳。

（七）背景表演的训练

背景是团体操表演的重要组成部分，它能给观众展现优美多姿的画面，衬托和烘托场内的表演气氛，使得正常表演更加生动、活泼，达到更高水平。背景表演成功与否对团体操的影响重大。因此，我们必须重视团体操背景表演，加强背景表演的组织与训练。

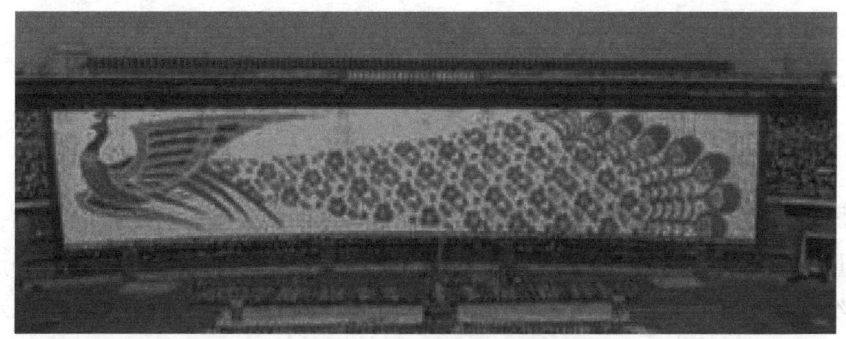

图 6-3-4 团体操背景表演图

图 6-3-5 团体操电子背景表演图

团体操背景表演的种类较多,有静止画面也有活动画面,但都是在主席台对面的观众席上。背景本是由表演者利用花束、闪光板、彩球、纸板、花球、手电筒及灯光设施等道具,根据预先设置好的标语、画面以及其表现形式,再根据场内表演的需要组织起来的。如图 6-3-4 所示,用背景本拼成了孔雀的图案。随着现在电子技术数字化的迅猛发展,使用超大型 LED 电子屏幕也越来越广泛,图 6-3-5 是陕西省第 14 届运动会开幕式的场景图,背景是 LED 屏幕的运用,给人带来不一样的视觉效果。不同形式的背景表演,其组织与训练的方式也完全不同,无论是大型、小型团体操的背景表演,技术并不复杂,比较容易掌握,但准确性要求很高,一瞬间,几千人甚至上万人同时翻出各自的画面,最终组成一幅完整的画面。

背景表演的动作较为简单,但要求确实比较高。参加背景表演的人数多,表演时间长,动作单一,而且要求注意力长时间高度集中,不能出现差错,因此尤其要加强表演人员的思想教育工作和基本功训练。首先,要提高表演者参加背景表演的自觉性和政治责任感,明确背景在团体操表演中的作用,了解背景表演的内容,绝对服从指挥,准确地完成表演动作,保证表演质量;其次,还必须具备熟练的技术以及对指挥信号的熟悉,包括正确的坐姿训练,持背景本的正确姿势,找页码、开背景本的技术等。

二、骨干与候补队员的训练

(一) 骨干队员训练

由于团体操表演人数众多,仅靠一个或是少数教练员来完成是很困难的,那么培养一定数量的技术骨干来协助训练工作的完成非常必要,这是由团体操的特点所决定的。在训练前可根据需要,先培养骨干队员,依靠他们来组织队伍、做动作示范和分组训练等,从而提高整体训练的质量和效果。在教练员极度缺乏的情况下,可以在骨干中培养一批小教练,形成小范围的训练管理层,如图6-3-6所示。

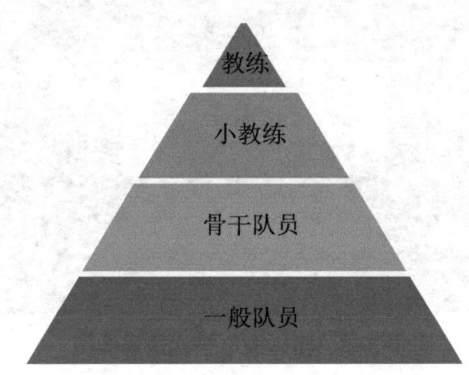

图 6-3-6 基层训练管理层

(二) 候补队员训练

候补队员是指在团体操的训练阶段或者表演期间,因突然事件或者伤病减员而能替补上的运动员。候补队员的训练是保证大型活动顺利进行不可缺少的一项工作。如果忽视了这项工作或是安排不当,就可能出现无候补队员或替补上之后不能准确熟练完成表演任务的情况,从而给表演带来损失。

候补队员的训练首先要解决其认识问题,使他们明确候补队员的作用和训练任务。在人员分配上,要在各个表演部分预留候补队员,并且候补队员应与正式队员享受同样的待遇,以发挥他们的积极性,派得力的骨干认真组织候补队员在各个位置的训练,学会不同位置的不同动作,保证替补队员在特殊情况下能及时替补,以便完成表演任务,减少表演缺人造成的损失。有时,小教练充当候补队员能起到事半功倍的效果。

三、不同组织形式的训练

大型团体操表演的场次多,人数多,根据规模的不同,少则几十人,多则成百上千上万人，不可能每一次训练都可以集齐所有的人，因此，应根据训练中不同阶段的任务与要求，采取不同的形式进行训练，以便于提高训练效果。可采用以下五个阶段进行训练。

(一) 单独练习（单练）

是指一场操在各个单位的训练。它是训练工作中最基本的形式。在单独练习的过程中，按照表演内容及训练计划的要求，学习并完成本单位所承担的全部表演队形及动作的训练任务。它是整个训练的基础，因此，要严格把控好这个环节的实施工作。

(二) 分区域练习

是指一场操中的两个或者相邻近的参训单位进行联合训练。其主要任务解决的是在单独分开练习中所不能解决的队形及动作的配合与连接方面的训练问题，并起到统一动作，相互交流、相互促进、共同完成某一部分动作和队形配合的作用。

(三) 单场次练习

是指一场操的所有参训单位和个人集中在一起进行统一训练。即一场操的合成训练。其任务主要是解决进场、场内表演中各种队形的变化及动作的衔接、大图案的组成以及退场等训练问题；检查训练与表演效果，并进一步改进与完善表演方案，互相观摩，竞赛评比，促进提高。

(四) 各场次间串联练习

是指参加表演的各个场次之间的联合训练。其主要任务是解决每一场次的操和操之间的入场、出场顺序和衔接问题，以及最终的结束部分集体表演的合练，并对各个场次的操进行检查、观摩、评比，起到相互促进的作用。

(五) 所有场次与背景的配合练习

是指所有场次的操和背景之间的联排。其主要任务是解决背景与各场操之间的配合问题。比如：解决每一场操之间出现了哪几幅画面（包括活动画面或灯光设施的配合表演），以及这几幅画面应该在表演进行到什么队形（或动作）、音乐演奏到什么旋律时出现，使背景与场内操配合默契，融为一体。合练的同时还应组织背景与操分别表演，互相观摩，了解各自的表演内容，达到互相学习、互相鼓励、共同提高的目的，同时有助于更好地集中注意力投入表演。

总之，各种队形的合练，必须根据训练的任务与需要而定，并在训练计划中做出合理的安排，做到每次合练都有成效和收获。这对保持表演者的积极性是非常重要的。

四、思想作风的培养和训练

思想作风的培养和训练是保证训练工作和表演任务得以完成的重要一环。在人数较多、时间较长的训练中,表演者往往会产生各种各样的思想情绪,如不及时发现和解决,就会使训练工作受到影响。在团体操的训练过程中,我们提倡"既练操又育人",通过团体操的训练和表演,有意识地培养正确的思想观念和良好作风,还有就是团队协作的能力和团队合作精神。那么,针对不同阶段出现的问题,其解决的方法亦不同。

(一)准备阶段

刚开始参训的表演者,大多较兴奋,但又不了解团体操的具体任务,在基本训练开始之后,很容易产生怕疼、怕苦、怕累的思想和畏惧情绪。在经过一段时间的训练之后,又会感觉单调或是产生急躁、厌烦情绪。根据以上情况,可以配合放映团体操录像或电影,详细讲述表演的意义和任务的重要性,使他们对团体操有一个初步的认识,了解自己所承担的表演内容,了解基本功的重要性、艰苦性和坚持长时间刻苦练习的必要性,从而提高认识,端正态度,提高训练的自觉性。

(二)训练阶段

经过严格的基本功训练,正式进入表演动作的训练后,参训人员的积极性一般比较高,但在初步掌握表演动作之后,很容易产生"差不多"的盲目乐观思想和懈怠情绪。对要求提高动作的质量,或因发现方案问题做必要的修改而改动时,易产生厌烦情绪。在训练取得成绩时,有些人容易产生自满情绪。在训练工作评比不如其他单位时,又容易产生悲观失望和埋怨情绪。针对这些情况,可采取经常做思想动员和宣传教育工作,取得家长对团体操训练工作的支持和配合。建立临时党、团、少先队组织,发挥组织作用与骨干的模范作用。领导要深入训练现场,从思想上、训练上以及生活上关心群众,解决实际问题,做好宣传鼓励工作,组织一些与团体操有联系的电影晚会,激发表演者的思想感情,组织评比,表彰先进。

(三)表演阶段

团体操的表演阶段主要分为彩排和正式表演两个阶段。

1. 彩排阶段

彩排是正式演出之前的总演习,表演者着表演服装、持道具等,还有各种的艺术装饰也都要展现出来,氛围和正式演出一样。彩排主要是检查团体操演出工作所有环节的运行情况,特别是检查和审视着装后的整体效果,以便及时发现问题、解决问题。

2. 正式演出阶段

正式演出阶段是整个演出的最后阶段。在此前后会有一系列的工作需要完成,比如:参与人员的思想动员;整个会场的组织工作等。

正式演出之前,有关的领导会对参与者进行最后的思想动员,激发其集体荣誉感,使其自觉地听从指挥,遵守大会的各项纪律规定,并鼓励演员以饱满的精神面貌大胆表现美,展示美。正式演出期间,表演者与各个部门的组织与配合尤其重要。此阶段表演者热情很高,态度认真,但要防止表演者过分紧张,影响水平的正常发挥。在这期间,还要注意劳逸结合,注意饮食卫生,保证身体健康,已顺利完成表演任务。正式演出之后又得认真总结,表彰先进,为今后团体操的开展积累宝贵的经验和体会,并查找不足,以供借鉴。

总之,团体操从构思、着手创编、训练一直到最后的表演,是一个复杂而系统的工程,需要强大的队伍、周密的策划、统一的指挥和多方面的配合。可以说是千人成就的事业,万人织成的彩锦。

【作业与思考题】

1. 团体操训练方法中的基本功训练内容有哪些?
2. 不同组织形式的训练方法分哪几个步骤?
3. 团体操的训练计划一般分为哪三个阶段?
4. 团体操训练的阶段包括哪些内容?

CHAPTER 07 第七章
团体操的组织

【本章摘要】 团体操是一个需要多部门协调配合的系统工程，最重要的环节就是组织系统的确定、指挥以及场地的分布与利用。组织系统的完善、指挥与场地的利用直接影响到团体操表演的效果。

【教学目的】 通过本章学习，可以了解团体操表演的组织机构、指挥的具体方法、步骤、分工与职责以及场地的合理利用，掌握设计大型团体操表演的组织排练的方法和手段。

第一节 团体操的组织工作程序

团体操表演的整个过程是一个庞杂的系统工程，需要经过筹备期、训练期、彩排

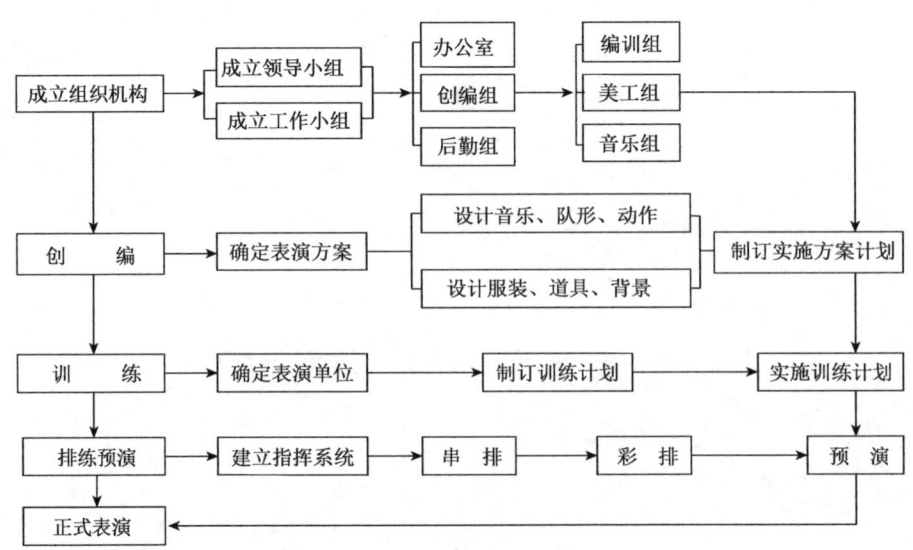

图 7-1-1 团体操组织工作程序图

期和正式表演四个阶段，以确保表演任务的顺利完成。团体操表演所牵扯的人数较多，单位较广，服装种类多、道具、艺术装饰繁杂等众多因素，因此需要依靠各方面的协调配合，才能达到预期的目标。一个完善、健全、精干和有力的组织机构，是保证表演任务顺利完成的关键。团体操表演的组织工作程序包括五个环节：成立组织机构、创编、训练、排练预演、正式表演，如图 7-1-1 所示。

一、成立组织机构

机构的大小、人员的多少须根据表演的任务与规模而定。其机构通常是由承办单位的负责人和有关协作单位的负责人组成领导小组，由相关专业人员组成工作组，下设办公室、创编组、后勤组等，各组的主要工作如下。

1. 成立领导小组

领导小组制订总工作计划。根据有关文件或上级指示精神，确定团体操的主题思想；确定团体操的表演形式与规模，表演时间与地址，参加单位与人数；具体的计划安排以及组织措施与要求等。

召开各部门主要负责人和成员会议。由主要负责人讲话动员，传达有关文件精神；宣布下设机构负责人及各组成员名单；落实参加表演的单位和人数，并提出具体要求；布置有关团体操表演的各项准备工作等。

2. 成立工作小组

工作小组可细分为办公室、编训组以及后勤组，一些大型团体操活动也会单独设置宣传处，以保证整个团体操活动的对外宣传。在团体操的组织工作中，以上每一个环节相互间都紧密相关，缺一不可，其中一个环节出错就会导致整场表演的失败，如图 7-1-2 所示。

图 7-1-2　团体操工作小组图

（1）办公室

负责政治思想、宣传教育工作，对外联络，起草与管理各种文件及票证的分发等工作。需要经常深入基层单位，了解各单位思想动态、训练进展及效果、存在的问题等，以便有针对性地编写宣传动员提纲，并用简报等形式向领导机关汇报情况和向所属表演单位传达上级指示。

(2) 创编组

由导演、作曲、音响师、舞台美术设计师、艺术形象设计师、灯光工程师、电脑工程师、道具工程师、服装设计师、队形、动作设计师组成。除编导外其他人员均是团体操编排的具体执行者，他们做具体工作的预算、设计和实施，并且监督检查整个实施过程。在工作遇到问题要及时向创编组汇报，使创编能及时地调整方向，更好地完成团体操的表演任务。创编组又可具体细分为以下三组：

①编训组：制订表演方案、负责团体操与背景的创编、训练、表演的组织与指挥工作。

②音乐组：负责音乐的选择或创作、录制以及表演时的配乐与音响效果等各项工作。

③美工组：负责舞台背景的设计与绘制，服装和道具样式的设计、色彩的配备、样品的试制以及灯光设施的安排等各项工作。

(3) 后勤组

可细分为服装组、卫生组、道具组、场地组、医疗组和器材组。主要负责做好物资保证工作，要根据表演方案制订经费预算和物资材料计划，服装、道具及背景用具的制作、保管和分发，场地器材的准备与布置、交通车辆的安排以及生活管理等工作。

在组织大型团体操表演活动时，团体操表演的领导成员应由相应的体育局、教育局和文化局及当地政府有关负责人士担任为宜，并分管各组的工作，以利于协调并指挥各项工作的顺利进行。

表演方案确定后，承担表演任务的区和单位，也要根据政宣、训练和后勤三个方面的工作建立相应的机构，要由相关区、单位的负责同志担任领导。最好是有专业背景的人组成训练班子，以便更好地完成团体操演出这项工作。

二、创编

团体操的创编是团体操表演的前提条件，是团体操组织工作的重要步骤，好的创意往往受到众多因素的影响。团体操的创编包括音乐、队形、动作、服装、道具及背景等因素，如图7-1-3所示。

图 7-1-3 团体操创编的因素

(一) 设计音乐、队形、动作

团体操的创编工作是团体操全部工作中的一个关键环节,是一项艰苦的工作,也是一项极具创造性的工作。为此,需要全体创编人员予以高度重视,打开思路,深入实际,调查研究,分析、探讨团体操所表现的主题思想、形式与内容,选择最具时代感、最具代表性的题材进行概括、提炼和创新。团体操的创编首先要制订一个切实可行的表演方案,根据表演方案的要求,选择音乐,根据音乐设计与创编表演的队形与表演动作,绘制表演队形图及编写表演动作的文字说明。其中,表演方案为总体方案和分场方案。最后,创作表演内容所需的音乐,音乐要能够突出主题思想和整场演出的演出风格,并且要能够与编好的队形、动作相契合。在音乐创编过程中可以分工创作,集体把关,充分发挥集体力量和个人创作的积极性。音乐旋律、节奏要清晰且富有感染力,演出时音响效果要对观众起到"激情""振奋"的感染作用。

(二) 设计服装、道具、背景

确定并设计背景表演的方案与画面内容,设计并确定表演服装、道具的样式与色彩。设计背景表演时应遵循"大场面""大变化""大色块""大节奏"这四大特点。在表演风格、意境设计、情景安排、色彩处理等方面突出艺术特点,并且要与现代科技有机结合,有效地将光、声、电、色、影融为一体,借助电脑科技等多种技术手段,创造出大空间、巨画面、广视角、大纵深、立体化等科技魔力,充分发挥立体思维的艺术效果。

三、训练

训练任务的实施,首先要确定表演的人员和单位,对每场次表演人员的人数和单位进行确定后,才能确保训练的进一步实施。

训练是实施表演方案的主要过程。在实践训练中,以编训组为指挥中心,制订训练计划,按计划系统地完成各阶段的训练任务,使表演者准确熟练地掌握全部表演动作和队形图案变化并达到表演水平。在训练过程中,可以把相关的单位放在一起练习,并找出训练骨干重点培训,这样有利于训练效率的提高。在训练过程中,编训组要及时沟通,明确训练内容并总结经验,及时修改方案中的不足。除此之外,还应逐步完成表演服装、道具的试制和订购,音乐的谱写和录制,背景画面的制作和训练等。

四、排练预演

预演首先要成立一个以总导演为核心的指挥系统,包括串排、彩排和预演三个部分。

(一)串排

串排是预演前初步对人员、音乐、灯光、舞美效果等的配合演练,可以是简单的人员与音乐两者之间的配合,也可以是人员、音乐与舞美效果等多方位间的配合,具体情况根据当时对整体表演方案的掌握情况而定。串排通常也指把所有场次表演节目连在一起进行的排练,这样可以让表演人员了解节目的表演顺序,明确自己何时入场,使各场次协调好上下场的衔接,并对表演中可能出现的问题做及时的调整。

(二)彩排

彩排指所有场次表演人员在指定表演场地进行的连排,一般不做大的调整,目的是为了使表演人员熟悉音乐、场地及背景等。每一场次的上下场要协调配合,都会在彩排中进行练习。

(三)预演

预演是正式表演前的演练过程,也是对表演时各有关部门工作运转的检查与验收。通过预演,检查后勤场地的布置、物质保证工作的安排,交通运输、安全保卫及票证分发是否合理;检查操、音乐、服装、道具、背景以及灯光设备和喷泉、烟花等配合的现场效果;检查表演的指挥系统是否严密有效。通过预演培养表演者在面对观众的特殊情况下,沉着、冷静、轻松自如并富有表现力地完成表演任务的实战能力。从中总结经验,发现问题并及时予以妥善解决,为确保正式表演的圆满成功做好各方面的准备工作。

五、正式表演

经过多次的彩排和预演,取得了各方面的经验和教训,并及时得到改进,从而为正式表演创造了成熟有利的条件,但还需要进一步加强正式表演的准备工作,安排详细的指挥方案、分工明确、责任到人,使指挥系统严密、有效,以便出色地完成团体操的表演任务。

第二节 团体操的组织与指挥系统

团体操表演的成功组织需要多部门的协同配合，必须有高效的指挥和管理系统进行统筹协调。一般来说，团体操的组织与指挥系统的最高指挥部是组委会，组委会下设有大型活动部，再下设总导演、表演指挥部和后勤保障组等，并在这些分组中继续将工作分组细化。

一、组织与指挥系统的建立

（一）组织与指挥系统结构

为了保证表演工作的顺利进行，必须建立严密有效的指挥系统。指挥系统岗位的设置及人员的组成应根据表演的规模和需要而定。通常，大型团体操表演的现场组织与指挥系统如图7-2-1所示，小型团体操表演中可以根据需要建立相应的组织与指挥机构，不需要太多的部门。

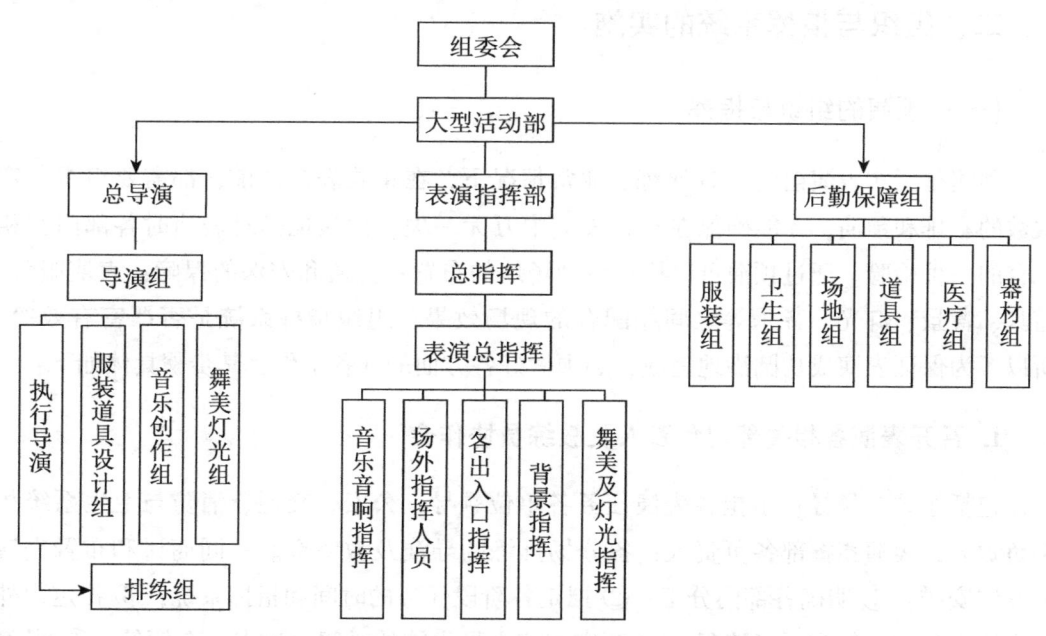

图7-2-1 团体操的组织与指挥系统结构图

（二）组织与指挥系统的各部门分工

①大型活动部：负责整个表演的策划、创作和组织等工作。

②总导演：负责指挥导演组，并对团体操整体方案的艺术视角、表演方向、表演形式等进行把控。

③导演组：负责排练组、服装道具的设计组、音乐与舞美灯光组等，以及总体表演方案的策划与设计。

④执行导演：负责分场方案的构思、表演队形的设计和表演动作的创编。

⑤服装道具设计组：根据分场表演方案的主题思想、表演动作、队形等因素，负责设计相应的表演服装与道具。

⑥音乐创作组：根据分场方案的主题思想和表演风格等因素，负责音乐创作。

⑦舞美灯光组：根据分场方案的主题思想、结构、队形、动作、服装和道具等，负责设计相适应的灯光效果。

⑧排练组：负责表演方案的排练与实施以及排练计划的制订。

⑨表演指挥部：负责安全保障、交通、联络社会各部门以及制定演出路线等，监督和协调表演整个过程。

⑩后勤保障组：负责医疗、卫生、饮食以及服装道具的分发、人员管理等后勤工作。

二、组织与指挥系统的实施

（一）预演的组织与指挥

预演是正式表演前的一种演练。通常情况下，在正式表演之前，都需要组织一定次数的彩排和预演，才能确保在正式表演中万无一失。预演也是对表演时各部门互相配合的一种检验。通过预演可以检查后勤场地的布置；交通和安保的保障；表演服装、道具、背景、灯光、音乐等之间相配合的现场效果；组织指挥系统是否严密有效等。所以，为保证表演成功圆满地完成，必须做好各方面的准备工作，其步骤具体如下：

1. 召开表演各相关部门负责人及教练员协作会

包括组委会领导；承担各表演任务各单位领导；公安、交通、消防与卫生系统相关负责人；表演指挥部各负责人；各分场排练的导演及教练等。一同商讨和布置表演的具体安排：① 明确各部门分工；② 拟定各阶段任务的时间和指挥系统；③ 拟定内外场表演人员的集结和退场流程；④ 落实表演人员集结的时间、地点、车辆等；⑤ 做好思想动员，提出组织纪律要求，确保后勤保障。

2. 安排表演人员的集结和疏散工作

表演前应检查人数、服装、道具等后勤工作，并做简单的动员大会，提出纪律要求，然后规定时间和地点，在集结区原地休息。表演前半小时，做好表演的准备工作，表演结束后，听从统一调动，分批退场。

3. 确定表演队伍场外集结区

表演队伍的集结区安排是根据表演场次的顺序和人员的多少、各场入场的方位以及入口的多少来规划集结队形。例如：有左右两个入口时，一般会把各场操分成左右两个部分，依次由里向外安排，各场表演者按照表演队形的相反次序组成，进场后恰好是表演队形。如果有背景，方法相同，如图7-2-2所示。

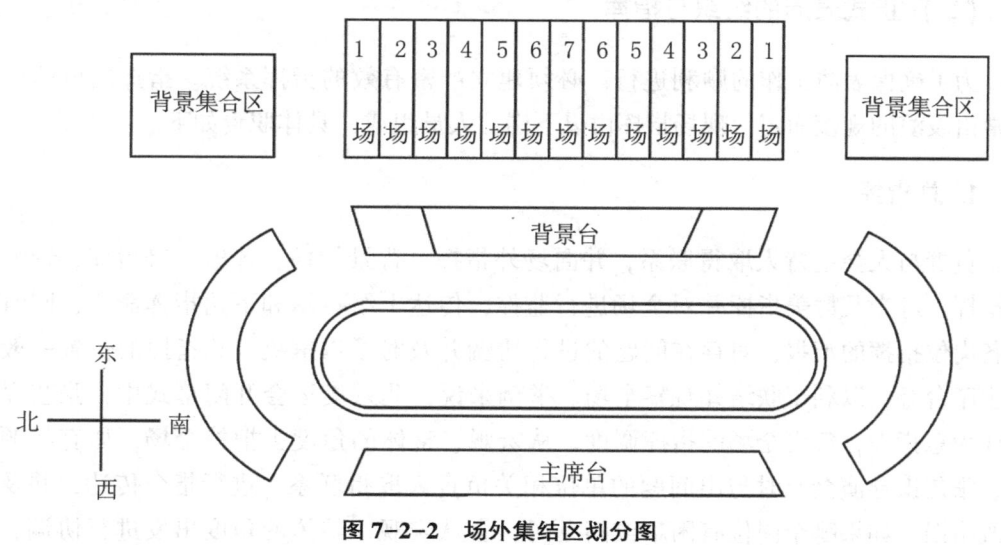

图 7-2-2　场外集结区划分图

4. 确定进场的表演路线和等候位置

① 表演队伍进场时要视入场口的大小来决定分几路入场，还要考虑徒手或道具的大小和间距。例如，如果两个入口都只能容纳 6 路纵队，队伍就要反过来安排，靠里边的先进场，靠外边的后进场，但 6 路要按表演队形的左右顺序编排，否则容易出错。

② 每场操分三个区位进场。1 号区位是在表演队伍的集结区将入场队伍的顺序排好，中间的人在前，旁边的人在后，带到入口处；2 号区位是将表演队伍带入进场的入口处内等候；3 号区位是将表演队伍带进场准备入场表演的端线或边线的地方。表演队伍至少提前 3 分钟到达 3 号区位，进场时步伐要整齐划一、衔接紧凑，并保持肃静。第一场队伍进入 3 号区位时，第二场队伍就要带入 2 号区位，带第一场进入表演场地后快结束时，第二场表演队伍就应进入 3 号区位等待，具体安排如图 7-2-3 所示。

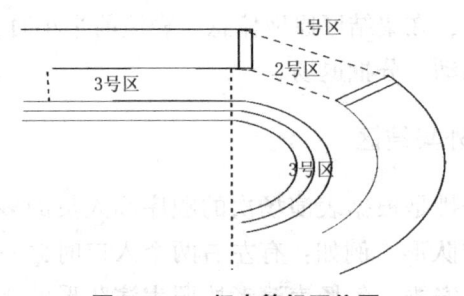

图 7-2-3 场内等候区位图

（二）正式表演的组织与指挥

为了确保表演工作的顺利进行，必须建立严密有效的指挥系统。指挥岗位的设置通常由表演的规模而定。现场指挥由以下岗位人员组成，具体职责如下。

1. 总指挥

负责与大会主持人取得联系，并向场外指挥、背景指挥、各出入口指挥、音响效果指挥、灯光及舞美指挥并对全场进行监控，传达上级指示和下达指挥命令，同时听取各岗位指挥的汇报，对存在问题的进行协调并及时予以解决。总指挥的位置一般设在主席台旁，以利于联络并观察全场。举例来说，北京奥运会开闭幕式中，张艺谋导演作为总指挥，负责全场的指挥调度，从宏观、整体的角度去把控全场，如有问题出现，张艺谋导演会及时与出问题的单位相关负责人取得联系，进行指令传达，并及时修改错误。如果哪个岗位有困难或问题时，会从宏观、整体的角度出发进行协调，最终呈现出完美的表演。

2. 场外指挥人员

由编训人员、后勤人员及办公室人员联合组成，分别负责并指挥表演队伍的集结、报道、调动、交通、备用的服装、道具及急救等一系列工作，并及时向总指挥报告情况，听从指挥命令。在一场大型团体操活动中，一个单位的演出任务可能并不止一场，这就需要在第一场演出后快速的集合、换装、再集合。由于团体操项目参与人数多这个特点，在场外的这段期间也会产生相关的很多问题。这时场外指挥人员就显得尤为重要，他们的存在让整场演出能够紧密、顺利地进行。

3. 背景指挥

背景指挥的目的是让背景表演环节与表演进度一致或适时，人员由背景表演编训人员组成。背景表演需要在背景指挥的引导下完成，背景表演指挥在整体表演中相对地独立，总指挥无法对背景指挥下达及时有效的指令，因此，对背景指挥要求非常高。

背景指挥的另一个职责是对背景表演队伍组织与管理。抓好集结时间与位置，组织好进场队伍，控制好进场时间，确定好队伍表演位置，演出结束后组织好退场。

4. 各出入口指挥

负责按表演的场次顺序组织和引导表演队伍，按时进入一号位、二号位和整齐一致地进入三号位，表演结束后引导队伍退场。退场时要保证各出入口通畅问题。

5. 音乐音响指挥

负责调试音响效果和播放音乐。音乐的好坏直接影响团体操表演的效果，所以需要专门人员来负责。

6. 舞美及灯光指挥

负责灯光设施的调试及灯光效果的指挥，舞台装饰及场内环境烘托表演的指挥，如烟花、喷泉等。现代科技发展迅猛，在舞台表现方面体现得尤为突出，大型表演中新科技的使用对灯光及舞美指挥提出了更高的要求。

总之，组织预演的指挥系统要按照正式表演的工作程序及要求进行，表演结束后，要及时总结经验与教训，不断改进工作，为正式表演做好充足准备。

第三节　团体操场地的分布与利用

团体操表演筹备伊始，即需要对表演场地内外条件进行全面的实地踏勘，了解场地的大小及可能的功能性分区方案，有针对性地对表演的规模、内容等进行设计和实施，才能取得良好的表演效果。

一、对场地基本情况的了解

（一）对场地基本信息的了解

了解场地时一般要了解表演场地的面积大小。表演场地的大小直接关系到能容纳的人数及表演的规模。表演场地包括三个部分，即表演区、表演预备区和表演准备区。一般小型表演会根据情况将准备区与表演预备区合并。表演区的大小决定了一场演出中的参演人数，人多场地无法容纳会显拥挤，人少场面不够恢宏，无法达到表演效果。除了表演区，还要考虑到演员进退场的区域，要有足够的空间才能组织众多演员进行表演。表演准备区是演员集结的地点，有助于更加安全有序地组织表演。

(二) 对观众席基本情况的了解

了解场地时还要了解观众席的面积以及高度等信息，团体操等大型演出最大的特点就是人数众多，场面大，用人变换各种队形及队形图案。如果观众席高度过低就不利于观众对表演的观看和理解。这就要求提前熟知场地属性，在表演方案策划中考虑到各种问题。观众席低就多采用立体表演队形和低姿态的动作，如果场地允许也可以在安全的前提下采用高空表演。在策划中无论是采用什么手段形式，其目的都是要在符合场地条件的情况下满足观众的观赏要求。

(三) 对周边环境的了解

大型演出发展到现在表演场地已经不局限于体育场，为了更好地体现主题和地方特色，大型演出也可以根据要求来安排。策划人员要充分勘察了解场地情况，以及周边建筑、河流等情况，有些景色能够当作自然背景最好，不能利用也最好不要让其影响演出效果，只有对场地及其周边足够熟悉，才能策划出符合表演场地，充分发挥表演场地特色的演出。

二、表演的场地分布

由于团体操表演的人数和单位众多，所以不能只有一个出口或入口，通常会有2~4个出入口来保证表演人员上下场的位置交换，所以必须对团体操表演的区域进行合理划分和安排，才能确保团体操表演的顺利进行，并为演出做好保障。团体操表演的场地一般可分为三个部分：场外集结区、场内候场区和表演区。

(一) 场外集结区

场外集结区就是指表演人员在表演场地外并距离表演场地较近的区域休息准备的地方。团体操表演的特点是人数众多，如果没有一块宽敞和面积较大的场地进行人员的准备，是不能保证表演任务的顺利完成。一般会选在空旷的广场或操场作为第一场外集结区。为了对表演人员便于管理和调度，表演人员必须在指定时间到达指定区域，在指定区域进行休息、准备、等候上场，一般情况会提前两小时左右到达场外集结区，并对表演人员的人数、服装和道具等进行检查。

(二) 场内候场区

场内候场区是指上一场表演人员开始在场地表演时，下一场表演人员站在场边准备入场的区域。通常情况下，下一场的表演人员会在现场观摩完上一场的表演，等上一场表演结束时，及时衔接和上场。所以，场内候场区是站在表演场地边缘的区域，以确保团体操表演每场次的快速衔接。

(三) 表演区

表演区就是指进行团体操表演的场地。表演区由于面积较大，所以会有坐标显示，表演人员进入表演区后要迅速找到每个人自己的坐标，进入表演区就如同进入摄像机的镜头前，每一个表情、动作、队形都会被拍摄记录下来，所以必须以最好的状态进行表演。

三、表演场地的布置

团体操场地的布置是一项细致且复杂的工作，它是全体表演者在场地中变换队形以及动作表演定位的客观依据。场地布置得好坏直接影响着表演的效果与质量。因此，对于团体操场地的布置工作应予以足够重视。

(一) 场地与标志点的种类

团体操表演场地的常见种类包括土地、草地、地板、塑胶地、水泥地、帆布、化纤地毯和塑料地膜等。随着时代的发展，团体操的表演内容和形式在不断丰富与更新，在条件较好的情况下，人们更注重表演场地的质量、适用性和表演效果。目前，帆布、化纤地毯和塑料地膜等场地较为常见，但不同材质的场地需要钉不同材质的标志点来进行标记。一般情况下，土地和草坪可采用布质、塑料质、或铁质带色彩的标记；水泥地和地板可采用即时贴或油漆等色彩标明；如果是地毯、帆布或地膜，则可以采用直接印制、粘贴或钉出来标记的方法。需要注意的是，标记点在表演场地四周的边线上，以高出地面20~30厘米的高度插于地上，以便使行与排的顺序编号清晰可见。

(二) 场地标志点的间距

团体操场地标志点的间距以表演时散点队形的徒手动作为准，以基本点来站位，每个点之间的间距要相等。一般多为2米或2.4米。儿童常采用2米的间距，成人常采用2.4米的间距。如果手持较长道具时，还可采用3米、3.6米或4米的间距。确定合理的标记点间距，可以使队形更加清晰，透视效果会更好。

(三) 场地布置的前期准备工作

1. 组成工作小组

布置场地所需的工作人员的数量应根据所布置的场地大小而定。人员组成一般包括：总指挥1~2人，负责拉绳尺的人为2~3人。钉点人数依纵行上基本点的数量决定。如纵行上有20个基本点，需10人左右，即1人负责2个点；也可以安排20个人，即1人负责1个点。运送标志物的人员为2~3人。在整个工作流程中应分工明确，密切配合。

2. 绘制场地坐标图

根据团体操表演实际所用场地的面积大小，缩小比例，在坐标图纸或电脑上按比例进行绘制。首先，要标明场地的方位及主席台的位置；其次，建立场地直角坐标、标明中心线、中点、前后边线、基本点、辅助点、特殊点位置和颜色等；最后，在表演场地的前、后、左、右的边线与端线上标明行与排的序号，以作为布置场地时的依据。如果出现综合队形，则可以在上述内容的基础上绘制所需的特殊标记。如五角星图案五个尖上的点即为特殊点。各场操的特殊标记点，可以用不同颜色的布条进行标明并区分，以便保证最好的表演效果（图7-3-1）。

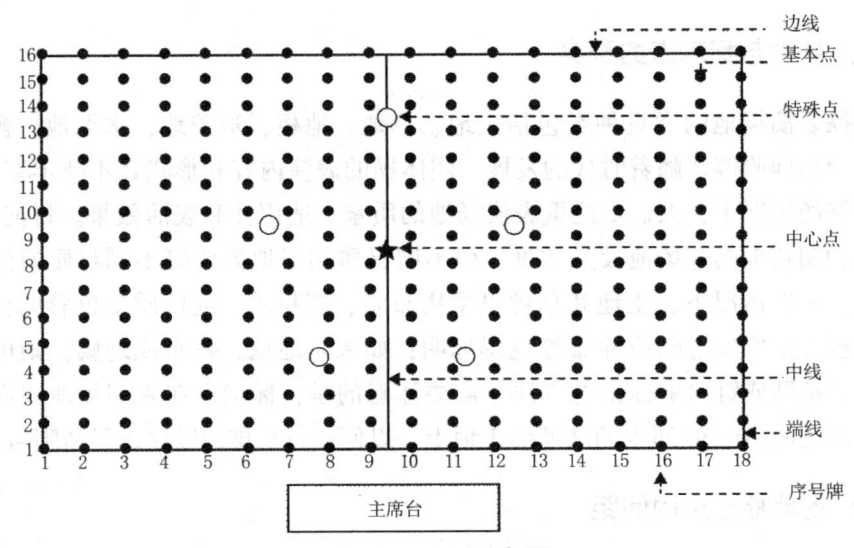

图 7-3-1　场地坐标图

3. 物料准备

场地布置所需物品有：钢尺（100米）、标有相同长度的测量绳尺、基本点标志物、辅助点标志物、特殊点标志物、序号牌、钉子、锤子、指挥信号物（喇叭、手旗或口哨等）。基本点可用铁皮、碎布或塑料片等制成。铁皮制成的基本点一般为直径约10厘米的圆形，用碎布或塑料布则可做成约10厘米的方形。中间会留有一孔，以便穿钉子使用。钉子最好为10~12厘米的长钉子。辅助点一般在表演中不常使用，易造成场地上点太多点太乱的情况（图7-3-2）。

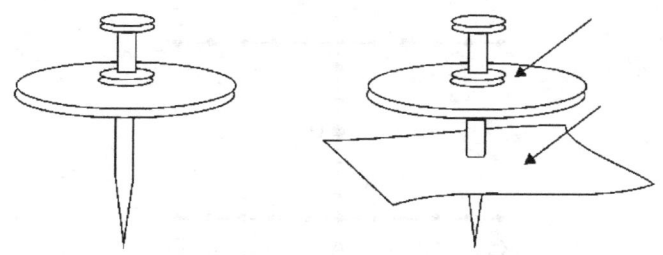

图 7-3-2 基本点制作示意图

（四）场地布置的方法

1. 场地布置的步骤

①根据场地坐标图确定场地情况。
②现场确定标志点（打点）。
③给标志点做标记。

2. 场地布置的操作方法

（1）现场确定标志点（"工"字法）

① 确定场地中心线"A—B"又称"AB"线。以主席台正中位为基点，拉出并确定中心线。A 点定位，是中心线场内距离跑道边 1.5 米处；B 点是后端距离跑道 1.5 米处。

② 确定场地中心点"O"点。依据中心线"AB"线确定中心点。

③ 前边线"C—A—D"又称"CD"线：由 A 点向两侧延伸，平行于主席台或跑道，两个端点重合于场地两个底线，形成左 C 点、右 D 点（从主席台看场地方向）。

④ 后边线"E—B—F"又称"EF"线：参照 C、D 两点可以确定，使其形成"工"字形（图 7-3-3）。

⑤ 确定直角坐标点：依据"CE"连线和"CD"线形成直角坐标，在两线上确定坐标点，"EF"和"AB"线上也要确定相应坐标点。一般横坐标左右距离在 2~3 米，常以 2.4 米的间距为多。纵坐标的前后距离相应比横坐标要小一些，根据这些坐标点最后来确定场地中间的每个辅助点。

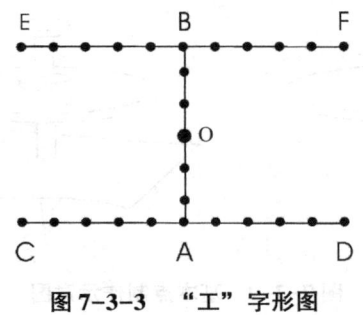

图 7-3-3 "工"字形图

(2) 钉标记点

① 指挥员站在一侧半场中间，面向中线进行指挥，边线 CD 上的拉绳人以 CD 上的标记点为准，将绳尺拉直的一端固定。

② 边线 EF 上的拉绳人则要抖动绳尺，并对准相应的标记点将绳尺拉直，固定在相应的点上。中间有一人检查绳尺是否准确并协助调整。

③ 钉点人在绳尺的后边，面对指挥员，站于自己所要钉的标记点后方，待指挥员下令"放点"时，立即将标记点对准绳尺上的标记（或刻度）的一侧，轻轻钉在地上，钉点时不得移动绳尺，以免影响他人工作的准确性以及整个工作的进程。

④ 当所有人将标记点对准绳尺的标记并轻轻钉在地上后（切勿压住绳尺），指挥员便下达"移绳"的命令，拉绳员立即将绳尺移至下一个标记点，此时钉点人再将标记点完全钉下去，然后原地站立，等待命令进行下一行钉点任务。

⑤ 在场地布置的过程中和全部布置完毕后，应及时予以检查，发现问题，立即纠正（图 7-3-4）。

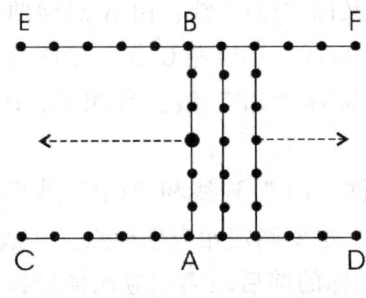

图 7-3-4 钉标记点坐标图

(3) 插标记序号牌

按照表演场地图的要求，组织人员在边线与端线上的基本点前、侧、后方按顺序从左至右，从前向后插放行与排的序号牌。序号牌可为圆形、方形或三角形等。通常使用圆形，因为圆形无棱角，在表演人员进退场时不易造成划伤（图 7-3-5）。

图 7-3-5　圆形序号牌

(4) 做特殊点标记

直角坐标标记一般直接标注在场地平面上包括"EF"线和"DF"线，待全场基本点和序号牌布置完毕后，由各场编导指定专人进行各场操中特殊标记点的布置。如果特殊标记点位置与基本点位置相同，应将特殊标记钉于基本点的一侧，如果一个基本点遇到多个特殊标记点，应分别采用不同颜色钉在该基本点的周围。根据场地情况使用相应材料，做到表演的最后一个节目时依然可以辨别。由于团体操表演不适合使用立体标记，所以特殊点通常采用不同颜色来进行区别。

•【作业与思考题】

1. 团体操表演的组织工作程序包括哪几个部分？请简单说明。
2. 简述团体操表演的指挥方法。
3. 如何划分团体操表演的场地？
4. 简述团体操表演场地布置的基本方法。

CHAPTER 08
第八章
团体操成套动作范例

一、鸽子操"美丽祥和"

【主　　题】"美丽祥和"

【中心思想】本场操的设计是为庆祝博茨瓦纳国庆40周年庆典创作的，通过团体操的表演，以表现博茨瓦纳是一个美丽、祥和的国家，体现了博茨瓦纳人民追求和平、追逐梦想的壮观场面，表达了博茨瓦纳人民对祖国的热爱之情。

【表演时间】共7分20秒。

【表演人数】共384人（女生）。

【表演服装】服装：白色连体超短裙、白色丝袜。

　　　　　　鞋子：白色护士鞋。

　　　　　　头饰：模仿鸽子头制作的头饰。

【表演道具】道具：白色翅膀，两侧用60厘米的杆固定。

　　　　　　数量：每人一面，共384面。

【风格特点】飘逸大气，美丽祥和。

节　拍	动　作　说　明	图　解
4/4 音乐 前奏 2×8	（一）1-8 站在后场准备入场。 （二）1-8 站立，两臂侧举展开翅膀。	图一　入场队形 前奏：预备位（一）　（二）

续表

节 拍	动 作 说 明	图 解
入场 12×8	（一）1-4 从后场向前场进入，两臂经侧向上摆动。 5-8 继续向前走动，两臂经侧向下摆动。 （二）至（十二）同（一）。	入场（一）至（十二）1-4　5-8
鸽子 动作 12×8	（一）1-2 原地踏步，左臂体前向内摆动。 3-4 原地踏步，左臂向外摆动至体侧。 5-8 同 1-4，动作相同，方向相反。 （二）1-2 原地踏步，两臂经侧向上摆动。 3-4 原地踏步，两臂经侧向下摆动。 5-8 同 1-4。 （三）至（四）同（一）至（二）。 （五）至（八）下蹲，两臂侧举展开翅膀抖动。	鸽子动作（一）1-2　3-4　5-8相反　（二）1-2、5-6　3-4、7-8 鸽子动作（五）至（八）
变散点 队形 4×8	（一）1-4 走动到散点位，同时两臂经侧向上摆动。 5-8 走动到散点位，同时两臂经侧向下摆动。 （二）至（四）同（一）（图二）。	图二　散点队形 （一）至（四）变散点
3/4音乐 节奏 散点 动作 6×8	（一）1-左脚上步做进华尔兹，同时两臂经前向侧上打开。 2-右脚退步做退华尔兹，同时两臂经侧落下。 3-8 同 1-2。 （二）1-原地踏步，左臂侧上摆动。 2-原地踏步，左臂侧下摆动。 3-原地踏步，右臂侧上摆动。 4-原地踏步，右臂侧下摆动。 5-原地踏步，两臂侧上摆动。 6-原地踏步，两臂侧下摆动。 7-8 同 5-6。 （三）1-原地踏步，左臂体前向内摆动。 2-原地踏步，左臂向外摆动至体侧。 3-原地踏步，右臂体前向内摆动。 4-原地踏步，右臂向外摆动至体侧。 5-7 原地向左转动两圈，同时两臂侧上举。	（一）1-　2- （二）1-　2-、3-4相反　5-、7-　6-、8-

续表

节拍	动作说明	图解
	8-原地转动至正前，同时两臂侧下摆动。 （四）1-4同（三）1-4。 5-6原地向左转动一圈，同时两臂侧上举。 7-8下蹲，同时两臂侧举。 （五）1-4从前向后依次站立，两臂侧上举不动。 5-8从前向后依次下蹲，两臂侧上举不动。 （六）1-8从前向后依次站立，两臂侧上举不动。	（三）1— 2—、3-4相反 5—、7— 6—、8—
变纵队 1×8	（一）1-碎步二合一变纵队，两臂侧上摆动。 2-碎步二合一变纵队，两臂侧下摆动。 3-4同1-2。 5-8同1-4。	图三 纵队队形
纵队 动作 7×8	（一）1-原地踏步，左臂侧上摆动。 2-原地踏步，左臂侧下摆动。 3-原地踏步，右臂侧上摆动。 4-原地踏步，右臂侧下摆动。 5-原地踏步，两臂侧上摆动。 6-原地踏步，两臂侧下摆动。 7-8同5-6。 （二）同（一）。 （三）1-8原地站立，两臂侧举。 （四）1-8从前向后依次下蹲，同时两臂向内交叉绕至侧举静止不动。 （五）1-下蹲，两臂侧上摆动。 2-下蹲，两臂侧下摆动。 3-4、5-6同1-2。 7-8站立，手臂同1-2。 （六）同（四）。 （七）同（五）。	变纵队（一）1— 2— 纵队（一）1— 2—、3-4相反 5—、7— 6—、8—
变三角 队形 1×8	（一）1-碎步变小三角队形，同时两臂侧上摆动。 2-碎步变小三角队形，同时两臂侧下摆动。 3-4同1-2（图四）。 5-6同1-4。	图四 小三角队形

续表

节拍	动作说明	图解
小三角动作 5×8	（一）1-左脚上步做进华尔兹，同时两臂从侧向前摆动。 2-右脚退步做退华尔兹，同时两臂向侧打开。 3-4同1-2。 5-左脚上步做进华尔兹同时转体180°，两臂从侧向前摆动。 6-右脚退步做退华尔兹，同时两臂向侧打开。 7-左脚上步做进华尔兹同时转体180°，两臂从侧向前摆动。 8-同6-。 （二）同（一）。 （三）1-4两臂小绕四次至侧上。 5-8两臂经侧落下。 （四）同（三）。 （五）1-两臂向右侧摆动。 2-两臂向右侧摆动。 3-4同1-2。 5-8原地向左转体720°，同时两臂侧上举。	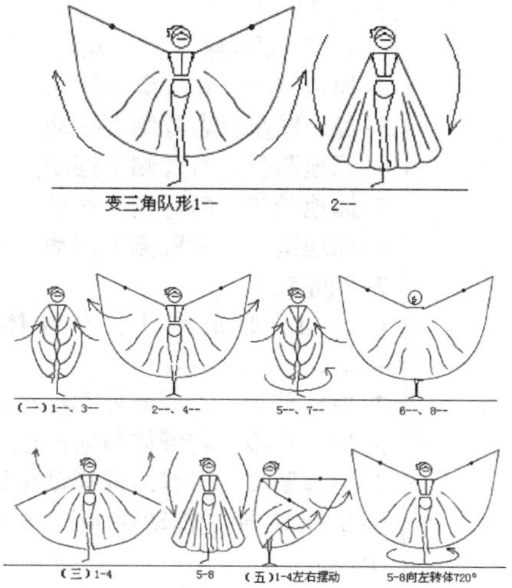 变三角队形1- 2- （一）1-、3- 2-、4- 5-、7- 6-、8- （三）1-4 5-8 （五）1-4左右摆动 5-8向左转体720°
变太阳图 4×8	（一）两臂侧举快速变太阳图（图五）。 （二）至（四）同（一）。	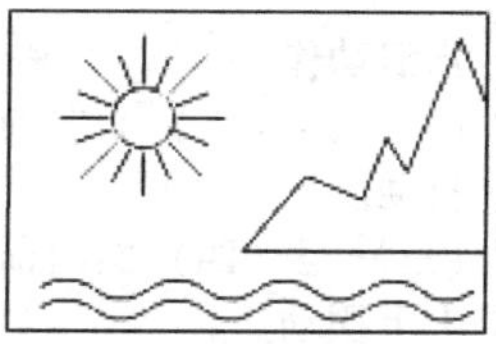 图五 自然图队形
太阳山峰动作 8×8	**太阳动作：** （一）至（二）面对圆心下蹲，两臂侧举抖动。 （三）至（四）面对圆心下蹲，两臂侧举上下摆动。 （五）至（八）站立左肩对圆心，两臂侧举旋转。 **山峰动作：** （一）至（二）面向前下蹲，两臂侧举抖动。 （三）至（四）面向前下蹲，两臂侧举上下摆动。 （五）1-左脚上步做进华尔兹，同时两臂经前向侧上打开。 2-右脚退步做退华尔兹，同时两臂经侧落下。 3-4同1-2。	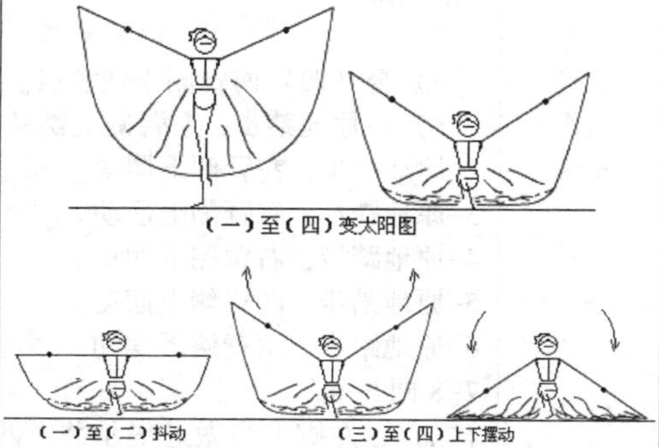 （一）至（四）变太阳图 （一）至（二）抖动　（三）至（四）上下摆动

节　拍	动　作　说　明	图　解
	5-6同3-4。 （六）1-原地踏步，左臂侧上摆动。 2-原地踏步，左臂侧下摆动。 3-原地踏步，右臂侧上摆动。 4-原地踏步，右臂侧下摆动。 5-原地踏步，两臂侧上摆动。 6-原地踏步，两臂侧下摆动。 7-8同5-6。 （七）1-原地踏步，左臂体前向内摆动。 2-原地踏步，左臂向外摆动至体侧。 3-原地踏步，右臂体前向内摆动。 4-原地踏步，右臂向外摆动至体侧。 5-7原地向左转动两圈，同时两臂侧上举。 8-原地转动至正前，同时两臂侧下摆动。 （八）1-4同（七）1-4。 5-原地踏步，同时两臂侧上摆动。 6-原地踏步，同时两臂侧下摆动。 7-8同5-6。	
变散点 队形 8×8	水浪动作： （一）至（二）面向前下蹲，两臂侧举抖动。 （三）至（四）面向前下蹲，两臂侧举上下摆动。 （五）至（八）两臂侧举，做横排依次蹲起浪。	
散点 动作 6×8	（一）至（四）两臂侧举变散点。 （一）1-原地踏步，左臂侧上摆动。 2-原地踏步，左臂侧下摆动。 3-原地踏步，右臂侧上摆动。 4-原地踏步，右臂侧下摆动。 5-原地踏步，两臂侧上摆动。 6-原地踏步，两臂侧下摆动。 7-8同5-6。 （二）1-左脚上步做进华尔兹，两臂从侧向前摆动。 2-右脚退步做退华尔兹，同时两臂向侧打开。 3-4同1-2。	

节 拍	动 作 说 明	图 解
	5-左脚上步做进华尔兹同时转体180°，两臂从侧向前摆动。 6-右脚退步做退华尔兹，同时两臂向侧打开。 7-左脚上步做进华尔兹同时转体180°，两臂从侧向前摆动。 8-同6-。 （三）1-4两臂小绕四次侧上。 5-8两臂经侧落下。 （四）同（三）。 （五）1-两臂向左侧摆动。 2-两臂向右侧摆动。 3-4同1-2。 5-8原地向左转体720°，同时两臂侧上举。 （六）同（五）。	
变PULA 4×8	（一）至（三）两臂侧举变PULA图案（图六）。 （四）下蹲，两臂侧举。	图六 字母图案 （一）至（四）变PULA图案
PULA 动作 6×8	（一）至（二）下蹲，两臂侧举抖动。 （二）至（六）下蹲，两臂侧举上下摆动。	（一）至（二）抖动　（三）至（六）上下摆动
退场 6×8	（一）全体站立，两臂侧举。 （二）至（六）沿前边两个角成四路纵队退场（图七）。	图七 退场队形 （一）至（六）退场

二、彩色板"五彩斑斓"

【主　　题】"五彩斑斓"

【中心思想】本场操的设计是为庆祝博茨瓦纳国庆 40 周年庆典创作的，该场操是以小学生表演的一场团体操，以表现博茨瓦纳学生追逐梦想、勇于拼搏的壮观场面，同时也体现了博茨瓦纳是一个多姿多彩和美丽富饶的国家，表达了博茨瓦纳人民对祖国的崇敬之情。

【表演时间】共 8 分 20 秒。

【表演人数】共 864 人（男女生各半）。

【表演服装】服装：女生粉色短裙、白色丝袜；男生绿色 T 恤、白色短裤。

　　　　　　鞋子：白色运动鞋。

【表演道具】道具：彩色板，宽度 60 厘米、高度 45 厘米。

　　　　　　数量：每人一面，共 864 面。

【风格特点】勇于拼搏，多姿多彩。

节拍	动作说明	图解
前奏 1×8	（一）站在场地左右两侧，两手持板于胸前准备入场。	图一　入场队形　　图二　散点队形
入场 8×8	（一）至（七）左右半场两手持板于胸侧跑动入场（图一）。 （八）1-8 成散点队形（图二）。	
散点 动作 24×8	（一）1-4 原地踏步，同时两手持板上举晃动。 5-8 原地踏步，同时两手持板左右晃动。 （二）同（一）。 （三）1-4 向左双并步，同时两手持板向左绕环一圈至左侧。 5-8 同 1-4 动作相同，方向相反。 （四）同（三）。 （五）1-8 原地踏步，同时两手持板上下转动。 （六）1-8 原地踏步向左转体一圈，同时两手持板于右侧举。 （七）同（五）。 （八）同（六）。	

续表

节拍	动作说明	图解
	（九）1-4 三路下蹲,同时两手持板前下举。三路站立,同时两手持板上举。 5-8 三路蹲起交替起伏。 （十）同（九）。 （十一）同（九）。 （十二）1-4 全体下蹲,同时将板放于体前。 5-8 全体站立。 （十三）1-2 站立,同时两臂侧上举。 3-4 站立,同时两手头上击掌。 5-8 站立,同时两臂侧举。 7-8 站立,同时两臂放下。 （十四）同（十三）。 （十五）1-左脚向前上步,同时两臂打开肩侧举。 2-右脚并左脚,同时两臂前收体前击掌。 3-左脚后退一步,同时两臂打开肩侧举。 4-右脚并左脚,同时两臂前收体前击掌。 5-8 同 1-4。 （十六）1-8 左右并步,手臂动作同（十五）。 （十七）同（十五）。 （十八）同（十六）。 （十九）1-2 原地踏步,同时两手握拳向前依次绕环两圈。 3-4 原地踏步,同时两手体前击掌两次。 5-8 同 1-4。 （二十）同（十九）。 （二十一）1-8 两路面对面踏步击掌向里走动到击掌位（图三）。 （二十二）1-2 两人面对面右手交叉击掌。 3-4 两人面对面左手交叉击掌。 5-6 两人面对面双手背对击掌。 7-8 两人面对面双手掌对击掌两次。 （二十三）同（二十二）。	（九）1-4　　　　（十二）1-4　　　5-8 （十五）1　2　3　4　（十六）1　2　3　4 图三　双人队形 （十九）1-2　3-4　5-6　7-8　（二十一）（二十二）1-4　5-8

续表

节　拍	动　作　说　明	图　解
	（二十四）1-8 走成四人一组，交叉拉手（图四）。	图四　四人队形　　（一）至（四）四人队形上转圈
四人动作 4×8	（一）1-8 四人一组，交叉拉手沿逆时针转圈。 （二）至（四）分别同（一）。	
变回散点 2×8	（一）1-8 走动回散点。 （二）1-4 下蹲拿板。 5-8 站立，两手持板于胸前。	（一）变回散点　（二）1-4　5-8　（一）变菱形
变菱形 2×8	（一）1-8 两手持板于胸前走动变菱形。 （二）同（一）（图五）。	
菱形动作 8×8	（一）1-4 站立，两手持板上举。 5-8 站立，两手持板收于胸前。 （二）同（一）。 （三）下蹲，两手持板于胸前。 （四）下蹲，两手持板向前下翻板。 （五）下蹲，两手持板于胸前。 （六）下蹲，两手持板向前下翻板。 （七）站立，两手持板上举。 （八）1-4 站立，两手持板于胸前。 5-6 站立，两手持板上举。 7-8 站立，两手持板于胸前。	图五　菱形队形 （一）1-4　5-8　（三）（四）（五）（六）（七）（八）1-4　5-6　7-8
变散点 2×8	（一）至（二）两手持板于胸前，走步回散点。	图六　三人队形
变三人横排 2×8	（一）1-8 三路向中路合并成三人小横排（图六）。 （二）1-8 三人下蹲，体前放板。	（一）至（二）回散点　（一）变三人横排

续表

节拍	动作说明	图解
三人横排造型 8×8	（一）1-8 三人下蹲左右拉手。 （二）至（三）三人扇面造型展示。 （四）同（一）。 （五）至（六）三人扇面造型展示。 （七）1-8 三人下蹲。 （八）1-8 站立。	下蹲放板　（一）左右拉手　（二）（三）三人造型
六人造型 8×8	（一）至（二）依次上成六人造型（图七）。 （三）至（六）六人造型展示。 （七）1-8 下造型回三人小横排。 （八）1-4 回三人小横排，下蹲拿板。 5-8 站立，两手持板于胸前。	图七　叠罗汉队形 （三）至（六）六人造型　（八）1-4　5-8
变散点 2×8	（一）至（二）两手持板于胸前，走动变散点队形。	图八　小圆、小横、长纵队
变方格小圆队形 2×8 小圆小横排和长纵队动作 16×8	（一）至（二）两手持板于胸前，走动变小圆、小横排、长纵队队形（图八）。 **小圆动作：** （一）1-8 原地踏步向后转体 180°，背对圆心，两手持板于胸前。 （二）1-8 下蹲，两手持板于胸前。 （三）1-8 下蹲，两手持板向前下翻板。 （四）1-8 下蹲，两手持板于胸前。 （五）1-8 前下放板。	（一）至（二）变小圆、小横排、长纵队 （一）（二）（三）（四）（五）（六）（七）

续表

节拍	动作说明	图解
	（六）1-8 左手撑板，从左转体180°成直角坐。 （七）1-8 上体前屈，两臂前伸。 （八）1-8 两手后撑成仰撑。 （九）至（十）同（七）至（八）。 （十一）1-4 直角坐，胸前击掌四次。 5-8 直角坐，两臂侧举。 （十二）同（十一）。 （十三）至（十四）同（七）至（八）。 （十五）1-8 两腿屈腿交叉收回向右转体180°成蹲撑拿板。 （十六）1-8 站立，两手持板于胸前。 **小横排动作：** （一）1-8 原地踏步向左转体90°，右肩侧对主席台。 （二）1-4 下蹲右侧放板。 5-8 分腿直角坐地。 （三）1-4 两手握拳前伸，同时上体前屈。 5-8 上体后屈，两手握拳向后引臂至胸前平屈，模仿划船动作。 （四）至（六）分别同（三）。 （七）1-8 直角坐，上体前屈，两臂前伸。 （八）1-8 两手后撑成仰撑。 （九）至（十）同（七）至（八）。 （十一）1-4 直角坐，胸前击掌四次。 5-8 直角坐，两臂侧举。 （十二）同（十一）。 （十三）至（十四）同（七）至（八）。 （十五）1-8 两腿屈腿交叉收回向右转体180°成蹲撑拿板。 （十六）1-8 站立，两手持板于胸前。	

节 拍	动 作 说 明	图 解
	长纵队动作： （一）1-8 原地踏步，两手持板于胸前。 （二）1-8 下蹲，两手持板于胸前。 （三）1-8 下蹲，两手持板向前下翻板。 （四）1-8 下蹲，两手持板于胸前。 （五）1-8 下蹲，两手持板上举抖动。 （六）1-8 下蹲，两手持板于胸前。 （七）同（五）。 （八）同（六）。 （九）1-4 两路下蹲，向内侧举。 5-8 两路下蹲，向外侧举。 （十）同（九）。 （十一）1-4 下蹲，两手持板上举抖动。 5-8 下蹲，两手持板于胸前。 （十二）同（十一）。 （十三）1-8 下蹲，两手持板上举抖动。 （十四）1-8 下蹲，两手持板于胸前。 （十五）同（十四）。 （十六）1-8 站立，两手持板于胸前。	
变散点 队形 2×8 地面动作 12×8	（一）至（二）两手持板于胸前，走动变散点队形（图二）。 （一）至（二）下蹲，两手持板胸前抖动。 （三）1-2 下蹲，两手持板向前下翻板。 3-4 下蹲，两手持板收于胸前。 5-6 下蹲，两手持板上举。 7-8 下蹲，两手持板收于胸前。 （四）同（三）。 （五）1-8 下蹲，两手持板左右摆动。	

节 拍	动 作 说 明	图 解
	(六) 1-8 下蹲，体前放板。 (七) 1-4 下蹲，两手撑板成俯撑。 5-8 收成蹲撑站立。 (八) 同 (七)。 (九) 1-4 下蹲，两手撑板成俯撑。 5-8 收成蹲撑。 (十) 1-2 蹲撑，左腿侧伸。 3-4 收回成蹲撑。 5-6 蹲撑，右腿侧伸。 7-8 收回成蹲撑。 (十一) 同 (十)。 (十二) 1-4 下蹲拿板。 5-8 站立，两手持板于胸前。	(六) (七)1-4 5-6 7-8 (十)1-2 3-4 5-6 (十二) 图九　小方块队形
密集方块聚散 8×8	(一) 1-8 散点上的16人一组，两手持板上举跑动收成密集小方块 (图九)。 (二) 1-8 密集小方块，两手持板收于胸前。 (三) 1-8 两手持板上举跑动，从密集小方块向外散开成散点 (图二)。 (四) 1-8 两手持板收于胸前。 (五) 至 (八) 同 (一) 至 (四)。	(一) (二) (三) (四) 图十　钻石图案
变钻石图形 6×8	(一) 至 (六)，走动变钻石图案 (图十)。	(一)至(六)变钻石
钻石图形动作 18×8	**钻石动作：** (一) 至 (三) 下蹲，两手持板于胸前抖动。 (三) 至 (六) 下蹲，两手持板于头上水平举板。 (七) 至 (八) 下蹲，两手持板于胸前抖动。	(一) (四) (七) (九) (十二) (十五) (十八)

续表

节 拍	动 作 说 明	图 解
	（九）至（十一）下蹲，两手持板从钻石前角依次向后传递向前下翻板成黄色。 （十二）至（十四）下蹲，两手持板从钻石前角依次向后传递向上翻板收回至胸前成蓝色持板。 （十五）至（十七）下蹲，两手持板于胸前抖动。 （十八）站立，两手持板于胸前抖动。 光芒动作： （一）至（三）下蹲，两手持板于胸前抖动。 （四）至（六）下蹲，两手持板于头上水平举板。 （七）至（八）体前放板，两腿分开沿线条直角坐。 （九）直角坐两手上举，同时上体前屈。 （十）至（十一）光芒从里向外依次后倒成仰卧。 （十二）至（十四）同（九）至（十一）。 （十五）至（十七）光芒线条仰卧静止不动。 （十八）下蹲拿板起成站立，两手持板于胸前。	光芒（七）至（八） （九） （十）至（十一） 十一 退场队形
退场 12×8	（一）至（十二）站立，两手持板于胸前，钻石从中间分开向两侧退场（图十一）。	（一）至（十二）退场

三、花环操"和谐家园"

【主　　题】"和谐家园"

【中心思想】本场操的设计是为庆祝博茨瓦纳国庆40周年庆典创作的,通过团体操的表演,表现了博茨瓦纳是一个和谐美丽的大家园,体现了博茨瓦纳人民幸福美好的生活,表达了博茨瓦纳人民对祖国的热爱之情。

【表演时间】共7分20秒。

【表演人数】共864人(女生)。

【表演服装】服装:浅黄色连体超短裙、柔色丝袜。

　　　　　　鞋子:白色护士鞋。

【表演道具】道具:红色花环,每人一对。

　　　　　　数量:共864对。

【风格特点】和谐自然,幸福美满。

节　拍	动　作　说　明	图　解
前奏 2×8	(一)持花站在后场成密集纵队准备入场。 (二)两手持花于肩侧。	图一　入场队形
入场 22×8	(一)1-4中间一路左脚开始向前走动四步,同时两手持花肩侧抖动(图一)。 5-6右脚蹬地,左腿屈膝跳,同时两手持花向左侧摆动。 7-8同5-6,动作相同,方向相反。 (四)中间相临的左右两路进入,动作同(一)。 (五)至(六)同(二)。 (七)至(十五)成箭头形依次进入,动作同(一)。 (十六)1-8进入散点队形原地踏步,调整队形(图二)。 (十七)1-8两手持花于肩侧,慢慢下蹲。 (十八)1-8两手持花于肩侧,慢慢站立。 (十九)1-8两手持花于肩侧,慢慢下蹲。 (二十)1-8两手持花于肩侧,慢慢站立。	

节 拍	动 作 说 明	图 解
散点动作 16×8	（二十一）1-8 两手持花于肩侧左右摆动。 （二十二）1-8 同（二十一）。 （一）1-2 原地踏步，两手持花前举抖动。 3-4 原地踏步，两手持花上举抖动。 5-6 原地踏步，两手持花侧举抖动。 7-8 原地踏步，两手持花前举抖动。 （二）同（一）。 （三）1-左脚向左迈步，同时两手持花向左侧摆动。 2-右脚并左脚，同时两手持花向右侧摆动。 3-同 1-。 4-同 2-，但两手持花收于胸前。 5-8 同 1-4，动作相同，方向相反。 （四）同（三）。 （五）1-2 原地踏步，两手持花侧上摆动。 3-4 原地踏步，两手持花屈臂收于胸前。 5-6 原地踏步，两手持花侧下摆动。 7-8 同 3-4。 （六）同（五）。 （七）1-左脚向侧迈步，同时两手持花侧举。 2-右脚在左脚后做交叉步，同时两手持花上举交叉摆动。 3-同 1-。 4 并立，同时两手持花体前交叉。 5-8 同 1-4，动作相同，方向相反。 （八）同（七）。 （九）1-两脚跳成开立，同时两手持花摆至侧举。 2-两脚跳成并立，同时两手持花摆至体前交叉。 3-4 同 1-2。 5-8 同 1-4。 （十）1-左脚向前弹踢，同时两手持花向前上摆动。 2-左脚落地，右腿后屈，同时两手持花向后下摆动。	图二　散点队形

续表

节拍	动作说明	图解
	3-4 同 1-2 动作相同，方向相反。 5-8 同 1-4。 （十一）同（九）。 （十二）1-8 原地后踢腿向左跑动转体360°，同时两手持花上举抖动。 （十三）1-4 单数排下蹲，两手持花侧下举。 双数排站立，两手持花侧上举。 5-8 单数排下蹲，两手持花体前下交叉摆动。 双数排站立，两手持花头上交叉摆动。 （十四）同（十三）单数排和双数排交替起伏。 （十五）同（十三）。 （十六）同（十四）。	
散点变 纵队 2×8	（一）1-8 两手持花肩侧抖动，三合一走动变成密集纵队（图三）。 （二）同（一）调整队形。	图三 纵队
纵队 动作 20×8	（一）1-左脚向侧点地，同时左手向侧上挥摆。 2-左脚收回成半蹲并立，同时左手收回到肩侧。 3-4 同 1-2。 5-8 同 1-4，动作相同，方向相反。 （二）1-2 开合跳，两手持花向侧打开，收回到胸前。 3-8 同 1-2。 （三）同（一），收回至下举。 （四）同（二），收回至下举。 （五）1-4 原地踏步，同时两手持花经体前上伸。 5-8 原地踏步，同时两手持花经侧落下。 （六）同（五）。 （七）1-4 单数向左转体下蹲，同时两手持花前举。 双数向右转体下蹲，同时两手持花前举。 5-8 全体站立面向前，同时两手持花上举。	

节 拍	动 作 说 明	图 解
	（八）同（七）单、双数动作相同，方向相反。 （九）同（七）。 （十）同（八）。 （十一）至（十二）八人一组各自手臂停在S形纵队浪形上。 （十三）至（二十）两手持花沿顺时针绕环做纵队S形卷龙。	（七）1-4　　5-8　（十一）1-8 S形浪（十三）至（二十）卷龙
变横排 4×8	（一）1-8 纵队变成散点。 （二）1-8 散点二合一变成横排（图四）。 （三）1-8 横排下蹲，两手持花下举抖动。 （四）同（三）。	图四　横队 （一）变横排　　（三）（四）下蹲抖动
横排 动作 8×8	（一）1-2 下蹲，两手持花向左摆动。 3-4 下蹲，两手持花向右摆动。 5-8 下蹲，两手持花向左绕环一圈至左侧。 （二）1-8 同（一）动作相同，方向相反。 （三）同（一）。 （四）同（二）。 （五）（六）1-8 下蹲，两手持花肩上左右摆动。 （七）1-2 下蹲，两手持花前举抖动。 3-4 下蹲，两手持花上举抖动。 5-6 下蹲，两手持花侧举抖动。 7-8 下蹲，两手持花下举抖动。 （八）同（七）。	（一）1-2　　3-4　　5-6　　7-8
变弧 形浪 2×8	（一）1-8 碎步走动变弧形浪（图五）。 （二）同（一）。	

续表

节拍	动作说明	图解
弧形浪动作 10×8	**浪形上动作：** （一）1-8下蹲，两手持花肩侧左右摆动。 （二）同（一）。 （三）1-4下蹲，两手持花上举抖动。 5-8下蹲，两手持花下举抖动。 （六）同（三）。 （七）至（八）同（一）至（四）。 （九）至（十）站立肩侧抖动。 **小圆上动作：** （一）1-8背对圆心，同时两手持花前举。 （二）1-8背对圆心，同时两手持花上举。 （三）同（一）。 （四）1-8成立圆静止展示。 （五）至（八）圆上沿逆时针碎步移动做立圆旋转。	（五）（六）1-8　（七）1-2　3-4　5-6　7-8 图五　弧形浪队形 （一）（二）1-8 碎步移动变弧形浪
变扇面形 4×8	（一）1-8两手持花肩侧抖动走动变扇形（图六）。 （二）至（四）同（一）。	
扇形动作 16×8	（一）1-8两手持花肩侧举慢慢下蹲。 （二）1-8两手持花肩侧举慢慢站立。 （三）同（一）。 （四）同（二）。 （五）至（六）两手持花肩侧举，碎步向里移动合扇。 （七）至（八）两手持花肩侧举，碎步向外移动开扇。 （九）至（十）同（五）至（六）。 （十一）至（十二）同（七）至（八）。 （十三）至（十六）全体下蹲，两手持花肩侧抖动，显示扇面。	（一）（二）左右摆动　（三）1-4　5-8　（九）（十） （一）1-8　（二）1-8　（四）1-8立圆静止　（五）至（八）立圆旋转 图六　扇子队形

续表

节 拍	动 作 说 明	图 解
变圆和菱形 4×8 圆菱动作 13×8	（一）至（二）扇形变散点。 （三）至（四）散点变圆和菱形（图七）。 **菱形动作：** （一）1-2 下蹲，两手持花前举抖动。 3-4 下蹲，两手持花上举抖动。 5-6 下蹲，两手持花侧举抖动。 7-8 下蹲，两手持花下举抖动。 （二）同（一）。 （三）1-8 下蹲，两手持花肩上左右摆动。 （四）同（三）。 （五）至（八）同（一）至（四）。 （九）至（十二）同（一）至（四）。 （十三）1-8 站立，两手持花肩上抖动。 （十四）1-4 同（十三）。 **双圆动作：** （一）1-8 内圆站立，两手持花前上举。外圆站立，两手持花前平举。 （二）1-8 内圆站立，两手持花上举。外圆站立，两手持花前上举。 （三）至（四）同（一）至（二）。 （五）1-8 内圆下蹲，两手持花收于胸前。 外圆站立，两手持花上举。 （六）同（五），内外圆交替蹲起。 （七）至（八）同（五）至（六）。 （九）至（十二）内圆两手持花前上举，沿逆时针碎步转动。外圆两手持花下蹲前举抖动。	图七 圆菱队形
变大花 8×8	（一）至（六）两手持花肩侧举，走动变大花，面向圆心（图八）。 （七）1-8 全体从右向后转180°背对圆心。 （八）1-8 全体下蹲，两手持花肩侧举。	

续表

节拍	动作说明	图解
大花动作 16×8	**大花和圆上动作：** （一）1-4下蹲，两手持花上举抖动。 5-8下蹲，两手持花前下举抖动。 （二）至（四）同（一）。 （五）1-8内圆站立，两手持花上举。 （六）1-8中圆站立，两手持花前上举。 （七）1-8外圆和花瓣站立，两手持花前举。 （八）1-8全体下蹲，两手持花前举。 （九）至（十二）同（五）至（八）。 （十三）1-8内圆站立，两手持花举。 中圆站立，两手持花前举。 外圆和花瓣下蹲，两手持花前举。 （十四）至（十六）同（十三）成立体花形静止抖动。 **两侧横排动作：** （一）至（四）同大花的（一）至（四）动作。 （五）1-2下蹲，两手持花向左摆动。 3-4下蹲，两手持花向右摆动。 5-8下蹲，两手持花向左绕环一圈至左侧。 （六）同（五）动作相同，方向相反。 （七）同（五）。 （八）同（六）。 （九）至（十）下蹲，两手持花肩侧左右摆动。 （十一）1-4下蹲，两手持花上举抖动。 5-8下蹲，两手持花下举抖动。 （十二）同（十一）。 （十三）至（十六）下蹲，两手持花体前抖动至结束。	图八 大花图案 （一）至（六）（七）（八） （一）1-4 5-8（五）内圆（六）中圆（七）外圆（八）下蹲 （十三）内圆 中圆 外圆 花瓣 （一）1-4 5-8（五）1-2 3-4 5-6 7-8 （九）1、3、5、7 2、4、6、8（十一）1-4 5-8（十三）至（十六）
退场 12×8	（一）1-8成四路纵队站立，两手持花肩侧举。 （二）至（十二）从四角流动退场（图九）。	图九 退场队形 （一）站立 （二）至（十二）退场

四、足球操"快乐童年"

【主　题】"快乐童年"

【中心思想】表现少年儿童天真、活泼、健康、快乐的幸福童年，体现少年儿童朝气蓬勃、健康向上的精神面貌，培养孩子的体育意识和团结协作的精神。

【表演时间】3分15秒。

【表演人数】224人。

【表演服装】女生，红色上衣白色短裙；男生，红色上衣白色裤子。

【表演道具】足球：224个。

【风格特点】欢快活泼，健康快乐。

节　拍	动　作　说　明	图　解
引子	手拿足球放于胸前，站在场地后方密集纵队准备入场。	图一
入场 8×8	（一）至（六）音乐开始从场地后方跑进场内散开。 （七）至（八）双手头上握球，原地跑跳。	（一）至（六）　（七）　（八）
散点队形 8×8	（一）1-2 左脚脚后跟侧点地，同时双手头上握球，身体向左侧倾斜。 3-4，身体还原。 5-8同1-4，方向相反。 （二）1-2 左脚向左侧迈步开合，手臂握球向前平举。 3-4 身体还原。 5-8 右脚向左侧迈步开合，手臂握球上。 （三）同（一）动作相同。 （四）1-8 四次分腿跳，1-手臂上举握球，2-胸前握球，重复四次。 （五）整场分为左半场右半场，右半场同	图二 （一）1-2　3-4、7-8　5-6

续表

节拍	动作说明	图解
	（一）动作相同，左半场同（一），但动作相反。 （六）右半场同（二）动作相同，左半场同（二）动作相反。 （七）同（五）动作相同。 （八）两手胸前抱球跑跳变队形。	（二）1-2　3-4、7-8　5-6 （四）1-8　　（八）1-8
波浪小圆 4×8	（一）1-8 波浪做上下交换，圆向中间聚拢。 （二）1-8 波浪做上下交换，圆向中间散开。 （三）（四）同（一）（二）。	图三
		（一）1-8　（二）1-8
散点队形 6×8	（一）1-8 还原散点队形，跑跳，同时手臂上举握球。 （二）1-2 左侧弓步，手握球前举。 3-4 收左脚还原，双手握球头上举。 5-6 同 1-2，动作相反。 7-8 收右脚还原，双手胸前握球。 （三）1-2 迈左脚脚跟侧点地，双手握球上举。 3-4 收左脚还原。 5-8 同 1-4 动作相反。 （四）同（三）动作相同。 （五）纵排单数列下蹲，双数列上举。	图四

续表

节 拍	动 作 说 明	图 解
	（六）同（五），动作相反。	（一）1-8 （二）1-2　3-4　5-6　7-8 （三）1-2　3-4、7-8　5-6 （五）1-8
两列变 一列 4×8	（一）1-8 小碎步变换队形，双手握球前平举。 （二）1-8 手握球上举。 （三）（四）做卷龙。	图五 （一）1-8　（二）1-8　（三）（四）

续表

节 拍	动 作 说 明	图 解
菱形队形 8×8	（一）1-8 跑步快速变化队形，双手握球胸前。 （二）1-2 两手持球上举向左摆动。 3-4 两手持球上举向右摆动。 （三）同（一）。 （四）全部下蹲，握球于胸前。 （五）所有人双手握球上举。 （六）左斜排站立。 （七）右斜排站立。 （八）跑步变换成 8 个小三角形。	图六 （一）1-8　（二）1-2　3-4 （四）（五）（六）（七）（八）
变成 三角队形 4×8	（一）分前半场、后半场。 1-4 两脚开立手臂上举。 5-8 两脚开立，手臂下举触地。 后半场 1-4 两脚分立手臂下举触地。 5-8 两脚开立手臂上举。 （二）同（一）动作相同。 （三）前半场 1-4 小碎步向左侧移动，双手握拳上举，4-手臂向左边摆动，5-8 同 1-4，动作相反。下半场同上半场，动作相反。 （四）同（三）动作相同。	图七 （一）1-4　5-8 （三）1-4　5-8

续表

节　拍	动　作　说　明	图　解
圆形矩形 8×8	（一）1-8 跳步变换队形，双手握球于胸前。 （二）1-4 左腿吸腿跳 2 次，双手握球于胸前。 5-8 右腿吸腿跳 2 次，双手握球于胸前。圆面对圆心做。 （三）（四）相邻的两个圆转动起来一个顺时针，一个逆时针，双手握拳头上举。 矩形（三）1-4 双腿开立，双手握球上举， 5-6 把球放于地面，7-8 直立。 （四）左右脚一次空点球。手臂自由摆动。 （五）矩形所有人绕球踏步转一圈手臂自由摆动，圆形所有人下蹲，1-4 双手握球在胸前，5-8 手臂上举。 （六）矩形所有人左右脚交换踢球，圆形所有人 1-4 双手握球在胸前，5-8 手臂上举。 （七）矩形所有人左右脚交换踢球，圆形所有人分腿跳 4 次，手臂上举 4 次。 （八）双手握球胸前跑步变换下个队形 6·1。	图八 （一）1-8　（二）1-2　3-4 （三）1-4　5-6　7-8 （四）1-8　（五）圆形 1-4　矩形 （六）矩形动作　圆形 1-4　5-8
6·1 队形 4×8	（一）（二）左右脚依次跳，双手握球于胸前。 （三）（四）双脚开立，双手握球上举。	图九

续表

节 拍	动 作 说 明	图 解
退场 4×8	（一）至（四）6 从左半场下场，点和1 从右半场下场，双手握球于胸前跑步下场。	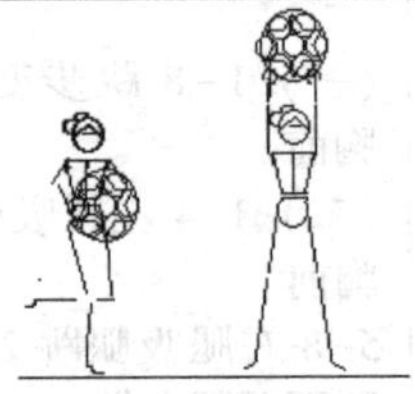 （一）（二）（三）（四）  图十 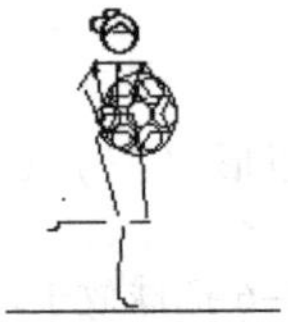 （一）至（四）

五、扇子舞"舞动天地"

【主　　题】"舞动天地"

【中心思想】扇舞充满了力量与喜庆，展示了中国好儿女团结齐心的美好生活。

【表演人数】女生 252 人。

【表演时间】3 分 20 秒。

【表演服装】民族舞蹈服装。

【表演道具】每人一把红色扇子。

【音　　乐】鼓动天地。

【风格特点】歌舞青春，荣耀中华。

节 拍	动 作 说 明	图 解
入场 6×8	入场：两侧密集横排静止站立，双手持扇于胸前，扇面打开。 （一）至（四）由两侧向场内小碎步入场，逐渐成散点队形。 （五）至（六）成散点队形，双手持扇上举。	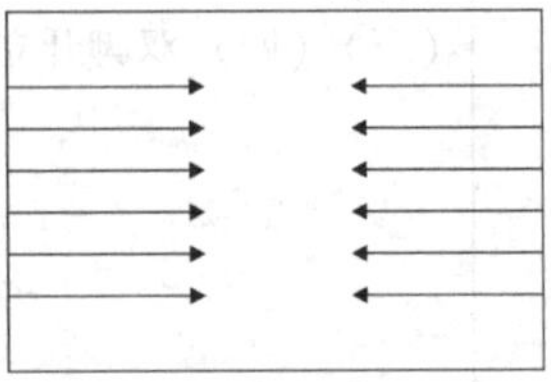 图一

续表

节 拍	动 作 说 明	图 解
散点 4×8	（一）1-4 右脚后撤，膝盖内扣，右手左斜下开扇，左手扶右肘。 5-8 左脚后点地，右手向内绕扇放于脸旁，左手背后。 （二）1-4 向左转体180°，右手向上开扇，左手背后。 5-8 向左转体180°，右手向下拉扇位于斜下，左手侧上举。 （三）1-4 右脚并与左脚，扇子开扇放于脸前，左手背后。 5-8 向左转体360°，右手开扇侧平举，左手背后。 （四）1-2 半蹲含胸，收扇位于胸前。 3-4 双脚打开，双手握扇上举，扇面打开。 5-8 同1-4。	图二
变队成三路小竖排 1×8	（一）收扇位于胸前，小碎步变队到三路小竖排。	图三
三路小竖排 4.5×8	（一）1号右脚向侧迈步，右脚点地，双手握扇左侧举，扇面打开，抖动。 2号双脚并拢，双手握扇前举，扇面打开，抖动。 3号左脚向侧迈步，右脚点地，双手握扇左侧上举，扇面打开，抖动。 （二）1-4 三人同时举扇向下摆动一次。 5-8 三人同时举扇向上摆动一次。 （三）1号左脚点地，重心位于右脚，双手握扇于右侧下举，抖动。 2号双脚并拢，开扇于胸前，抖动。	（一） （二）

续表

节 拍	动 作 说 明	图 解
三竖排 7×8	3号右脚点地,重心位于左脚,双手握扇于左侧下举,抖动。 (四) 2号不动,1号向左前方小碎步移动至2号前方,3号向右后方小碎步移动至2号后方,胸前抖扇移动,变队成三大竖排。 (五) 1-4三大竖排站立。 (一) 依次下蹲,上举开扇。 (二) 依次站立,胸前收扇。 (三) 沿逆时针的方向依次错位,双手举扇。 (四)(五)(六) 纵队卷浪,按逆时针方向画圆一周,身体随手臂做上下屈伸的起伏动作。 (七) 收扇,双手握于胸前,小碎步变队成双层圆队形(图五)。	(三) 图四
双层圆 6×8	(一) 背对圆心站立,内圆上举开扇,外圆前平举开扇,抖动。 (二) 内圆不动,外圆上举开扇,抖动。 (三) 外圆下蹲,前平举抖扇。 (四) 内圆前平举,抖扇。 (五)(六) 内圆斜上举顺时针转动,外圆前平举逆时针转动。	图五
单圆 8×8	(一) 小碎步双层圆变队成单圆,背对圆心站立,双手持扇前平举,抖扇。 (二) 向圆心聚拢,上举抖动。 (三) 散开,前平举抖动。 (四) 打开成立圆静止。 (五)(六) 立圆旋转。 (七)(八) 滚圆。	图六

节　拍	动　作　说　明	图　　解
大横排 5×8	（一）收扇于胸前，小碎步变成大横排。 （二）下蹲，持扇前下举。 （三）（四）（五）大横排波浪。	图七
花形 4×8	（一）收扇，小碎步变成花朵图案。 （二）（三）（四）花心转动，花瓣下蹲抖动扇子。	图八
太阳 队形 4×8	（一）（二）变太阳图案，太阳下蹲，前平举抖动扇子，光芒从前至后，依次站立，上举抖动扇子。 （三）（四）静止展示图案。	
退场 2×8	（一）（二）收扇，从场地两侧退场。	图九

六、圈操"魅力青春"

【主　　题】"魅力青春"

【中心思想】表现青年人积极向上、魅力青春的精神风貌，体现全民健身的广泛开展和运动会"和平永恒"的体育精神。

【表演时间】3分50秒。

【表演人数】少女720人，儿童200人。

【表演服装】圈操服：上衣：蓝白相间的艺术体操服。

　　　　　　鞋子：白色运动鞋，白色长筒袜。

　　　　　　儿童服：白色连体服，白色鸽子翅膀。

　　　　　　鞋子：白色运动鞋，白色长筒袜。

【表演道具】圈720个，歌星台一个，放飞鸽子数只。

【风格特点】健美青春，悠扬大气。

节　拍	动 作 说 明	图　　　解
引子	两手持圈于胸前，站在场地两侧成密集纵队准备入场	图一
入场 9×8	（一）1-4 两手持圈上举，跑步进场。 5-6 左（右）脚在前并步跳，同时持圈左（右）翻转90°于肩部位置，圈要垂直转动。 7-8 同5-6，方向相反。 （二）至（七）分别同（一）。 （八）1-4 全体向左（右）转体90°面向主席台持圈上举跑动。 5-8 持圈上举成错位散点。 （九）1-4 站立，两手持圈举于胸前。 5-8 左脚侧点，上体右转成右腿在前的弓步，同时右手持圈侧摆触底，左臂斜后举。	（一）1-4　5-6　7-8 （八）1-8　（九）1-8

续表

节　拍	动作说明	图　解
散点队形 8×8	（一）1-2 左脚抬起下踩，右腿成提踵弓步，同时两手持圈摆在右侧肩上。 3-4 左腿站立，右脚后点地，圈经体前摆至左侧。 5-7 右脚向右一步上举转体360°，同时两手持圈向右摆动沿立圆旋转一圈。 8- 站立，持圈收于胸前，圈面向前。 （二）1-4 两腿屈伸弹动，右手前举持圈向内绕圈四次。 5-半蹲，右手持圈侧摆。 6-站立，右手持圈摆至上举，左手上举接圈。 7-半蹲，左手持圈侧举。 8-还原至体前。 （三）1-4 右脚向右跨一步托步，左脚并于右脚，同时右手持圈向右摆动做头上水平绕和腰间水平绕的8字换接。 5-6 左脚向左侧跨一步，右手持圈做体前的8字绕。 7-8 半蹲屈伸弹动再做一次体后8字绕。 （四）1-4 左脚向侧一步成弓步，同时上体向左转体90°，右手持圈于左前方圈触地，左臂侧后举。 5-8 重心后移至右腿站立，左脚点地，同时右手持圈后拉至右侧触地，左臂侧上举。 （五）1-2 单数排后退跑至双数排成大横排，同时两手上举持圈水平抖动。 3-4 并立向左转髋，圈拉至腰间后摆。 5-8 原地跑动，动作同1-4，并立向右转髋。 （六）1-2 左脚向侧一步成左右开立，半蹲左右摆髋，同时两手持圈于腰间左右摆动四次。 3-两手持圈水平上举，两脚开立提踵面向前。 4-半蹲，上体向左转体90°，圈拉至腰间后摆。 5-6 左手松圈，左脚抬起，右手持圈向右摆动，圈从脚下摆出成侧举，圈面向前。	图二 （一）1-2　3-4 5-8 （二）1-4　5-6　7-8 （三）1-4 （四）1-4　5-8 （五）1-2　3-4

续表

节　拍	动　作　说　明	图　解
	7-8 左手握同伴的圈成横排连接。 （七）1-4 单数排下蹲，圈向前翻转180°触地。 双数排站立，圈侧上举。 5-8 同 1-4 交替蹲起。 （八）1-4 同（七）1-4。 3-4 同（七）5-8 快速蹲起交替。 5-6 同 1-2。 7-8 站立。	
横排队形 8×8	（一）1-8 单数排向左交叉步翻转圈，双数排向右交叉步翻转圈。 （二）1-8 同（一），方向相反。 （三）（四）同（一）（二）。 （五）1-8 横排 1~3 号对举圈成三角形，1号、2号向 2 号转 90°屈腿前点地，前上举圈，2号站立上举圈。 （六）1-8，2号将圈垂直转动 90°，1号、3号将圈插入二号圈中成球形状。 （七）1-8 横排 1~3 号持圈成球形状下蹲。 （八）1-8 横排 1~3 号持圈成球形状站立。	

续表

节　拍	动　作　说　明	图　解
纵圆队形 8×8	（一）1-8 持圈于胸前站立，2号不动，1号、3号插在2号的前后变成纵队。 （二）1-8 双数路跑动变成8人一组的小圆前举。 单数路 1-4 上举圈，5-8 收于胸前（纵队）。 （三）1-8 单数路左右摆动各一次（纵队）。 圆上举成球形状。 （四）1-8 单数路同（三）左右再摆动各一次。 圆上举的球形打开成立圆。 （五）1-2 纵队右手持圈向内翻转收于体前。 3-4 左手接圈，向外翻转至左侧下触地，同时右脚左后点地。 5-8 同 1-4，方向相反。 （六）同（五）。 （七）1-4 纵队持圈上举。 5~8 左侧圈触地。 （八）1-4 纵队持圈上举。 5-8 右侧圈点地。 **圆上动作：** （五）至（八）立圆做滚圆旋转。	图四 （一） （二）1-8　　1-4　　5~8 （三）1-8 （五）1-2　　3-4 （八）5-8　（七）1-4　　5-8 　　　　　（八）1-4

续表

节 拍	动 作 说 明	图 解
云水图 9×8	四个角队形上的动作变化： （一）1-8 持圈于胸前，变成错位散点。 （二）1-8 四角变成横排，两手持圈跑动上举。 （三）1-4 横排上举原地跑动。 5-8 向后再向前摆动跳圈。 （四）同（三）。 （五）1-4 半蹲，圈前下举。 5-8 持圈于胸前。 （六）至（九）变成云水图，下蹲。	图五 （一）1-8　（二）1-8 （三）1-4　5-8　（五）1-4　5-8 （四）1-8　（五）1-8　（六）至（九）
儿童入场 9×8	中间菱形队形上的动作变化： （一）1-8 持圈于胸前站立。 （二）（三），中间变成四个密集菱形。 （四）1~8 持圈上举下蹲。 （五）1~8 持圈上举站立。 （六）至（九）持圈于胸前向外跑动变成弧形再围成花瓣形，形成一个四瓣大花。四个角上的云水图跑动变成五环形下蹲，持圈于胸前。 （一）至（五）个八拍儿童成四路纵队从后场快速跑动，依次进入，两手拉天鹅裙翅膀侧上举跑动入场。 （六）（七）个八拍向外包圆同时形成四个圆形。 （八）（九）向四周散开跑成蝴蝶形散点队形。	图六 （一）至（七）　（八）（九）

续表

节　拍	动　作　说　明	图　解
儿童散点队形 9×8	儿童芭蕾舞： （一）1-2 提踵跳上举，左转 45°，左脚在前。 3-4 右转 45°，半蹲缓冲再提踵，两臂摆至侧上举。 5-8 右转 45°，右腿提踵两次，左腿后举成阿拉贝斯，右臂前上举，左臂侧后举。 （二）1-2 左脚侧跨小跳，右脚左前点地，两臂体前交叉前举。 3-4 向右小跳，两臂打开右臂前下举，左臂侧上举。 5-8 向左提踵碎步双足转体 360°，同时两臂侧上波浪摆动两次。 （三）1-4 搬右腿侧平衡。 5-7 右腿后落翻身转体 360°。 8-双足提踵，两臂侧上举。 （四）1-4 直体向上小跳两次，同时两臂侧上摆动两次。 5-6 右脚上步提踵立。 7-8 左脚上步提踵立。 （五）（六）个八拍跑步变队，两臂侧上举。 （七）（八）个八拍重复（一）（二）个八拍动作。	图七 （一）1~2　3~4　5、7　6、8 （二）1~2　3~4　5、7　6、8 （三）1~4　5~8 （四）1~4　5~6　7~8 （五）、（六）1~8

续表

节 拍	动 作 说 明	图 解
圈操陪衬动作 8×8	（一）1-2 下蹲两手持圈于垂直胸前，向左（右）摆动。 3-4 向右（左）摆动。 5-6 从左（右）向右（左）垂直绕环一圈。 （二）同（一）方向相反。 （三）（四）同（一）（二）。 （五）1-4 上举水平抖动。 5-8 前下举，圈前沿触地。 （六）同（五）。 （七）1-8 下蹲持圈头上举，五环静止。 （八）同（七），钢琴台彩条拉出，和平鸽放飞。	 （一）1~2　　3~4  5~8 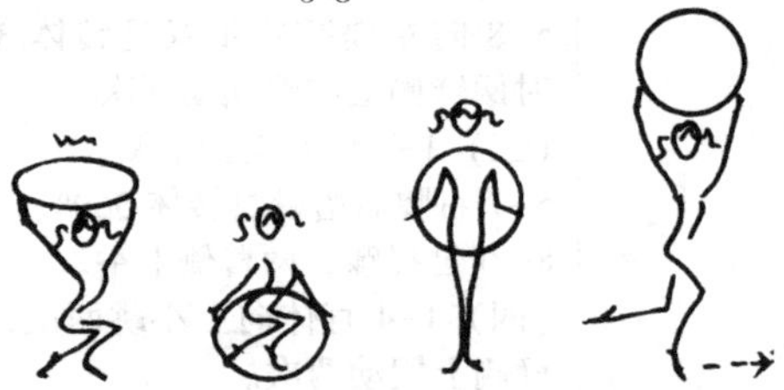 （五）1~4　　5~8　　退场　（一）至（八）
退场 8×8	（一）至（八）站立，双手持圈于胸前，由环上的人流动组成四路纵队，从四个角跑动退场。	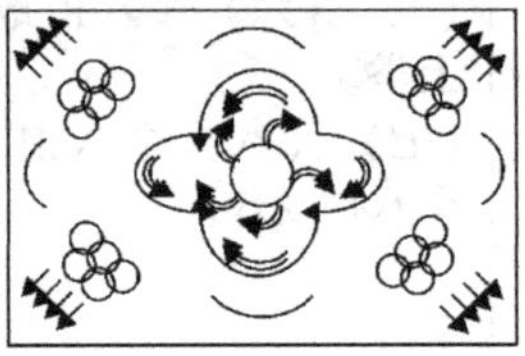 图八

七、彩旗操"青春 style"

【题　　目】"青春 style"

【中心思想】通过团体操表演，展示了现代大学生的青春活力和勇往直前的精神面貌，体现了运动会"我运动，我健康，我快乐，我成长"的宗旨，表达了同学们勇于拼搏、积极向上的青春风采。

【表演时间】共 8 分钟。

【表演人数】共 384 人（24×16 的方阵）。男：184 人；女：200 人。

【表演服装】服装：白色为主其间夹杂红色、黄色线条的长袖运动服；鞋子：白色运动鞋。

【表演道具】 道具：彩色旗子（80cm×50cm），旗子为双层，一面是红色，一面是彩色，数量：每人一面，共384面。

【风格特点】 场面壮观，气势宏伟。

节 拍	动 作 说 明	图 解
入场 队形 16×8	将表演人员分为12路纵队，左右方向各6路纵队，每队皆为32人，由两侧成单线条形式按照箭头所指方向进入成菱形队形，如图一所示。	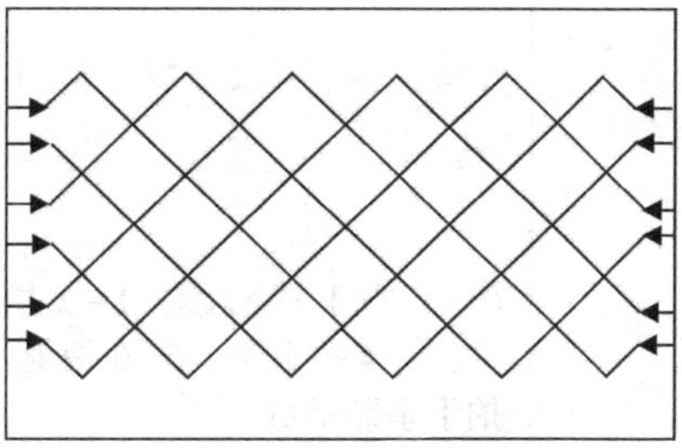 图一 入场队形图
	动作：左右两侧方阵上的所有人右手持彩旗右侧上举，按照各自的入场路线跑步入场（图一）。	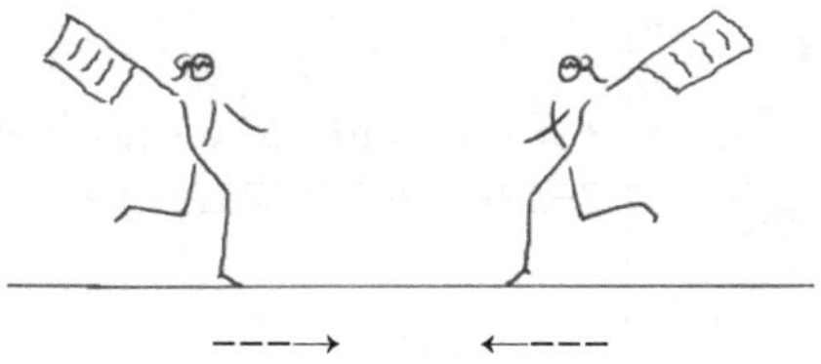 入场图
	变成散点队形（图二），前面先到位的表演者原地滚动步，2拍一动，手上动作为向左侧下、向右侧下挥摆彩旗。	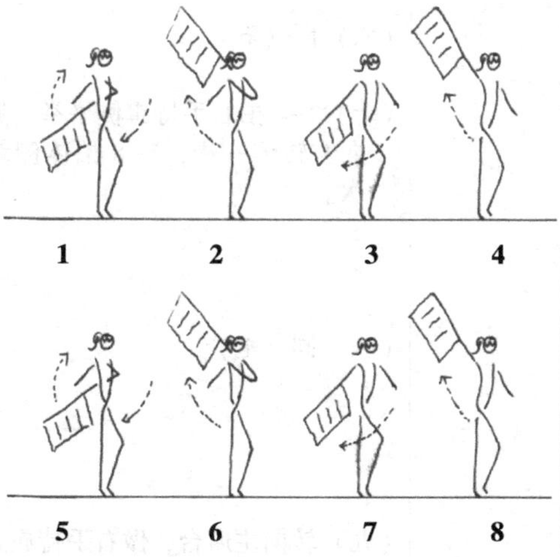 1　2　3　4 5　6　7　8

续表

节 拍	动 作 说 明	图 解
散点图 10×8	由进场后的菱形网状队形变成散点队形。 (一)至(二)右手持旗跑动到位。 (三)右手持彩旗,1-2拍做双臂前举,3-4拍上举、5-6拍侧平举、7-8拍下垂贴裤缝。 (四)同(三)。 (五)1-2拍、5-6拍向右斜下挥旗,3-4拍、7-8拍向右斜上挥旗。 (六)同(五)。 (七)1-4拍右手持旗侧平举,原地踏步向左转体一周,5-8拍体侧绕8字一次。 (八)同(七)。 (九)转向主席台,做右手持旗上举的左右摆胯。 (十)同(九)。	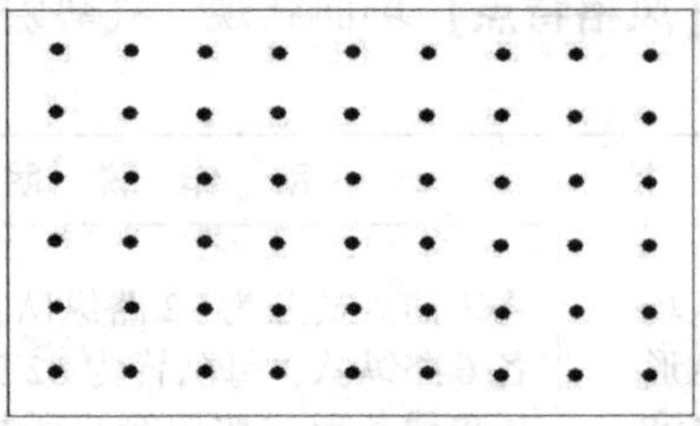 图二　散点队形图  (一)和(二)  (三) 1-2　3-4　5-6　7-8 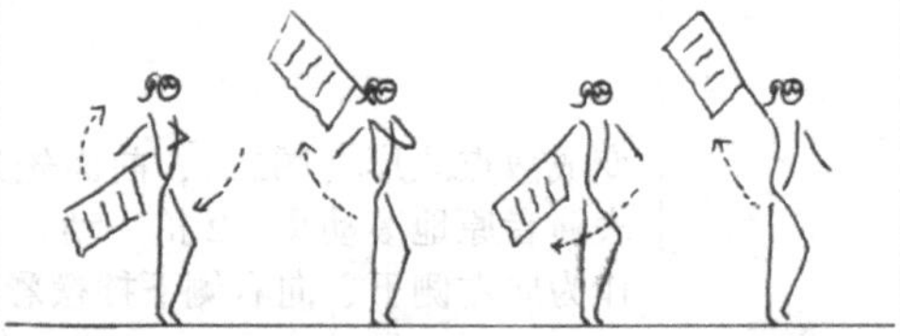 (五) 1-2　3-4　5-6　7-8  (七) 1-2　3-4　5-6　7-8  (九) 1-2　3-4　5-6　7-8

续表

节拍	动作说明	图解
错位小横排队形 6×8	由散点队形变成前后交错的短横排队形（每横排8人）。 （一）至（二）右手持彩旗侧上举跑步到位。 （三）奇数短横排的表演者原地不动，手持旗成胸前平屈；偶数短横排的表演者右手上举彩旗向前移动。 （四）同（三），但方向相反，即偶数短横排的表演者原地不动，手持旗成胸前平屈；奇数短横排的表演者右手上举彩旗向前移动。 （五）全体表演者集体完成动作，右手持彩旗，做双臂前举（1-2拍），上举（3-4拍），侧平举（5-6拍），下垂贴裤缝（7-8拍）。 （六）同（五）。 （七）1-2拍、5-6拍向右斜下挥旗，3-4拍、7-8拍向右斜上挥旗。 （八）面向主席台，做右手持旗上举的左右摆胯。	图三 错位小横排图 （一）（二） （三） （五）1-2　3-4　5-6　7-8 （七）1-2　3-4　5-6　7-8 （八）1-2　3-4　5-6　7-8

续表

节 拍	动作说明	图 解
高低对比队形 18×8	由小横排队形变回散点队形（图四）。	图四 散点图
	保持散点队形完成 4×8 拍高低层次对比的动作，效果见图五。	图五 效果图 → 对角上做高低层次
	用 4×8 拍以每一个纵队的表演者为单位，完成水平方向的依次重复动作，效果见图六。	图六 从右至左依次完成动作效果图
	（一）至（二）右手持彩旗侧上举跑步到位至散点。	（一）和（二）
	对角线方向上做动作到高低对比动作为： A 区域（图五）：共 4×8 拍。	A 区域动作如下： 1-4　　5-8
	（一）1-4 拍表演者同时起立，右手斜上举彩旗，5-8 拍向左转体 90°，持旗于胸前。	

续表

节 拍	动 作 说 明	图 解
	（二）1-2拍右手持旗，左斜上挥旗，3-4拍右斜上挥旗，5-8拍右手持旗于头顶逆时针方向做挥旗2周。 （三）同（一），即1-4拍表演者同时起立右手斜上举彩旗，5-8拍向左转体90°，持旗于胸前。 （四）同（二），即1-2拍右手持旗，左斜上挥旗，3-4拍右斜上挥旗，5-8拍右手持旗于头顶逆时针方向做挥旗2周。 B区域：共4×8拍。 （一）1-4拍表演者向左转体90°，双手持旗于胸前，5-8拍表演者同时起立右手斜上举旗。 （二）1-2拍右手持旗，左斜上挥旗，3-4拍右斜上挥旗，5-8拍右手持旗于头顶逆时针方向做挥旗。 （三）同（一），即1-4拍表演者向左转体90°，双手持旗于胸前，5-8拍表演者同时起立右手斜上举旗。 （四）同（二），即1-2拍右手持旗，左斜上挥旗，3-4拍右斜上挥旗，5-8拍右手持旗于头顶逆时针方向做挥旗。	（二） 1-2　　3-4 5-6（绕一周） B区域动作如下： （一）　　1-4　　　　　5-8 （二）1-2　　3-4 5-6（绕一周）

续表

节拍	动作说明	图解
密集纵队队形 6×8	由从散点队形经过纵队上的"3合1"（即3纵队合并成1路纵队）队形合并，变成图七所示的密集纵队，完成5×8拍从前之后的依次动作。 （一）由散点变成密集的纵队，右手持彩旗跑动。 （二）至（六）即从第一个人开始，从前向后依次动作，奇数向右，偶数向左。 具体方法： 以左方向为例，左脚向左侧迈出一步，同时上体转体90°下蹲，左脚前脚掌着地，右膝跪地，且右手持旗经上→前→左侧地面，第一个同学每1个八拍第一拍向后传递一次，完成5个八拍依次传递。	图七 密集纵队图 （一） 从前向后依次动作效果图 左方向的动作： 右方向的动作：

续表

节 拍	动 作 说 明	图 解
方块队形 6×8	从密集的纵队变成16个小的方阵，每个方阵都是6人（纵队）×4人（横排）的密集方阵，人与人之间的间隔为10厘米（图八）。	图八 密集方块队形图
	（一）和（二）拍正位持彩旗跑步到位，第8拍右臂侧上举，左臂自然下垂。	（一）和（二）
	（三）第1-2拍、5-6拍向左斜下挥旗，第3-4拍、7-8拍向右斜下挥旗。	（三）1-2　3-4　5-6　7-8
	（四）右手侧上举彩旗，胯部左右摆动，2拍一动。	（四）1-2　3-4　5-6　7-8
	（五）第1-2拍、5-6拍向左斜下挥旗，第3-4拍、7-8拍向右斜下挥旗。	（五）1-2　3-4　5-6　7-8
	（六）右手侧上举彩旗，胯部左右摆动，2拍一动。	（六）1-2　3-4　5-6　7-8

续表

节 拍	动 作 说 明	图 解
小圆形 队形 6×8	从方块队形变成16个小的单层圆队形（图九）。 （一）正位持彩旗跑步变小圆形队形，第8拍右手持旗侧上举，左手叉腰。 （二）保持动作原地调整。 在小圆形上的动作位右手持旗子，向中间聚和散。 （三）向中间聚：右手持旗，经侧向上举。 （四）向外散开：右手持旗，双手经两侧成侧平举。 （五）同（三）。 （六）同（四）。	图九 小圆形队形图 （一） 1-7　　　　　8 （三）1-8（聚）　　（四）1-8（散）
"米"字 队形 6×8	从小圆形队形变成4个"米"字队形在"米"字队形上做流动队形（图十）。 （一）至（二）右手持彩旗跑步变"米"字队形。 （三）至（六）用4×8拍做米字上的动作，在逆时针方向（各做2×8拍转动的动作，即表演者右手高举彩旗走步旋转45°到下一条线上。	图十 "米"字队形图 （一）至（二） （三）至（六）

续表

节拍	动作说明	图解
密集横排队形 6×8	从"米"字队形再次变成密集的横排队形（图十一）。	图十一 密集的横排队形图
	（一）至（二）变成密集的横排队形，右手持彩旗侧上举走步到位。 （三）至（六）完成从右至左的横排波浪传递，具体动作及做法如下： 准备动作： 每一个横排上的表演者，16人一组，人与人间隔60厘米左右，右手持旗，两臂在体前交叉，左右两人互相勾手，拉住旗子的另一端，两臂上举在头上平屈。 波浪传递动作： 双手持旗搭肩，以每一个横排为单位，以右边第一个人为基准，向右传递波浪，8拍为一个循环。	（一）至（二） 准备动作： 18个人一组 波浪传递动作： 18个人一组
锯齿队形图 10×8	由密集的横排队形横排队形变成图十二所示的锯齿队形。	图十二 锯齿队形图
	（一）至（二）变队形，右手持彩旗侧上举跑步到位。	（一）至（二）

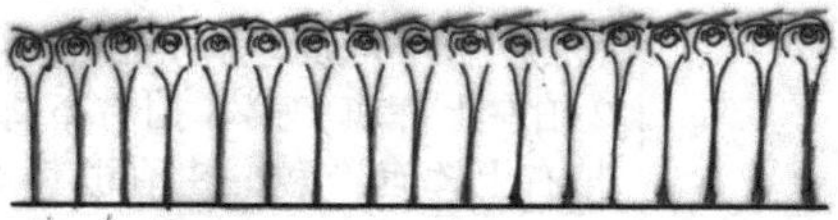

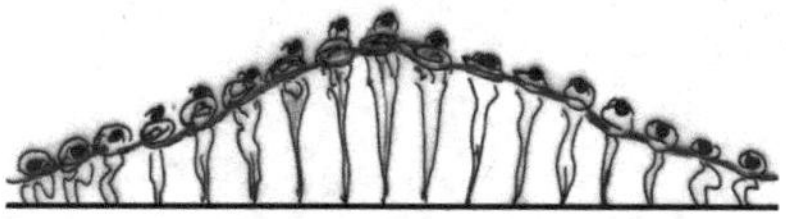

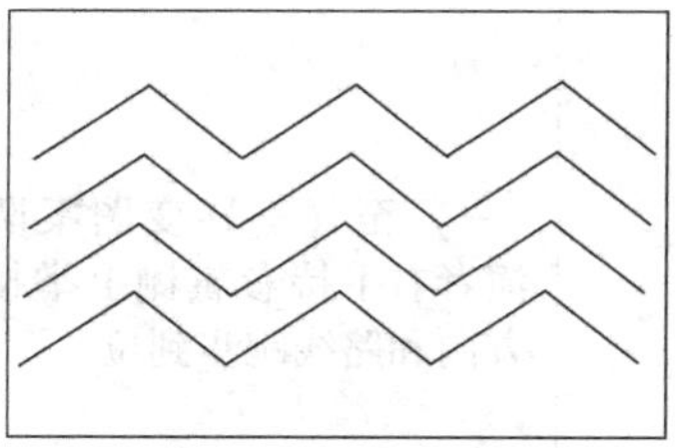

续表

节　拍	动　作　说　明	图　　解
	（三）至（四）下蹲，持旗于胸前。 （五）第1-2拍，下蹲，右手持旗向右侧挥旗；第3-4拍向左侧挥旗，第5-6拍同第1-2拍，第7-8拍同第3-4拍。 （六）第1-6拍同（五）第1-6拍，第7-8拍身体直立，右手挥旗。 （七）右手持旗，第1拍左下挥旗，第2拍左上挥旗，第3拍右下挥旗，第4拍右上挥旗，第5-8拍同1-4拍。 （八）同（七）。	（三）至（四） （五）1-2　　3-4　　（六）7-8 （七）1　　2　　3　　4
图案 队形 12×8	由锯齿队形变成图案队形，见图十三。	图十三　图案队形图（初升的太阳）
	（一）至（三）变图案队形，所有表演者右手持彩旗侧上举按照规定好的方向和路线跑步到位。 （四）按照各自规定的面向，站立，右手侧上持旗，原地调整队形。 （五）太阳球体和海平面上的表演者下蹲，双手持旗于胸前抖动，所有表演者面向正前方翻出红颜色一面。	（一）至（三） （五）太阳光芒　1-4

续表

节 拍	动 作 说 明	图 解
	太阳光芒上的全体表演者面向太阳中心方向做动作，第1-4拍单膝跪地，向前摆旗，第5-8拍，向后摆旗。 （六）至（九）分别同（五）。 （十）至（十一）太阳光芒队形上的表演者，翻出旗子黄颜色的一面。 （十二）全场静止不动。	（五）太阳光芒 5-8 太阳球体 海平面（底座）
退场 队形 8×8	以单线条的形式，从两侧和正前方同时退场，见图十四箭头所示。 全体表演者同时右手持彩旗侧上举跑步退场。	图十四 退场队形示意图 退场

REFERENCES
参考资料

一、专著

[1] 毛学信．中国团体操［M］．武汉：华中理工大学出版社，1988．

[2] 郑丽冰．极目楚天舒——团体操的创编与表演［M］．武汉：中国地质大学出版社，1993．

[3] 李智良．舞台美术选讲［M］．北京：解放军艺术学院内部教材，1995．

[4] 王朝琼，等．大众团体操［M］．北京：人民体育出版社，1997．

[5] 黄宽柔，周建社．健美操：团体操［M］．桂林：广西师范大学出版社，2000．

[6] 夏环珍．团体操［M］．北京：知识出版社，2001．

[7] 郑幸红，等．团体操创编理论与实践［M］．厦门：厦门大学出版社，2002．

[8] 陈西玲．团体操［M］．西安：西安地图出版社，2003．

[9] 倪旭芬．团体操创编理论与技术［M］．北京：中国社会出版社，2007．

[10] 张予南，高留红．团体操［M］．北京：北京体育大学出版社，2007．

[11] 杨明．团体操［M］．沈阳：辽宁教育出版社，2009．

[12] 孟昭鑫．大型文体表演［M］．北京：高等教育出版社，2014．

二、期刊论文

[1] 黄宽柔．广场运动艺术——团体操设计方向之研究［J］．体育学刊，1998（02）．

[2] 张汉青．发扬"团体操精神"［J］．教育导刊，1988（01）．

[3] 查萍．我国团体操研究现状探析（综述）［J］．体育与科学，1999（03）．

[4] 巩凌，武妮．如何组织团体操训练［J］．体育教学，1999（4）．

[5] 黄宽柔．对现代国际性运动会开幕式表演策划思想的探讨［J］．北京体育大学学报，2000（01）．

[6] 张虹．浅谈我国团体操发展的文化渊源及价值意义［J］．体育与科学，2003（01）：16—17．

[7] 杨宾．论现代大型团体操的概念［J］．湖北体育科技，2003（04）．

[8] 朱性民．我国团体操理论研究现状［J］体育与科学，2003，11（06）．

[9] 刘远花，周建社．我国团体操理论性研究的现状与分析［J］．阜阳师范学院学报（自然科学版），2004（03）．

［10］张虹．对奥运会开幕式表演作品若干艺术装饰的研究［D］．广州：华南师范大学，2004（05）．

［11］刘静．我国团体操理论体系的创新与发展［J］．体育与科学，2005（01）．

［12］郑丹蘅，齐占霞．我国大型团体操表演服装的演变及发展趋势［J］．上海体育学院学报，2005，5（29）．

［13］闫丽敏．有关团体操视觉形象设计的研究——从视觉表述解析团体操的图形与色彩［J］．体育与科学，2005，6（26）．

［14］张虹．对奥运会开幕式表演作品若干艺术装饰的研究［D］．广州：华南师范大学，2004（05）．

［15］赵海波．我国运动会开幕式发展探骊［J］．体育文化导刊，2010，5．

［16］谢春雨，等．朝鲜团体操发展回顾与思考［J］．体育文化导刊，2015，12（12）．

［17］杨明．团体操复杂队形变化过程标示方法的研究［J］．辽宁体育科技，2011（12）．

［18］闫丽敏，赵艳玲．我国团体操队形设计研究评述［J］．体育研究与教育，2012（02）．

［19］王宇钢．漫议灯光的舞台空间表现［J］．戏剧艺术，2012（06）．

［20］李莉，等．大型运动会开幕式中的欧普艺术赏析［J］．体育学刊，2013，3（02）．

［21］王秀平，等．我国大型运动会开幕式团体操表演发展趋势的研究［J］．体育科技，2014（02）．

［22］黄宽柔．团体操表演范式的构建与解读［J］．体育与科学，2014（3）：85-92．

［23］杨宾．创编设计2008年奥运会开幕式表演应考虑因素的研究［J］．湖北体育科技，2006，9（05）．

［24］张涛，高留红．大型运动会开幕式表演仪式程序与组织的研究——以北京奥运会为例［J］．大众体育，2012（6）．

三、视频资料

［1］中华人民共和国第1~13届全运会开幕式团体操与文艺表演

［2］中华人民共和国第4~7届城市运动会开幕式团体操与文艺表演

［3］中华人民共和国第5~8届少数民族运动会开幕式团体操与文艺表演

［4］第22~31届奥运会开幕式团体操与文艺表演

［5］第11~16届亚运会开幕式团体操与文艺表演

［6］朝鲜大型团体操与文艺表演——《阿里郎》

［7］中国杭州G20峰会开幕式文艺表演

［8］中华人民共和国50年、60年国庆大阅兵

［9］陕西省第14届运动会开幕式团体操与文艺表演

四、图片资料

［1］中华人民共和国第2届全运会开幕式．革命赞歌．图3-1-1，3-1-2

［2］中华人民共和国第6届全运会开幕式．凌云志．图3-1-4

［3］中华人民共和国第9届全运会开幕式．盛世中华．图3-1-7

［4］中华人民共和国第11届全运会开幕式．图3-1-5，图3-1-10

［5］中华人民共和国第12届全运会开幕式．图3-1-9

［6］第11届亚洲运动会开幕式．相聚在北京．图3-1-3，图3-1-8

［7］第 29 届北京奥运会开幕式. 美丽的奥林匹克. 图 3-1-6
［8］陕西省第 14 届运动会开幕式. 强省富民、潮涌三秦. 图 4-1-1，图 4-1-2，图 4-1-3，图 4-1-4，图 4-1-5，图 4-1-6，图 6-3-5
［9］服装、道具：图 5-2-1，图 5-2-2，图 5-2-3，图 5-2-4，图 5-2-5，图 5-2-6，图 5-2-7，图 5-2-8，图 5-2-9；图 5-3-1，图 5-3-2，图 5-3-3
［10］背景：中华人民共和国第 4 届全运会开幕式. 新的长征. 图 6-3-4